Klaus B. Urban

Die Bedingungen politischen Lernens bei Schülern
Eine empirische Studie

Juventa Verlag

ISBN 3–7799–0628–7

Umschlaggestaltung: Dieter Vollendorf
Printed in Germany
Satz: fotosatz geiß, puchheim
Druck: R. Hochgesang, Herrsching

Untersucht werden in dieser Studie Bedingungen und Chancen der politischen Partizipationsbereitschaft bei Schülern. Wirken sich gesellschaftliche Normen auf die Handlungsdispositionen in konkreten Situationen aus? Welche Bedeutung haben Schichtzugehörigkeit und bestimmte Rollenerwartungen? Wie ist der Einfluß unterschiedlicher Formen der Interaktion und Kommunikation einzuschätzen?

Die Ergebnisse der Studie basieren auf einem breiten und detaillierten Datenmaterial. Dabei wurden nicht nur Schüler, sondern auch deren Eltern und Lehrer in die Untersuchung einbezogen. Die Untersuchung wurde in verschiedenen Schultypen unterschiedlich strukturierter Gemeinden durchgeführt.

Die Studie führt zu einer besseren Einschätzung der bei den Schülern vorhandenen Ansätze für politisches Lernen. Sie zeigt nicht nur Defizite auf, sondern liefert auch ein Fundament für die Entwicklung einer wirksameren politischen Bildung.

Hervorgegangen ist die Studie aus dem Forschungsprojekt „Curriculumplanung Sozialwissenschaft" an der Universität Oldenburg. Der Autor, Dipl. Soziologe Klaus Urban, ist wissenschaftlicher Assistent für Pädagogik an der Universität Oldenburg.

Inhalt

Vorbemerkung

Diese Studie entstand auf der Basis der Daten des Forschungsprojekts „Curriculumplanung Sozialwissenschaft" an der Universität Oldenburg. Das von Professor Dr. Jost v. Maydell geleitete Projekt ist Teil eines Großforschungsprojekts, das vom „Studienzentrum für sozialwissenschaftliche Lehrforschung in der politischen Bildung an Hochschulen und Schulen" initiiert wurde; Forschungsgruppen an der Universität Göttingen, der Technischen Universität Hannover und der Universität Oldenburg arbeiteten anhand unterschiedlicher Forschungskonzeptionen unter der gemeinsamen Zielsetzung, „empirische Voraussetzungen für die Entwicklung von Schulcurricula für den Sozialkundeunterricht und eines Hochschulcurriculums für die Ausbildung von Sozialkundelehrern" zu ermitteln (vgl. v. Maydell, in: Zwischenbericht 1973, S. 7). Allen drei Forschungsgruppen standen Mittel der Stiftung Volkswagenwerk zur Verfügung; das Projekt wurde seit dem Juni 1972 unterstützt und großzügig gefördert.

Der hier vorgelegte Text ist eine gekürzte Fassung der unter dem Titel „Politische Handlungsorientierung von Schülern – Formen und Bedingungen" an der Universität Oldenburg eingereichten Dissertationsschrift des Verfassers. Da die vorliegende Veröffentlichung primär darauf angelegt ist, die Ergebnisse der Untersuchung zu vermitteln, wurden hier Begründung und Darstellung der Untersuchungsmethoden auf die unerläßlichen Informationen über die Anlage der Untersuchung reduziert. Auch schien es im Blick auf einen größeren Leserkreis nicht erforderlich, die in der Dissertationsfassung enthaltene Dokumentation der Analyseschritte und die detaillierten Regressionsanalysen aufzunehmen. Wer sich dafür interessiert, sei auf die Dissertationsfassung verwiesen. Die beiden Kapitel 2 und 3, die sich mit dem Forschungsstand und dem theoretischen Bezugsrahmen befassen, wurden in die vorliegende Buchveröffentlichung aufgenommen, da sie nicht nur zu den der Untersuchung zugrunde liegenden Hypothesen hinführen, sondern auch den spezifischen Stellenwert der vorliegenden Untersuchung ausweisen. Leser, die primär an den Ergebnissen der Untersuchung interessiert sind, können die entsprechenden Kapitel überspringen.

Persönlichen Dank schulde ich vor allem Herbert Schwab, dem ich die Anregung zum Beitritt in die Oldenburger Projektgruppe verdanke. Den Herren Professor Dr. Wolfgang Schulenberg und Professor Dr. Peter Strittmatter danke ich für die Betreuung der Dissertation. Gedankliche Anregungen gehen auf alle Mitglieder der Oldenburger Gruppe zurück, die besonders intensiv in Phasen der Instrumentenentwicklung kooperiert hat. Mein Dank gilt auch Frau Margit Stoermer, die die Manuskripte schnell und sorgfältig abgeschrieben hat.

Klaus B. Urban

1 Problemstellung

Obwohl keine Auftragsforschung im engeren Sinne, lehnt sich diese Arbeit eng an den ursprünglichen Projektantrag und dessen Auflagen an und versucht, Grundlagenmaterial für die Planung sozialkundlicher Curricula bereitzustellen. Ein solcher Beitrag für die Curriculumforschung wird geleistet, indem der Frage nach den Komponenten und den Bedingungsfaktoren des politischen Habitus von Schülern nachgegangen wird. Indem Faktoren ermittelt werden, die gegenwärtig das politische Verhalten von Schülern bestimmen, sollen Anhaltspunkte dafür gewonnen werden, welche Spielräume und Wirkungschancen neuen sozialwissenschaftlichen Curricula an den Schulen verbleiben und welche didaktischen Ansatzpunkte sich für diese neuen Curricula ergeben.

Wenn gleichwohl am Ende der Arbeit nur wenige grundsätzliche Hinweise auf Inhalte und Methoden dieser neu zu erarbeitenden Curricula gegeben werden, liegt der Einwand nahe, diese Studie bewege sich im Rahmen konventioneller Meinungs- und Einstellungsforschung, die sich um die Verwertung ihrer Ergebnisse nicht bemüht; sei es, daß es eben heute für Sozialplaner „zum guten Ton" gehört, Meinungsbilder der an der Basis direkt Betroffenen zu erheben, sei es, weil ausgesprochen oder unausgesprochen auf einen Kumulationseffekt des wissenschaftlichen Arbeitens gehofft wird, um den sich der Forscher selber aber nicht meint bemühen zu müssen, sei es schließlich, daß der Qualifikationsnachweis des Forschers die alles überlagernde wichtigste Intention darstellt. Tatsächlich läßt sich auch für unsere Studie dieser Einwand nicht völlig von der Hand weisen. Wenn wir trotzdem – dies jedenfalls ist die Meinung des Verfassers – curriculumrelevante Daten ermittelt haben, so liegt dies vor allem in dem relativ komplexen forschungsmethodischen Ansatz begründet, der eine ausschließliche Zentrierung auf entweder nur „theoretische Probleme" oder auf nur „angewandte Forschung" verhindert.

Der Untersuchungsansatz, bestimmt als die Frage nach den Komponenten und Bedingungsfaktoren der politischen Handlungsorientierung, schließt die eindeutige Zuordnung unserer Arbeit in eine bestimmte Sparte der Sozialwissenschaften aus. Weder ist diese Arbeit allein der Curriculumforschung zuzuordnen noch der Forschung zur politischen Sozialisation noch der politischen Psychologie. Am ehesten ließe sie sich als Forschungsarbeit zur politischen Sozialisation vor dem Hintergrund curricularer Fragestellungen mit Zentrierung auf den subjektiven Faktor des politischen Prozesses bezeichnen; institutionelle Faktoren interessieren nur insoweit, als sie einen durch unseren Ansatz meßbaren Einfluß auf das politische Bewußtsein und das politische Interesse haben. Aufgrund dessen ist im Hinblick auf traditionelle Fächergrenzen eine überzeugende Einordnung des hier vorgelegten Ansatzes nur schwer möglich, da er sich aus einer Reihe verschiedener Disziplinen speist. Der Curriculumforschung ist er insoweit verbunden, als er auf *schulisches* Lernen zentriert ist, der Sozialisationsforschung, als er jüngere Altersgruppen verschiedener Altersstufen untersucht, der Politikwissenschaft, als er Komponenten, Strukturen und Bedingungen politischer Handlungsorientierung thematisiert.

Auf eine Kurzformel gebracht: es wird versucht, den in der Bundesrepublik durch Robinsohn initiierten curricularen Forschungsansatz mit dem Zweig der soziologischen und politologischen Jugendforschung zu verquicken; insbesondere konnten Fragestellungen und instrumentelle Anleihen dem letztgenannten Forschungszweig entnommen werden.

Die globale Zielsetzung, Grundlagenmaterial für sozialkundliche Curricula bereitzustellen, läßt sicherlich sehr verschiedene Konkretisierungen zu. Ohne das später für die Hypothesenbildung zu entwickelnde begriffliche Instrumentarium bereits vorauszusetzen, ist hier eine erste Präzisierung der allgemeinen Zielsetzung vorzunehmen. Zu fragen ist also nach der Art der gesuchten Grundlagendaten und nach ihrer Relevanz für die Umsetzung in Curriculumplanung.

Diese Fragestellung ist zunächst auf einer eher deskriptiven Ebene zu konkretisieren, dann auf einer mehr inhaltlich-politischen Ebene. Die deskriptive Ebene ist sowohl durch die Zielsetzung des Oldenburger Gesamtprojekts wie durch den Titel dieser Arbeit bereits vorgegeben. Die Oldenburger Projektgruppe hatte es sich zur Aufgabe gemacht, die Prozesse der politischen Sozialisation in der Schule zu erforschen, indem sowohl schulische Interaktionsprozesse mit ihren Auswirkungen auf das politische Lernen untersucht werden wie sämtlich andere schulische und außerschulische Voraussetzungen („Bedingungen“) politischen Lernens (vgl. v. Maydell, in: Zwischenbericht 1973, S. 14). Unter „Bedingungen“ bzw. „Voraussetzungen“ sind damit sämtliche Einflußfaktoren gemeint – institutionelle, bewußtseinsmäßige, affektive usw. –, die auf die politische Sozialisation einwirken.

Im Titel dieser Arbeit ist die Zielsetzung der Oldenburger Projektgruppe repräsentiert. Danach gilt es, sowohl eine Art Bestandsaufnahme über vorfindliche Elemente und Strukturen politischer Einstellungen und politischen Verhaltens („Formen" bzw. Vorformen politischer Orientierungen) bei Schülern vorzunehmen wie den Prozeß des politischen Lernens und die auf ihn einwirkenden Einflußfaktoren zu beschreiben. Die Beschreibung typischer Resultate und typischer Prozesse politischen Lernens in der Schule soll als Leitlinienmaterial zur Entwicklung von sozialkundlichen Curricula dienen. Indem nämlich reale Einflußgrößen der politischen Sozialisation ermittelt werden, ergeben sich Indikatoren für reale Einwirkungsmöglichkeiten auf politisches Lernen in der Schule durch veränderte institutionelle und curriculare Rahmenbedingungen.

Auf dieser eher deskriptiven oder formal-analytischen Ebene bleibt allerdings die inhaltlich-politische Konkretisierung der Fragestellung noch offen. Im Anschluß an die übergreifende Projektfragestellung, die sich schwerpunktmäßig auf den Interaktionsaspekt des politischen Lernens richtet, also den unmittelbaren Erfahrungsbereich thematisiert, wäre ein Forschungsansatz unzureichend erschienen, der sich auf abstrakte Einstellungen zur Demokratie als Staatsform beschränkt. Im Hinblick auf die Zielrichtung einer Fundamentaldemokratisierung aller gesellschaftlichen Lebensbereiche wurde deshalb eine inhaltliche Konkretisierung von „politischem Lernen" gewählt, die nicht auf den institutionell-politischen Sektor eingegrenzt ist: Unsere Untersuchung richtet sich auf die Formen und Bedingungen einer kritisch-reflexiven, ich-autonomen politischen Handlungsorientierung von Schülern. Die Gegenstände einer – später genauer erläuterten – kritischen und autonomen Orientierung beziehen sich demnach auf sämtliche Lebensbereiche, sofern sie – wieder im später definierten Sinne – politische Aspekte aufweisen.

Die Arbeit gliedert sich in zwei Abschnitte. Der Abschnitt über die Formen der politischen Handlungsorientierung wird das Problem des Verhältnisses von generell-abstrakten und situativ-konkreten politischen Orientierungen unter der Perspektive von Demokratisierungsbereitschaft behandeln, ferner wird zentral die Strukturierung von Einstellungen, Interessenhaltungen, Wahrnehmungen und eben von Handlungsorientierungen interessieren. Schwerpunktmäßig werden behandelt: generelle und situative Wertorientierungen, Vorstellungen über Gesellschaft und Politik, die Wahrnehmung der gesellschaftlichen Positionen des einzelnen innerhalb der vorfindlichen Machtkonstellationen sowie seine Handlungsorientierung gegenüber diesen vorfindlichen Machtkonstellationen (die „Reaktionstendenzen" des einzelnen). Im letztgenannten Punkt wird die politische Handlungsorientierung thematisiert im Zusammenhang mit Demokratisierungsbereitschaft, die (in Übertragung eines Ansatzes von Vilmar) sowohl unter einer generell gesellschaftsbezogenen wie unter einer situativen Perspektive betrachtet wird. Dabei interessiert primär die Frage, welche gesellschaftlichen Institutionen und welche Interaktionsbeziehungen von den Schülern als demokratische wahrgenommen oder als demokratisierungsfähige betrachtet werden. In der systematischen Einbeziehung der situativ-konkreten Komponente politischer Attitüden sehen wir eine wichtige Erweiterung bisheriger Ansätze, in deren Zentrum abstrakte staats- und gesellschaftsbezogene Kategorien gestanden haben.

Im Anschluß an die zunehmende Skepsis gegenüber der These einer handlungsdeterminierenden Wirkung bestimmter kognitiver Wahrnehmungsraster („Gesellschaftsbilder") interessieren Einzelaspekte des politischen Habitus nicht als Erklärungsfaktoren, sondern zunächst als Korrelate der politischen Handlungsorientierung. So schreibt Deppe, die Kategorie des Gesellschaftsbildes erweise sich als eine im Grunde positivistisch-deskriptive und nicht als analytische Kategorie, die über die gesellschaftlichen Bedingungen und Vermittlungszusammenhänge von Bewußtsein Aufschluß geben könnte (1971, S. 78). Insbesondere für das Schülerbewußtsein gilt, was Lempert und Thomssen kürzlich zur Problematik des Gesellschaftsbildkonstruktes geäußert haben: „Indem die Ermittlung von Gesellschaftsbildern von vornherein den Zusammenhang von gesellschaftlichen Vorstellungen zu erfassen versucht, steht sie in Gefahr, mögliche Widersprüche und Inkonsistenzen zu übersehen oder zu vernachlässigen. Die Ermittlung von Einzeleinstellungen wird dagegen derartigen Erscheinungsformen gerechter; sie birgt aber ihrerseits die Gefahr in sich, Inkonsistenzen und bloßes Nebeneinander von Vorstellungen durch ihre Methode selbst zu erzeugen" (1974, S. 273).

In den Abschnitten über die Ursachen und Bedingungen der politischen Handlungsorientierung wird es darum gehen, sozialstatistische Variablen wie Alter und Geschlecht, sodann

Interaktions- und Kommunikationsvariablen sowie schließlich Variablen für normative Anforderungen in ihrem Einfluß auf die politische Handlungsorientierung voneinander abzugrenzen, insbesondere um Faktoren der latenten, nichtintentionalen Sozialisation gewichten zu können. Indikatoren für latente Sozialisation betreffen das Interaktionsverhalten, primär das Erziehungs- und Konfliktverhalten, während „manifeste Sozialisation" bzw. intentionale Sozialisation primär durch den Sozialkundeunterricht und durch normative Erwartungen der Bezugspersonen repräsentiert wird. Darüber hinaus interessiert die Frage, welchen Beitrag die einzelnen Sozialisationsinstanzen (Elternhaus, Schule, peer-group usw.) faktisch zur Heranbildung eines kritisch-demokratischen Habitus leisten; zumindest ansatzweise ist zu klären, welche Bedingungen verändert werden müßten, damit die Sozialisationsinstanzen stärker zum Erwerb demokratischer Grundeinstellungen und demokratischer Verhaltensweisen beitragen.

Aufgrund der praktisch-methodischen Möglichkeiten des Projekts einerseits und der Einbeziehung mehrerer Zielgruppen andererseits (Lehrer, Eltern und Schüler) ergaben sich für die Schüler-Teiluntersuchung die wichtigsten Eingrenzungen. Theoretisch wäre interessant gewesen, den gesamten Prozeß der politischen Sozialisation – vom Schuleintritt bis zum Abschluß der Berufsausbildung – zu rekonstruieren. Aber dies hätte für die empirische Arbeit derartig viel Vorarbeit und Instrumentenvortest speziell für die jüngsten Altersgruppen erfordert, daß wir die Schüleruntersuchung bald nach den theoretischen Vorklärungen auf die Klassenstufen der 7. bis 9. Schulklassen beschränkten. Damit wurde die Absicht verfolgt, sowohl für die gesamte Schüleruntersuchung ein einheitliches Meßinstrument verwenden zu können als auch einzelne Frageninstrumente für die anderen Zielgruppen einheitlich zu gestalten. Demzufolge mußte sich auch die theoretische Zielsetzung der Schüleruntersuchung stärker auf die Bestandsaufnahme des politischen Schülerverhaltens konzentrieren, obwohl der prozessuale Aspekt weiterhin als der theoretisch interessantere angesehen wird.

2 Zum Stand der Forschung

Forschung zur politischen Sozialisation steht in einem sehr engen Zusammenhang mit der politisch-historischen Konstellation einer Gesellschaft. Das oft kritisierte Interesse der US-amerikanischen Sozialwissenschaft an Phänomenen der Integration und Systemfunktionalität (vgl. z. B. Zimpel 1970, S. 72) dürfte in der längeren demokratischen Tradition dieser Gesellschaft seinen Ursprung haben; angesichts relativer historischer Kontinuität scheint die Frage nach deren Ursachen und Bedingungen ungleich naheliegender als die nach den Bedingungen von Diskontinuität, zumal bei unbestrittenem Demokratiepostulat.

In der Bundesrepublik sind die Studien zur politischen Sozialisation dagegen historisch um die Frage zentriert, ob in der heranwachsenden Generation ein demokratisches Potential herangebildet wird, das den Bestand der zweiten Republik sichert und die Fortentwicklung demokratischer Strukturen ermöglicht. So steht für lange Zeit die Frage nach der Größe dieses demokratischen Potentials – aufgeschlüsselt nach den Komponenten des politischen Interesses, politischer Kenntnisse und gesellschaftspolitischer Grundeinstellungen – im Vordergrund. Das Problem der Abwehr des Rechtsradikalismus, gesellschaftlich akut bis Ende der sechziger Jahre, ist in vielen Analysen als zentrale Thematik erkennbar: In den Studien der fünfziger Jahre kommt eine betont unpolitische Haltung der Jugendlichen zum Ausdruck, bei der noch offen ist, welche inhaltliche Richtung eine eventuelle Politisierung nehmen würde[1], in den sechziger Jahren ist, bei unverändertem Grundbefund, eine tendenzielle Politisierung zu beobachten[2] bei Abnahme manifester rechtsradikaler Tendenzen.

Neuere Untersuchungen bestätigen die Labilität des dominanten politischen Verhaltens der Jugendlichen im Zeitverlauf, die von Feist/Liepelt als Anpassungsreaktion interpretiert wird: „Unter solchen Bedingungen können sich vorherrschende Meinungstrends relativ ungehindert und rasch ausbreiten. Die junge Generation hat sich denn von den Stimmungen des Jahres 1972 ebenso intensiv erfassen lassen wie von denen der Jahre 1973/74.“[3]

(1) So diagnostizierte Schelsky (in: „Die skeptische Generation“) ein „unpolitisch-demokratisches“ Bewußtsein der Jugendlichen; vgl. dazu Vonderach 1972, S. 5.
(2) Vgl. z. B. die Verteilung der Jaideschen Habitustypen, in: Jaide 1965, S. 55; vgl. auch Vonderach 1972, S. 5.
(3) Ursula Feist/Klaus Liepelt: Eine Analyse der Jungwähler-Fluktuation 1974, in: Die Zeit, Nr. 9, 21. 2. 1975.

Hier einen vollständigen Überblick über die jugendsoziologischen und -politologischen Arbeiten zu bieten, scheint aus zwei Gründen wenig sinnvoll. Zum einen existieren für den deutschen Sprachraum gute Literaturübersichten neueren Datums. Die Darstellung bei Vonderach ist historisch orientiert und bietet eine Übersicht über die Entwicklung des politischen Bewußtseins der deutschen Nachkriegsjugend; Harnischfeger orientiert ihren Literaturüberblick an Forschungsmethoden und Einstellungsaspekten.[4] Vonderachs Übersicht ist insbesondere deshalb sehr instruktiv, weil sie die Abhängigkeit des politischen Denkens und Verhaltens der Jugend von der jeweiligen historisch-politischen Szenerie deutlich werden läßt (vgl. Vonderach 1972, S. 5, S. 15). Zum anderen sind für unseren Forschungsansatz direkte Vergleichsdaten nicht verfügbar; so fehlen Daten über das gesellschaftspolitische Bewußtsein der von uns untersuchten Altersgruppen der 12- bis 14jährigen Schüler, insbesondere aber fehlen umfassende Analysen über die Bedingungsfaktoren politischer Orientierungen dieser Altersgruppen. Deshalb halten wir es für angemessen, einen exemplarischen Literaturüberblick zu bieten, der sich auf jene Arbeiten beschränkt, die von der Themenstellung und dem Untersuchungsansatz der unseren vergleichbar sind, die aber zugleich „Marksteine" der bundesrepublikanischen Forschung zur politischen Sozialisation sind. Dazu haben wir die Arbeiten von Habermas u. a. über „Student und Politik" (1961), von Becker u. a. über „Erziehung zur Anpassung? " (1967) und von Jaide über „Jugend und Politik" (1970) ausgewählt. Die einschlägige amerikanische Literatur wird im Kapitel zur Hypothesenbildung nur punktuell berührt, da sich für diesen Bereich eine ausgezeichnete Literaturübersicht bei Hainke findet; Hainke entwickelt eine Reihe weiterführender Hypothesen, die auch für unsere Analysen Anregungen geboten haben.

Habermas u. a. gehen aus von einem materialen Demokratiebegriff, der gefaßt ist als notwendige Funktion im Prozeß der Selbstbefreiung der Menschheit (in Abhebung von „Demokratie" als formalem Reglement politischer Willensbildung) (Habermas u. a. 1969, S. 15 f.). Da die Hoffnung auf eine selbstbewußte politische Beteiligung der gesamten

(4) Vgl. Vonderach 1972, Kapitel I: Das politische Denken der westdeutschen Jugend im Lichte der empirischen Sozialforschung. Harnischfeger 1972, Kapitel I: Zum Stand der Untersuchungen über politische Bildung in der Bundesrepublik Deutschland. Harnischfeger gibt eine Reihe weiterer Quellen an, die Literaturzusammenfassungen empirischer Forschungen bieten (vgl. Harnischfeger 1972, S. 19, 2. Anmerkung).

Bevölkerung als unrealistisch zurückgewiesen wird, interessieren die Mitglieder von Massenorganisationen sowie die funktionalen Eliten in der staatlichen und privaten Bürokratie für Ansätze und Chancen von Demokratisierung (S. 51). Daher wird das Rekrutierungsfeld dieser funktionalen Eliten, die Studentenschaft, im Hinblick auf das politische Potential untersucht. Im einzelnen werden die Bereitschaft zu politischem Engagement untersucht („politischer Habitus“), die Einstellung zum demokratischen System („politische Tendenz“) und der Fundus zugrundeliegender weltanschaulicher Modelle („Gesellschaftsbilder“) (S. 58). Auf der Basis hermeneutischer Interpretation von Intensivinterviews wird eine Skala des politischen Engagements gebildet, auf der die sogenannten Habitustypen angesiedelt werden; diese werden nach den vier Obergruppen der Politischen, der Mitläufer, der Distanzierten und der Unpolitischen unterteilt. Die Studierenden der Frankfurter Universität verteilen sich danach wie folgt auf die einzelnen Habitustypen (S. 125):

Politische:	Engagierte	9 %
	Reflektierte Staatsbürger	29 %
Mitläufer:	Naive Staatsbürger	19 %
	Rational Distanzierte	19 %
Irrational Distanzierte		11 %
Unpolitische		13 %

Diese Verteilung weist nach Ansicht der Autoren eine verhältnismäßig breite Basis solider Beteiligung am politischen Leben aus, die die politische Beteiligung der Gesamtbevölkerung übersteigt. Allerdings hatte Jaide an einer Stichprobe von Jugendlichen eine durchaus vergleichbare Typologie und Zahlenverteilung gefunden.[5] Die Richtung der politischen Tendenz ergibt bei Habermas u. a. eine Skala von den genuinen Demokraten (30 %) über die formalen Demokraten (39 %) bis zu den Autoritären (22 %) mit einem Rest von Indifferenten (9 %) (Habermas u. a. 1969, S. 133). Dem „genuin demokratischen Syndrom“ werden jene Studenten zugerechnet, die einem materialen Demokratieverständnis verpflichtet sind. Die Schlußfolgerungen hinsichtlich des demokratischen Potentials sind eher optimistisch, da die „engagierten und reflektierten Staatsbürger“ überwiegend demokratisch-egalitär eingestellt sind (S. 147 f.). Schließlich werden Gesellschaftsbilder daraufhin untersucht, ob sie traditionelle Modellvorstellungen beinhalten, was aber nur für einen geringen Befragtenanteil zu konstatieren ist.

(5) Vgl. die Gegenüberstellung in: Jaide 1965, S. 55.

Davon ausgehend wird eine Unsicherheit des Standortbewußtseins diagnostiziert (S. 203); unklar bleibt allerdings die Handlungskonsequenz einer Affinität zu bestimmten Gesellschaftsbildern.

Während die Studie von Habermas u. a. einen eher phänomenologischen Ansatz verfolgt, bei dem Sozialisationsmodelle und -faktoren allenfalls am Rande interessieren, richten sich die Studie von Becker, Herkommer, Bergmann sowie die Arbeit von Teschner auf die Wirksamkeit der politischen Bildung in den Schulen. Schülereinstellungen werden zu den Bereichen Sozialkunde, politisches Interesse, politisches Sachwissen und demokratische Einstellungen in einer breiter gestreuten, nicht repräsentativen Stichprobe erhoben. Dazu wird ein generelles Interesse der Schüler am Sozialkundeunterricht diagnostiziert, das relativ unabhängig von der Art und Qualität des Unterrichts ist (vgl. Becker u. a. 1970, S. 36 f.). Das politische Interesse ist durchschnittlich weder stark ausgeprägt noch völlig unterentwikkelt, also im Mittelbereich der Interessiertheitsskala; es bleibt letztlich passiv auf die politische Information durch Massenmedien beschränkt. Die gesellschaftlich determinierten Sozialschicht-Unterschiede im politischen Interesse werden durch den politischen Unterricht nicht eingeschränkt (vgl. Becker u. a. 1970, S. 56 - 60; Teschner 1968, S. 13). Obwohl der politische Unterricht den Ansprüchen einer gründlichen Vermittlung von Sachkenntnissen nicht genügt und sich das Wissen der Schüler auf allen untersuchten Gebieten als sehr oberflächlich erweist, ist der Sozialkundeunterricht doch tendenziell erfolgreich, denn ohne Sozialkundeunterricht wäre noch weniger an Kenntnissen vorhanden. Politische Institutionenkenntnisse sind noch am weitesten verbreitet, tagespolitische und wirtschaftliche Kenntnisse merklich geringer (vgl. Becker u. a. 1970, S. 82 f.). Die Einstellungen zur Demokratie als Staatsform differieren je nach Definitionskriterium. So findet sich eine breite Unterstützung des Mehrparteiensystems, und offen faschistische Prinzipien werden abgelehnt. Gleichzeitig werden wichtige Bestandteile des demokratischen Systems vernachlässigt, was als Indiz für unpolitisches Ordnungsdenken interpretiert wird; die Äußerungen der meisten Schüler erwecken den Eindruck großer Hilflosigkeit und mangelnder Betroffenheit (vgl. Becker u. a. 1970, S. 85 - 91). Komplexe politische Sachverhalte werden simplifiziert, häufig in der Form der Personalisierung. Zu Diktatur und Nationalsozialismus als den Gegensätzen der Demokratie finden sich ebenfalls kaum ausgeprägte Meinungsstrukturen, so daß zwar die Zustimmung zu wichtigen formalen demokratischen Prinzipien zu verzeichnen ist, aber keine durchgängige Identifizierung (vgl. Becker u. a. 1970, S. 104), wobei wieder ein „guter" Sozialkundeunterricht demokratisierende Wirkungen zeitigt.

Aus diesen Daten folgern die Autoren, bündige Aussagen über das demokratische Potential der Schüler seien so gut wie unmöglich, weil nur ein geringer Teil über angemessene Kategorien zur Beschreibung politischer Phänomene verfügt. Die politischen Vorstellungen sind unstimmig und bruchstückhaft, so daß von einem politischen Bewußtsein nicht gesprochen werden kann. Obwohl deutliche Unterschiede zwischen den Schularten in dem Sinne zu verzeichnen sind, daß mit der Schulbildung eine Zunahme des politischen Interesses und politischen Urteilsvermögens zu verzeichnen ist, sind die Befunde doch insoweit einheitlich, als das politische Urteilsvermögen, die Einsicht in politisch-gesellschaftliche Zusammenhänge und die Einsicht in die eigene soziale Situation defizitär bleiben. Gemessen an ihren Intentionen hat die politische Bildung daher nur geringen Erfolg zu verzeichnen; ihr Verdienst liegt darin, die gröbste Unwissenheit abzubauen und eine gewisse Basisidentifizierung mit den demokratischen Instutionen zu erreichen. Politische Bildung in den Schulen nutzt ihre Chancen aber nur unzureichend. In der Unterrichtspraxis ist die Stoffauswahl unsystematisch, aktuelle Themen werden nicht unter dem Aspekt des Exemplarischen ausgewählt, und die Institutionenkunde wird isoliert von der sozialen Realität behandelt (vgl. Becker u. a. 1970, S. 118–122; Teschner 1968, S. 138).

Damit ist zwar der aktuelle Befund ein negativer, aber es sind Ansatzpunkte für Verbesserungen aufgezeigt (etwa die Präferierung einer soziologischen Denkweise im Unterricht). Der Verdienst dieser Studie liegt vor allem in der Verwendung eines breiten Datenfundus, der es z.B. erlaubt, Schüler- und Lehrereinstellungen miteinander in Beziehung zu setzen. So kann die objektiv-gesellschaftliche Determination des Schülerbewußtseins stärker ins Blickfeld geraten, während isolierte Dateninterpretationen einer einzigen Untersuchungsgruppe leicht zur moralisierenden Betrachtung führen.

Auch Jaides Arbeiten, die in „Jugend und Demokratie" aus dem Jahre 1970 kulminieren, gehen von dem für die deutsche politische Sozialisationsforschung typischen normativen Ansatz aus. Gefragt wird nach Habitustypen der politischen Engagementsbereitschaft im Hinblick auf die Rollenaufgabe des Bürgers in der Demokratie, definiert als kritische, distanzierte demokratische Mitwirkung an Veränderungen innerhalb des bestehenden sozio-politischen Systems (Jaide 1971, S. 11). Seine ausschließlich auf eine Jugendlichenpopulation bezogenen Analysen greifen erneut das Problem der politischen Habitustypen auf in der Form einer Dimensionsanalyse politischer Meinungen. Die der Arbeit zugrunde gelegten Hypothesen beziehen sich auf Meinungskorrelate und Bedingungsfaktoren für politische Engagementsbereitschaft. Sie postulieren unter anderem einen Zusammenhang von Engagement mit politisch-historischen Kenntnissen, progressiven Einstellungen und hohem Informationsniveau. Als Ursachefaktoren werden vor allem die politische Kommunikation, bestimmte Persönlichkeitsmerkmale und ein hohes Intelligenzniveau angenommen.

Eine faktorenanalytische Itemanalyse ergibt zunächst fünf Meinungsdimensionen für einen umfangreichen Fragebogen zu gesellschaftspolitischen Problemen, nämlich 1. immobil/konservativ, 2. progressiv/liberal/demokratisch, 3. Abrüsten und Entgegenkommen, 4. faschistisch/antirepräsentativ/nationalistisch, 5. Befürchtungen/Ängste (Jaide 1971, S. 24). Auffälligstes Ergebnis ist dabei, daß sich kein „Extrem-Links-Faktor" herauskristallisiert hat, während in der vierten Dimension durchaus eine starke Rechtstendenz repräsentiert ist. Die Hypothesen werden dann im wesentlichen mit einer Skala der politischen Engagementsbereitschaft geprüft und in der Tendenz bestätigt (S. 84). So wird die politische Engagementsbereitschaft erklärt durch hohes Informationsniveau, durch progressiv-demokratische Einstellungen, durch Extraversion im psychischen Bereich, durch politisch-historisches Wissen und durch politische Aktivität. Konservative Meinungsfaktoren werden stärker von den jüngeren, den weiblichen, den Berufstätigen und den der Unterschicht angehörenden Jugendlichen bevorzugt, während progressive Meinungen von den jeweiligen Komplementärgruppen vertreten werden.

Jaides Schlußfolgerungen verweisen ausdrücklich darauf, daß zur Zurückdrängung des antidemokratischen und apolitischen Potentials keineswegs der politischen Bildung die Hauptverantwortlichkeit zufällt; vielmehr solle die praktische Politik durch Demokratisierung, Reformen und verbesserte Kommunikation Impulse an die Gesellschaft herantragen. Seine interessantesten Folgerungen liegen dort, wo er auf die Verflechtung von politischer und allgemeiner Bildung, von personaler, sozialer und politischer Erziehung verweist, die durch eine neue Didaktik, durch neue Lehr- und Lernmittel speziell für das Erfordernis der Aktualität curricular einzulösen ist.

Resümieren wir unseren ausschnitthaften Überblick über die politische Sozialisationsforschung in der Bundesrepublik, so lassen sich Teilgebiete finden, die durch die bisherigen Studien recht gut abgedeckt sind. Dazu gehören: politisches Interesse und politische Informationsgewohnheiten, politische Institutionenkenntnisse sowie Grundeinstellungen zur Demokratie in Abhebung von Diktatur und Nationalsozialismus. Insgesamt scheint damit, auf der phänomenologischen Ebene, der politische Habitus von Jugendlichen in seinen Komponenten und Interrelationen ausreichend erfaßt. Defizitär ist dagegen die Erforschung von Randbedingungen und Einflußfaktoren, damit also von Prozessen der politischen Sozialisation. Angesichts dieses Forschungsdefizits ergibt sich ein allzu kurzschlüssiger Rückgriff auf normative Postulate der Demokratietheorie, den man thesenartig als „hilflos moralisierenden Politisierungsansatz“ bezeichnen könnte. Wenn Politik immer auch die Kunst des Möglichen ist – bei Narr in der Kategorie der realen Möglichkeit gefaßt (1973, S. 24) –, dann ist Forschung zur politischen Sozialisation aufgerufen, das real Mögliche an progressiver Politisierung zu bezeichnen und seine prozessualen Voraussetzungen modellhaft abzubilden. Denn zur Realisierung einer demokratischen Gesellschaft gehört beides: sowohl der utopische Vorgriff auf Bilder einer befreiten Gesellschaft wie die Kenntnis von Faktoren, die eine Realisierung behindern oder erleichtern. Eine Bewertung der bereits geleisteten Demokratisierung kann deshalb angemessen nur vor dem Hintergrund eines Wissens über typische Prozesse und gesicherte Einflußfaktoren, als Modelle realer Möglichkeiten, erfolgen. Unsere Studie soll als Baustein zur Lösung dieser Problematik verstanden werden.

Die soeben referierten Arbeiten sind typischerweise Jugendstudien; jüngere Schülergruppen treten bisher nicht als relevante Zielgruppen derart umfangreicher Grundlagenstudien in Erscheinung. Völlig anders ist die Situation in den USA, wo Studien zur politischen Sozialisation nicht selten auch den Primarbereich einbeziehen, so daß dort Prozeßmodelle der politischen Sozialisation erarbeitet werden konnten. Ein Beispiel dafür ist das häufig zitierte Modell von Easton und Dennis, das vier Stadien vorsieht, nämlich 1. Elementare Politisierung, 2. Personalisierung der politischen Sphäre, 3. Idealisierung und 4. wahrnehmungsmäßige „Institutionalisierung" des Politischen (vgl. Easton/Dennis 1969, S. 391). Da dieses und ähnliche Modelle auch das frühkindliche Lernen umfassen, das im Rahmen unserer Arbeit von geringerer empirischer Relevanz ist, da ferner interkulturelle Vergleichsdaten weitgehend fehlen, soll hier keine Aufarbeitung erfolgen.

3 Theoretischer Bezugsrahmen und Hypothesen
3.1 Politikbegriff

Unser Zentralbegriff der politischen Sozialisation ist auf eine vorgängige Klärung des Politikbegriffs angewiesen. Zumindest ist das hier zugrunde gelegte Verständnis insoweit zu explizieren, daß Operationalisierungen für die empirischen Fragestellungen möglich sind. Ein derartiger Versuch sieht sich sofort der Schwierigkeit gegenüber, eine Vielzahl zum Teil unverbundener Begriffsentwürfe sichten und systematisieren zu müssen; zusätzlich ergibt sich die Schwierigkeit, daß neben den Nominaldefinitionen die Explikationen und Erweiterungen in Form politikwissenschaftlicher Kategorienlehren heranzuziehen sind. Anstatt hier den Gegenstandsbestimmungen einer ganzen Wissenschaft – der Politologie – nachzugehen, ist ein pragmatischeres Verfahren zur Findung eines Arbeitsbegriffs geboten; dies um so mehr, als es den konstruktiv-heuristischen Charakter von Begriffen des Politischen (vgl. Narr 1973, S. 20) zu berücksichtigen gilt. Wir versuchen, einer Lösung dieser Problematik dadurch näherzukommen, daß wir auf eine Nominaldefinition verzichten und statt dessen auf Funktionen des politischen Systems der Gesellschaft rekurrieren. Damit soll vor allem die „vorschnelle Verengung auf einen zentralen Entscheidungsbereich" (vgl. Narr 1973, S. 23) vermieden werden.

Die geringe Relevanz des Versuches, auf dem Wege von Nominaldefinitionen eine Konzeption des Politischen zu gewinnen, ist zumindest exemplarisch zu belegen. Instruktiv ist zunächst das Nebeneinanderstellen gängiger Definitionsversuche, das ein Spektrum ohne gemeinsame und grundlegende Dimensionen ausweist: „Politik ist das Streben nach Macht, und politische Beziehungen sind Machtbeziehungen" (Peal und Roucek 1941, zitiert nach Lange 1961, S. 13). „So läßt sich definieren: 'Politik ist Kampf um die rechte Ordnung' " (von der Gablentz 1965, S. 14). „Der Begriff des Politischen ist somit gekennzeichnet durch die Kategorie der jeweils realen Möglichkeit, durch die herrschaftsbestimmte Entscheidungsbündelung und durch die Freiheitschance aufgrund von Entscheidungsbeteiligung und Entscheidungskontrolle"(Narr 1973, S. 26). „Unter Politik verstehen wir den Inbegriff der Kunst, die Führung menschlicher Gruppen zu ordnen und zu vollziehen. Das politische Handeln bezieht sich auf den diese Gruppen begründenden Daseinssinn und vollzieht sich entsprechend ihrem Ordnungsgefüge" (Bergsträsser 1957-63, zitiert nach Sutor 1973, S. 33).

Systematische Klassifikationen für Begriffe des Politischen sind bisher nur ansatzweise vorgelegt worden. Häufig wird allerdings die Unterscheidung zwischen einem „engeren" und einem „weiteren" Politikverständnis getroffen (vgl. Sutor 1973, S. 39 f.; Narr 1973, S. 20 ff.), wobei die engeren Politik-Definitionen auf die Phänomene von Staat und Herrschaft bezogen sind. Die einflußreichste Variante eines engeren Politikverständnisses ist sicherlich die von Weber gewesen: „Politik würde für uns also heißen: Streben nach Machtanteil oder Beeinflussung der Machtverteilung, sei es zwischen Staaten, sei es innerhalb eines Staates zwischen den Menschengruppen, die er umschließt" (Weber, zitiert nach Behrmann 1975, S. 18). Die normativen Implikationen speziell eines auf staatliche Macht und Herrschaft verengten Politikbegriffs haben in zunehmendem Maße die Notwendigkeit eines nicht nur auf den politisch-institutionellen Sektor beschränkten Politikbegriffs deutlich werden lassen. Abgesehen davon, daß der Machtbegriff ein wissenschaftshistorisch „enttäuschendes Konzept" (vgl. March 1966, angegeben nach Behrmann 1975, S. 49) ist, gilt noch immer das Verdikt von Hennis (1974, S. 127), eine bloß als Kampf um Macht begriffene Politik lasse nur zwei Konsequenzen zu: entweder die Aufforderung, an diesem Machtkampf kräftig teilzunehmen, oder die Aufforderung zum resignativen Sichabfinden damit, daß es nun einmal so sei.

Im Gegensatz dazu sind nicht-verengte Politikbegriffe, für die oben der von Narr stellvertretend genannt wurde, bezogen auf Grundfunktionen nicht nur sozialer, sondern auch psychischer Systeme. Begriffe wie „Freiheitschance" oder „Selbstbestimmung" haben hier eine hohe Bedeutung, ohne daß in letzter Konsequenz „Politik" in „Sozialem" und „politische Bildung" in „Sozialerziehung" aufgehen müßte, wie gelegentlich befürchtet wird (vgl. Sutor 1973, S. 41). Am Beispiel des Machtbegriffs läßt sich die begriffliche Erweiterung demonstrieren. Während Weber „Macht" als Chance gesehen hatte, den eigenen Willen auch gegen Widerstreben durchzusetzen, kritisiert Sutor (1973, S. 41), daß Macht dabei nur als defizienter Modus definiert ist; Macht ist nicht nur vorhanden, wo sie auf Widerstand trifft, sondern beinhaltet das Vermögen, sich zu entfalten, zu behaupten und sich durchzusetzen. Der Politikbegriff wird so letztlich auf anthropologische Konstanten rückverwiesen.

Während bei „verengten" Begriffen des Politischen die Gefahr der vorschnellen Verengung auf einen zentralen Entscheidungsbereich besteht, ist umgekehrt für „erweiterte"

Politikbegriffe die Gefahr von hochabstrakten und inhaltsleeren Floskeln zu konstatieren, anhand derer noch in jedem Denk- und Interaktionsvollzug politische Aspekte auffindbar sind. Zwar ist richtig, daß das Politische gewissermaßen „quer" zu allen gesellschaftlichen Bereichen liegt und sie alle durchdringt (vgl. Sutor 1973, S. 53), andererseits gilt ähnliches für andere sozialwissenschaftliche Begriffe auch und enthebt nicht der Notwendigkeit einer präziseren begrifflich-theoretischen Abgrenzung der relevanten Aspekte.

Unsere These ist, daß ein Arbeitskonzept des Politischen weder über nominaldefinitorische noch über realdefinitorische Festlegung zu gewinnen ist. Beide Möglichkeiten würden eine Präferenz für hierarchische Begriffssysteme ausdrücken, die der Verfasser nicht teilt. Statt dessen wird hier das von Hempel vertretene Modell einer wissenschaftlichen Theorie zugrunde gelegt, nach dem eine Theorie mit einem Netzwerk verglichen wird: danach sind die Terme die Knotenpunkte eines Begriffssystems, und die Verbindungslinien entsprechen den grundlegenden Hypothesen (vgl. Hempel 1974, S. 39 f.). Wichtig dabei scheint vor allem die Vorstellung eines nichthierarchischen *Systems* untereinander verbundener Begriffe. Für die politische Theorie existieren solche Systeme in Gestalt politischer Kategorienlehren. Für den Rezipienten politischer Theorie wäre es nun im Sinne von Arbeitsökonomie und störungsfreier Kommunikation optimal, seinen theoretischen Bezugsrahmen durch Verweis auf ein solches Kategoriensystem abzustecken. Da aber die angesprochenen Kategorienlehren, ebenso wie die Begriffe des Politischen, innerhalb der Sozialwissenschaften kontrovers sind, muß anhand der vorhandenen Kategoriensysteme eine eigene Arbeitskonzeption des Politischen entwickelt werden. Dazu gehen wir exemplarisch von zwei neueren Versuchen einer solchen Kategorienlehre aus, nämlich von den Arbeiten von Behrmann und Sutor.

Im Zentrum der systemtheoretischen Überlegungen von Behrmann (1975, S. 41) stehen die Funktionen bzw. Probleme des politischen Systems: zum einen das Verhältnis von vorhandenen Mitteln zu bestehenden Zielen und die Allokation von Mitteln, zum anderen die Bedingungen für Verbindlichkeit von Entscheidungen. An anderer Stelle heißt es: „Das politische Problem sozialer Verbände besteht demnach darin, verbindliche Entscheidungen über Ziele kollektiven Handelns herzustellen, diese durchzuführen und den Rahmen dieses Prozesses zeitlich, räumlich, sozial und sachlich zu definieren" (S.22). Die zur Deskription dieses Problems verwendeten Zentralkategorien sind: Vermehrung und Allokation der Mittel, Verbindlichkeit von Entscheidungen unter Berücksichtigung der Aspekte von Gleichheit, Macht und Legimität. Die Regelungen des Entscheidungsprozesses konstituieren eine soziale Ordnung, deren Herstellung oder Erhaltung allerdings nur in Sonderfällen zum ersten Zweck der Politik wird (S. 22f.).

Sutor unterscheidet zwischen philosophischen und politikwissenschaftlichen Kategorien einer Theorie der Politik (1973, S. 5 f., S. 132 ff., bes. S. 136). Philosophisch-anthropologische Kategorien sind: Personalität, Gesellschaftlichkeit, Geschichtlichkeit, Macht, Verhältnis von Utopie und Realität, Praxis und Handeln, mitmenschlicher Umgang und Moral. Als zentrale politikwissenschaftliche Kategorien einer Theorie der Politik werden genannt: Gemeinwohl, Herrschaft, Repräsentation, Legitimität und Recht, Staat-Gesellschaft-Gemeinschaft, Pluralität und Solidarität, Geschichtlichkeit, Demokratie. Diese Kategorien sind zum einen Teil in Form von Aufgaben und Funktionen eingeführt („Politik im engeren Sinne hat die Aufgabe, das Gemeinwohl zu verwirklichen ..."), zum anderen Teil dienen sie einfacher Deskription („Politisches und geschichtliches Bewußtsein bedingen sich gegenseitig."). In einer umfassenden Übersicht (S. 136.) über die verwendeten Grundbegriffe (insgesamt 26) ergibt sich dann allerdings doch ein sehr breites Begriffsfeld, das auch Konzepte wie Friede, Nation oder Gleichheit umfaßt.

In dem Dilemma zwischen inhaltsleerer abstrakter Definition und unübersichtlicher Kategorienvielfalt, der zudem die Abgrenzung zu den übrigen sozialwissenschaftlichen Themen und Arbeitsbereichen ermangelt, scheint ein Mittelweg angemessen, und zwar in der Weise, daß Aspekte und Komponenten „des Politischen" herausgehoben werden, die im weiteren Verlauf der Arbeit weiterverfolgt werden können. Da wir keinen systemtheoretischen Entwurf intendieren, ist dabei eine durchgängige Bezugnahme auf Strukturen und Funktionen politischer Systeme nicht erforderlich. Die ausgewählten Aspekte sollen „vollständig" in dem Sinne sein, daß sie die in den gängigen Definitionen des Politikbegriffs angesprochenen sozialen Phänomene umgreifen.

Unser Verfahren hat den Vorteil, daß keinem rigiden „Entweder-Oder" der Begriffsbildung das Wort geredet wird, so daß es möglich bleibt, Aspekte sozialer Phänomene als politische zu beschreiben, ohne gleichzeitig der Gefahr einer begrifflichen „Total-Politisierung" zu erliegen. Dieser Gedankengang verbietet zudem, bestimmte Aspekte oder Komponenten „des Politischen" als begrifflich zentral oder als weniger zentral auszuweisen; statt dessen handelt es sich um ein gleichgewichtiges Nebeneinander, um einzelne notwendige Aspekte, die für sich allein eben noch nicht den Gesamtbereich des Politischen und des politischen Verhaltens repräsentieren.

Konstitutiv für eine Konzeption des Politischen in diesem Sinne sind folgende vier Hauptaspekte:
1. der Aspekt der Bewahrung oder Veränderung gesellschaftlicher Ordnungs- und Organisationsstrukturen,
2. der Aspekt der Macht- und Herrschaftsverteilung bzw. der Aspekt der Veränderung der Machtverteilung,
3. der Aspekt der Interessenfindung und Interessendurchsetzung,
4. der Aspekt der Legitimation gesellschaftlicher Ordnungs-, Macht- und Interessenstrukturen.

Zum erstgenannten Aspekt, dem der Bewahrung oder Veränderung von Ordnungs- und Organisationsstrukturen, gehören insbesondere: formelle und informelle Normierungen, speziell in Gestalt rechtsverbindlicher Normen, Formen der Entscheidungsfindung sowie soziale Kontrolle (Sanktionierung) zwecks Aufrechterhaltung von Ordnungsstrukturen. Zur Frage der Macht- und Herrschaftsverteilung sind zu rechnen: die Zuweisung oder Aneignung von Entscheidungsbefugnissen, der Modus der Macht- und Herrschaftsausübung, die Verteilung bzw. Umverteilung von Lebenschancen und damit zugleich die Kanalisierung materieller und immaterieller Ressourcen. Zum Aspekt der Interessenfindung und -durchsetzung sind zu nennen: die Richtunggebung sozialen Wandels und sozialen Fortschritts, Zukunftsentwürfe und real-utopische Konzepte, schließlich Modalitäten der Abwägung gegensätzlicher Interessen. Zur Legitimationsproblematik wären zu rechnen: Sinnentwürfe für soziale Strukturen, Geschichtsinterpretationen, Rechtfertigungsstrategien (z. B. Ideologien) und schließlich „Werbe"-Strategien für Sinnentwürfe und Rechtfertigungsversuche.

Dieser Katalog von Aspekten weist einen relativ umfassenden Begriff des Politischen aus, der jedoch insofern eingegrenzt werden soll, als jeweils soziale Großgruppen wie

Staatenverbände, soziale Schichten oder Klassen zu thematisieren sind. Das Verhalten von Kleingruppen und Einzelpersonen ist deshalb nur dann „politisch", wenn es auf Großgruppen gerichtet ist; individuelles Verhalten zur Verfolgung persönlicher Interessen wäre demnach so lange ohne politische Affinität, bis durch dieses Verhalten nicht soziale Großgruppen intentional tangiert sind.

Aus dem Gesamtbereich des hier als politisch Vorgestellten wurden jene Aspekte für Instrumentalisierungsansätze ausgewählt, die zum einen an frühere Erhebungen inhaltlich-methodisch anschließen konnten, zum anderen für Schüler der ins Auge gefaßten Altersgruppen überhaupt mit Aussicht auf Erfolg instrumentalisierungsfähig waren, insofern sie auf die konkrete, situative Komponente politischer oder vorpolitischer Orientierung übertragbar sind. Unter situativer Komponente wird hier das vom Schüler konkret erfahrene Institutions- und Interaktionsgefüge verstanden. Ein in der pädagogischen Literatur häufig dargestelltes Paradigma zum Aufweis latenter politischer Beeinflussung durch Schule und Unterricht betrifft die Erfahrung von Herrschaftsverhältnissen innerhalb der Institution Schule. So soll Politische Bildung nach Wulf (1974, S. 174) im gesamten Unterricht den Schülern die zahlreichen Formen struktureller Gewalt bewußtmachen. Das Verhältnis zu dieser Art „struktureller Gewalt" würde auch nach unserem Verständnis politische Komponenten aufweisen. Schwerpunkte der Instrumentalisierung wurden also für jene Aspekte des Politischen geplant, bezüglich derer Schülerreaktionen auch bei nur rudimentär ausgebildeten Wissens- und Wahrnehmungsstrukturen möglich sind; so ist z. B. Loyalität gegenüber unserem Gesellschaftssystem möglich, auch wenn nur ein minimales Verständnis gesellschaftlicher Funktionszusammenhänge gegeben ist.

3.2 Sozialisationsbegriff

Der Begriff „Sozialisation" in seinem heutigen Gebrauch entstammt dem Bereich der amerikanischen Sozialwissenschaften (vgl. Wurzbacher 1974, S. 2). Traditionell meint er den Prozeß, durch den ein Mensch zu einem Verhalten gebracht wird, das im Hinblick auf die Wertvorstellungen seiner Gruppe gebräuchlich und annehmbar ist (vgl. Child 1954, in: Rolff 1971, S. 20). So heißt es in einer amerikanischen Einführung in die Soziologie, „Sozialisation" beziehe sich auf den Prozeß, durch den sich Individuen die bestehende Kultur von Gruppen aneignen, in die sie hineinwachsen (vgl. Johnson 1963, S. 110). Und an anderer Stelle: „Implizit im bisher Gesagten ist die Grundidee, daß Sozialisation einen Prozeß sozialer Interaktion zwischen einem Sozialisationsagenten und seinem oder ihrem 'Schüler' beinhaltet. Der Sozialisationsagent leitet den Prozeß, indem er Diskriminationsreize präsentiert, negative Reaktionen des Schülers auf Frustrationen kontrolliert und indem er den Schüler für die neuen Dinge belohnt, die von ihm erwartet werden. Im Verlaufe dieses Prozesses ändert sich die Persönlichkeit des Schülers graduell (und ungleichmäßig) in die vom Sozialisationsagenten angezielte Richtung“ (Johnson 1963, S. 132).

Entscheidend dürfte dabei die Vorstellung eines Sozialisationsagenten sein, der über Mechanismen sozialer Kontrolle einen Anpassungsdruck auf das zu sozialisierende Individuum ausübt. So läßt sich die These von Caesar halten, in der vorherrschenden Sozialisationstheorie werde „Sozialisation“ nur in der Dimension adaptiver Mechanismen begriffen; diese Perspektive sei vor allem für die strukturell-funktionale Theorie kennzeichnend, der es auf die Frage ankomme, wie Individuen darauf vorbereitet werden, sich entsprechend normativen Erwartungen zu verhalten (vgl. Caesar 1972, S. 11).

„Linke Kritik“ an diesem Sozialisationsmodell postuliert deshalb, solange Normkonformität die zentrale theoretische Bezugsgröße eines Sozialisationsbegriffes sei, müsse das Begriffsmodell als ein affirmatives zurückgewiesen werden, das implizite Rechtfertigungen für bestehende soziale Verhältnisse liefert (vgl. Fend 1974, S. 19, S. 21). Linke Kritik muß dann aber den Nachweis erbringen, daß die kritisierte „affirmative“ Variante von Sozialisationstheorie keine alternativen Konzepte bereitstellt, mit deren Hilfe die über bloße Adaption hinausgehenden Sozialisationsergebnisse (z. B. Kreativität, soziale Phantasie) beschrieben werden können. Obwohl ein solcher Nachweis häufig ausbleibt und die Kritik statt dessen auf der Ebene pauschalierender Vorwürfe agiert, kann man doch mit Wurzbacher von einer „Überlastung des Sozialisationsbegriffes mit anpassungsmechanistischen Vorstellungen“ sprechen (1974, S. 5 ff.).

Wurzbachers Lösungsvorschlag ist, den Sozialisationsbegriff in der etablierten Relation zu anpassungsmechanistischen Vorstellungen zu belassen („soziale Prägung“) und als Komplementärbegriff den der Personalisation hervorzuzuheben. Während dann „Sozialisation" weiterhin als Vorgang der Führung, Betreuung und Prägung des Menschen durch die Verhaltenserwartungen und Verhaltenskontrollen seiner Beziehungspartner verstanden wird (1974, S. 12 f.), gilt „Personalisation" als Selbststeuerung eigener Triebstrukturen sowie als verantwortlich gestaltete Rückwirkung des Individuums auf Kultur und Gesellschaft (S. 14 f.).

Was hier zunächst als terminologische Problematik erscheint, stellt sich bei Fend als Doppelfunktion des Sozialisationsprozesses dar. Danach erfüllt der Sozialisationsprozeß gleichzeitig für das Individuum und für die Gesellschaft wichtige Funktionen; einerseits wird das Individuum handlungsfähig, andererseits die Gesellschaft funktions- und überlebensfähig (vgl. Fend 1974, S. 15., S. 26), wobei die Rückwirkung des Individuums auf Gesellschaft und Kultur weniger scharf akzentuiert ist als bei Wurzbacher.

Thematisieren wir speziell diese Rückwirkung zwischen Individuum und Gesellschaft, die im Gedankenmodell eines Rückkoppelungsprozesses vorgestellt werden kann, so ist zunächst ein universelles Spannungsverhältnis zwischen „Sozialisation" und „Personalisation" zu konstatieren. In Erweiterung des Ansatzes von Fend hätte Sozialisationstheorie nicht nur die Überlebens- und Handlungsfähigkeit sowohl des Individuums als auch der Gesellschaft zum Gegenstand, sondern zugleich die Rückkoppelung zwischen beiden Systemebenen. In Ansätzen, die der Theorie des symbolischen Interaktionismus verbunden sind, scheint diese Verbindung bereits konzeptualisiert. Danach wäre „Sozialisation" kritische Individuierung, in deren Verlauf das Individuum gegenüber den repressiven Mechanismen nicht nur die Anpassung lernt, sondern auch lernt, sich dem sozialen Anpassungsdruck zur Wehr zu setzen und sich seinen jeweiligen Rollen gegenüber „reflexiv ins Verhältnis zu setzen" (Caesar 1972, S. 13). Durch Begriffe wie „Rollendistanz", „Ich-Identität" oder „Ambiguitätstoleranz" sollen die Aspekte dieser Reflexivität in soziologische Kategorien gefaßt werden. Die Konzeptionen kristallisieren sich im Begriff der personalen Autonomie, die wir als das theoretische Komplement zu älteren Ansätzen der Autoritarismusforschung verstehen. Auf die Problemebene von Sozialcharakteren transponiert, repräsentieren der autoritäre und der ich-autonome Sozialcharakter die kategorialen Antipoden einer gemeinsamen Begriffsskala.

Am Beispiel eines neueren Ansatzes von Oesterreich bestätigt sich diese These. „Autoritär“ wird dort wie folgt bestimmt: „Orientierung und Anlehnung bei Sicherheit bietenden und Herrschaft ausübenden Personen oder Institutionen, Orientierung an ihren Wert- und Normsystemen sowie kritikloser Gehorsam ihnen gegenüber; Übernahme von Autoritätsrollen gegenüber sozial Schwächeren, autoritäres Verhalten, das befehlend, drohend, strafend, aber auch patriarchalisch schützend sein kann; Rigidität, starre Orientierung an Verhaltensmustern, die einerseits zu ausreichender Bedürfnisbefriedigung führt und andererseits angstauslösende Situationen vermeidet; . . :“ (Oesterreich 1974, S. 13 f.). Zu personaler Autonomie gehört dann: „Eine wesentliche Bedingung für das Anstreben von Autonomie ist deshalb die Bereitschaft und Fähigkeit zu kritischer Distanz gegenüber den Werten und Normen sowie Deutungsmustern von Gesellschaft, wie sie im Sozialisationsprozeß vermittelt werden“ (S. 17).

Während also zum autoritären Sozialcharakter die unbedingte Anpassung an vorfindliche Normen und Werte gehört, konstituiert die kritische Distanz zu den durch Sozialisation vermittelten Normen und Werten den autonomen Charakter; für die Unterscheidung ist demnach das Verhältnis zu den vorgefundenen und von den Sozialisationsinstanzen mit Sanktionen belegten Normen und Werten zentral. Die in der amerikanischen Soziologie übliche Unterscheidung nach dem Grad der Anpassung (von der Überanpassung bis zur Unteranpassung)[1] lotet diese Problematik nur unzureichend aus; solange alleiniger theoretischer Bezugspunkt die Stabilität eines Gesellschaftssystems bleibt, fehlen umfassende Konzepte zur Analyse und zur Bewertung gesellschaftlicher Wandlungsprozesse, wie sie im Begriff der personalen Autonomie angedeutet sind: Es geht dann um die Realisierung „heute möglicher Formen von Autonomie“ (Oesterreich 1974, S. 17). Damit stellt der Ansatz der kritischen Individuierung Kriterien zur Analyse und Bewertung der Rückkoppelung zwischen Individuum und Gesellschaft bereit. Bei Wurzbacher wäre dies die „Ausbildung und Anwendung der menschlichen Fähigkeit zur kritischen Analyse und Integration des sozialen und kulturellen *Pluralismus*“ (Wurzbacher 1974, S. 15), bei Oesterreich der Grad der Realisierung individueller Autonomie.

(1) Danach werden Überkonformität und Unterkonformität als Typen von Devianz bestimmt (vgl. z. B. Johnson 1963, S. 563).

Gleichzeitig muß davor gewarnt werden, die theoretischen Ansätze der Systemtheorie pauschal als Anpassungsinstrumente zu verdammen; die Frage nach den Bedingungen der Internalisierung normativer Orientierungen ist soziologisch und pädagogisch ebenso legitim wie die Frage nach reflexiver Distanzierung: „Individuelle Autonomie entwickelt sich nicht . . . in einem ‚repressionsfreien Raum' gleichsam aus einem ‚unsozialisierten Rest' der Person heraus, sondern erst durch einen im Sozialisationsprozeß erfahrenen Anpassungsdruck an kulturelle Normen hindurch, in dem das Individuum gleichzeitig lernen muß, sich seinen jeweiligen Rollen gegenüber reflexiv ins Verhältnis zu setzen" (Caesar 1972, S. 13).

Als terminologische Festsetzung schlagen wir für diese Arbeit vor, unter das Sozialisationskonzept sowohl die Anpassungsthematik als auch die Thematik der kritischen Individuierung oder Personalisation zu subsumieren; danach wäre die kritische Individuierung ebenso eine Aufgabe für Sozialisationsagenturen wie die Durchsetzung normativer Erwartungen. Im Verständnis von Überanpassung als Devianzphänomen ist eine solche Auffassung historisch bereits vorgezeichnet worden. Für Instrumentalisierungsansätze werden uns beide Zentralaspekte eines so gefaßten Sozialisationskonzepts interessieren; Leitlinie wird dabei die Dichotomie der autoritären gegenüber der kritisch-autonomen Orientierung sein. Wir vertreten allerdings nicht die Auffassung, daß mit dieser Dichotomie eine vollständige und erschöpfende Klassifizierung der für die politische Sozialisation relevanten Verhaltensaspekte geleistet werden kann. Sicherlich gibt es Sozialisationsziele und -prozesse, die begrifflich „quer" dazu liegen (Begriffe wie „Kreativität" oder „Hilfsbereitschaft"); diese können im Rahmen unseres Ansatzes aber nur einen marginalen Stellenwert einnehmen.

3.3 Partizipatorische Handlungsorientierung

Wenn wir hier anstelle des Einstellungsbegriffs die Handlungsorientierung als zentrale formale Kategorie favorisieren, drückt sich darin die Präferenz für ein elementaristisches Einstellungskonzept aus; anders als bei Positionen, die ein System- oder Organisationsmodell von Attitüden postulieren, werden Komponenten von „Einstellungen" analytisch getrennt und mit je spezifischen Instrumentalisierungen belegt. Der Unterschied zwischen einem elementaristischen und einem integrativen Einstellungskonzept läßt sich an den klassischen Definitionen von Thurstone und

Allport demonstrieren. Während es sich nach Thurstone bei Einstellungen um die Intensität positiven oder negativen Affekts gegenüber einem psychologischen Objekt handelt (vgl. Thurstone 1931, nach Koch 1972, S. 28), ist nach Allport eine Attitüde ein Bereitschaftszustand, der in der Erfahrung *organisiert* ist und einen Einfluß auf die Reaktionen des Individuums gegenüber Objekten und Situationen ausübt (vgl. Allport 1935, nach Hummell 1969, S. 1206)

Noch schärfer wird der Integrationsansatz in jüngerer Zeit von Krech und anderen vertreten. Danach ist eine Attitüde ein organisierter Komplex von Verhaltenstendenzen: „ein dauerhaftes System positiver oder negativer Bewertungen, emotionaler Gefühle und pro oder contra Handlungstendenzen im Hinblick auf ein soziales Objekt" (Krech u. a. 1962, nach Hummell 1969, S. 1206). Entscheidend dabei ist die Vorstellung eines hohen Integrationsgrades der Komponenten einzelner Einstellungen und ebenso eines hohen Organisationsgrades thematisch unterschiedlicher Einstellungen.[2]

Zieht man die komplexe und noch weitgehend ungelöste Problematik des Verhältnisses von Einstellungen und manifestem Verhalten in Betracht, die nach unserer Auffassung nur themenspezifisch in empirischer Arbeit angegangen werden kann[3], so verbietet sich insbesondere für eine Sozialisationsstudie, a priori ein Integrationsmodell von Einstellungen zu postulieren: ist ein solches Modell schon für erwachsene Probanden problematisch, so noch stärker für Populationen Heranwachsender. Die Frage nach der Organisation von Einstellungskomponenten und der Relation thematisch unterschiedlicher Einstellungen muß hier grundsätzlich eine empirische sein, da nicht anzunehmen ist, daß von den verschiedenen Sozialisationsinstanzen einheitliche und systematisierte Einstellungen vermittelt werden und entsprechend von den Heranwachsenden aufgenommen werden.

In der Regel werden drei Komponenten von Attitüden unterschieden: die kognitive, die affektive und konative bzw. Handlungs-Komponente (Wahrnehmung, Gefühl, Handlung)

(2) Dazu besonders Koch 1972, S. 29 ff. Koch bietet eine gute Diskussion des Einstellungsbegriffs.
(3) Vgl. zu dieser Problematik Koch 1972, S. 33 ff. Die Bestimmung des Verhältnisses von Einstellungen und Verhalten ist Gegenstand eines Teilprojekts der Gesamtstudie (vgl. Scholz/Urban 1974; vgl. auch Koch, S. 35 f.). Koch hebt hervor, daß manifestes Verhalten nicht länger als das wichtigste Validitätskriterium für verbale Attitüdenmeßverfahren gelten kann.

(vgl. Koch 1972, S. 29 f.). Für ein elementaristisches Einstellungskonzept ist daher anzugeben, auf welche dieser Komponenten es sich bezieht. Da uns „Partizipation" als wichtigster Inhaltsbereich interessiert, liegt es nahe, die konative Komponente als zentrale herauszustellen: der Begriff „Partizipation" drückt nämlich zunächst „Handlung" aus, obwohl partizipatorische Handlungen wie alles Handeln motivationaler, kognitiver und affektiver Orientierungen bedarf. Demzufolge ist in der Zentrierung auf die (ohnehin schwer für Fragebogenerhebungen zu instrumentalisierende) konative Komponente eben nur eine Schwerpunktbildung und keine ausschließende Festlegung vorgenommen. „Handlungsorientierung" meint hier in Abhebung von der Wahrnehmungs- und Gefühlskomponente sowohl die Bereitschaft zu bestimmten Handlungen als auch manifestes Verhalten selber.

Unsere Präferenz für ein elementaristisches Einstellungskonzept beinhaltet nun nicht die These einer durchschnittlichen Unabhängigkeit der genannten Komponenten von Attitüden; dies anzunehmen, widerspräche im Gegenteil auch der vorwissenschaftlichen Erfahrung. So dürfte eine Diskrepanz zwischen der affektiven und der konativen Orientierung im wesentlichen nur unter der sehr speziellen Situation des sozialen Zwanges auftreten. Häufiger steht eine Diskrepanz zwischen der kognitiven und der affektiven oder konativen Komponente zu erwarten. Beispiel dafür wären internalisierte Normen, denen der Handelnde nicht nachzukommen vermag. Derartige Diskrepanzen können aber wiederum kognitiv „organisiert" sein. Schulenberg berichtet aus dem Bereich von Bildungseinstellungen von einem derartigen Fall, wenn in seiner Untersuchung zur Erwachsenenbildung die Befragten auf der einen Seite ihre eigene Teilnahmslosigkeit beklagen und sich kritisch gegenüber diversen Entspannungs- und Zerstreuungsmöglichkeiten äußern, aber auf der anderen Seite faktisch diesen „Verführungen" erliegen; dieser Widerspruch ist meist bewußt und für die Betreffenden nicht einmal besonders beunruhigend (vgl. Schulenberg 1957, S. 154 - 157).

Mit dem Begriff der Partizipation wird der inhaltliche Zentralbereich der vorliegenden Studie gekennzeichnet; damit soll zugleich ausgedrückt sein, daß „politische Partizipation" hier im Anschluß an Zimpel nicht als formales, sondern als inhaltliches Konzept verwendet wird. „Partizipation" in diesem Sinne ist auf ein bestimmtes Demokratieverständnis festgelegt (zum Verhältnis von „Partizipation" und „Demokratie“ vgl. Zimpel 1970, besonders S. 21 ff.), nämlich auf das der klassischen bürgerlichen Demokratietheorie im Sinne von politischer Selbstbestimmung auf der Basis von Interesse, Informiertheit und Urteilsvermögen, während eine bloß formal verstandene Partizipation auf die Tatsache des Beteiligtseins beschränkt bleibt.[4] Baacke schreibt dazu (1975, S. 218), daß eine Partizipation aller an möglichst allen Vorgängen keineswegs automatisch die Demokratisierung fördert; der Zwangscharakter interaktiver Kommunikation kann im Gegenteil sogar unfreier machen durch Beschränkung von Denk- und Erwartungshorizonten und durch Zwang zu kaum widerrufbaren Festlegungen. Damit rückt der Partizipationsbegriff in die Nähe des Emanzipationsbegriffs, insofern teilt er dessen Problematik[5], aber auch dessen spezifische Leistung, die darin zu sehen ist, daß „Elemente individueller und kollektiver Selbstbestimmung und Selbstbefreiung miteinander verschränkt sind“ (Wulf 1974, S. 174), daß also der an anderer Stelle erwähnte Rückkoppelungsprozeß zwischen Individuum und Gesellschaft thematisiert ist.[6]

Zusätzlich ist dem Partizipationsbegriff eine didaktische Dimension inhärent. Ausgehend vom Postulat einer gesamtgesellschaftlichen Demokratisierung oder anders gesprochen von der Notwendigkeit einer Fundamentaldemokratisierung aller gesellschaftlichen Sektoren, stellt er zentral auf die Relevanz von Lernmöglichkeiten und Lernerfahrungen in den Subsystemen der Gesellschaft ab. Dieser Ansatz der Fundamentaldemokratisierung wird gerade in jüngster Zeit von einer Reihe von Autoren vertreten, stellvertretend seien hier Naschold (1972), Vilmar (1973) und Zimpel (1970) genannt. Übereinstimmend wird angesichts der historisch sich verstärkenden Interdependenz von Staat, Wirtschaft und Gesellschaft die Relevanz des wirtschaftlichen Sektors in seiner Schlüsselfunktion für demokratische Teilhabe hervorgehoben; Partizipation im Wirtschaftssektor bleibt Vehikel für gesamtgesellschaftliche Demokratisierungsbemühungen: „Eine Ausweitung der *wirtschaftlichen* Teilhabe- und Mitbestimmungsrechte bildet deshalb eine der gegenwärtig wichtigsten Voraussetzungen für die Erweiterung der

(4) Zimpel prägt hier die Formel vom „beschäftigten Menschen“, der den kritisch denkenden Staatsbürger ablöst (vgl. Zimpel 1970, S. 72).
(5) Zur Kritik des Emanzipationsbegriffs vgl. besonders Bath 1974; Behrmann 1975, S. 28 ff.
(6) Kritiker des Emanzipationsbegriffs vertreten die Ansicht, der Begriff leiste eben diese Verknüpfung völlig unzureichend (vgl. Behrmann 1974, S. 316).

politischen Teilnahme – also auch für die weitere Demokratisierung der Gesellschaft" (Zimpel 1970, S. 77).

Vilmars Ansatz ist, im Anschluß an Gorz, wesentlich ein strategischer. Er weist das „skeptische Argumentationsschema" zurück, das für den Aufschub der Demokratisierung in einem Subsystem plädiert bis zur Schaffung der dazu notwendigen Demokratisierungsvoraussetzungen in einem anderen Subsystem (1973, S. 112). Dieser Circulus vitiosus soll durch die kumulative Wirkung einer multifrontalen Strategie gesamtgesellschaftlicher Demokratisierung durchbrochen werden, da die Kategorien Herrschaft, Interesse und Konflikt noch die kleinsten gesellschaftlichen Subsysteme in inhumaner Weise prägen (S. 131). Deshalb ist die gleichzeitige Ingangsetzung von Hierarchieabbau und Mitbestimmung in möglichst vielen gesellschaftlichen Subsystemen notwendig, weil nur durch die wechselseitig sich verstärkende Infragestellung von Obrigkeitsverhältnissen die herrschaftlichen Strukturen der Gesellschaft als ganzer erschüttert werden können (S. 110).

Die „pädagogische" Argumentationsweise von Vilmar verschafft seiner Konzeption eine hohe Relevanz für den Ausbildungssektor und die Schule. Die Schule ist ein gesellschaftliches Subsystem, dessen Demokratisierung nicht vor oder nach der Demokratisierung anderer gesellschaftlicher Sektoren einzusetzen hat, sondern zugleich mit anderen Partizipationsbemühungen. Schule hat demnach weder Vorreiter noch Nachzügler von Demokratisierung zu sein: „In dem Maße, wie wir demokratisierte Strukturen, d. h. reale Partizipationsrechte und -möglichkeiten schaffen, vervielfachen wir die Chancen zum gesellschaftlichen Engagement, deren Wahrnehmung wiederum politisierend, bewußtseinsbildend, aktivierend wirkt – andererseits erzeugt die zunehmende politische Bewußtseinsbildung und Aktivierung politischen Druck zur Durchsetzung weiterer demokratisierter Strukturen" (Vilmar 1973, S. 141).

Da mit Vilmars Konzeption sowohl deskriptive wie strategische Kategorien gewonnen sind, scheinen letztere besonders geeignet, zur Strukturierung unserer empirischen Arbeit beizutragen. Schule wird als eines unter vielen gesellschaftlichen Subsystemen betrachtet, deren Demokratisierung auch zum Zwecke gesellschaftlicher Fern- und Breitenwirkung ansteht. Zugleich sind damit institutionelle Voraussetzungen *und* Persönlichkeitsvoraussetzungen als notwendige Substrate von Demokratisierung gekennzeichnet.

In der vorliegenden Arbeit werden wir uns aus Gründen notwendiger wissenschaftlicher Arbeitsteilung fast ausschließlich auf die Persönlichkeitsvoraussetzungen, den „subjektiven Faktor“ von Partizipation beschränken. Letztlich geht es aber, um es überspitzt mit einem Ausdruck von Morin (1972, S. 172) zu formulieren, um die „anthropologische Revolution“ als Voraussetzung, zumindest als notwendigen Bestandteil sozialstruktureller Veränderung – und damit eben auch um einen Ausgleich der „teilweise katastrophalen“ Defizite bisheriger sozialistischer Theorie und Politik (vgl. Vilmar 1973, S. 209).

3.4 Interaktion und Kommunikation

Ebenfalls um Komponenten des Bedingungsgefüges politischer Verhaltensorientierungen kategorial zu fassen, werden die Begriffe der Interaktion und Kommunikation eingeführt; es ist also nicht intendiert, wie an dieser Stelle leicht angenommen werden könnte, den generellen Erklärungswert der Rollentheorie mit dem des symbolischen Interaktionismus zu vergleichen, indem speziell das normative Paradigma der Rollentheorie gegen das interpretative Paradigma des symbolischen Interaktionismus ausgespielt wird (vgl. Wilson 1973, S. 55 - 62). Während im normativen Paradigma die Interaktion als wesentlich durch Rollenerwartungen gegenüber einzelnen Statusinhabern determiniert gedacht wird, wird im interpretativen Paradigma die Interaktion als interpretativer Prozeß verstanden, in dessen Verlauf sich Bedeutungen herausbilden und wandeln. Nach diesem Verständnis sind Situationsdefinitionen, Normen und wechselseitige Interpretationen nicht ein für allemal festgelegt, sondern sind an einzelnen Ereignisstellen der Interaktion Neuformulierungen unterworfen (vgl. Wilson 1973, S. 61; Blumer 1973, S. 81). Ein genereller Test dieser theoretischen Positionen wäre im Rahmen dieser Arbeit auch deshalb nur am Rande interessant, weil der symbolische Interaktionismus mit einer extrem subjektivistischen erkenntnistheoretischen Position verknüpft ist, die als Grundlage für eine empirische Arbeit relativ unergiebig ist. So schreibt Blumer, einer der Hauptvertreter dieser soziologischen Theorie, wie der symbolische Interaktionismus „Bedeutung“ versteht: „Weder betrachtet er die Bedeutung als den Ausfluß der inneren Beschaffenheit des Dinges, das diese Bedeutung hat, noch ist für ihn die Bedeutung das Ergebnis einer Vereinigung psychologischer Elemente im Individuum. . . . Für den symbolischen Interaktionismus sind Bedeutungen daher soziale Produkte, sie sind Schöpfungen, die in den und durch die definierenden Aktivitäten miteinander interagierender Personen hervorgebracht werden" (Blumer 1973, S. 83).

Der Interaktionsbegriff, obwohl zentrale soziologische Kategorie, bleibt – vielleicht gerade wegen seines hohen Abstraktionsgrades – vielfach unbestimmt. Häufig findet sich eine direkte oder indirekte Ineinssetzung mit „Kommunikation": „Stehen zwei oder mehr Menschen in Interaktion, dann sendet jeder von ihnen – teils absichtlich, teils unabsichtlich – die verschiedensten sichtbaren und hörbaren Signale aus, welche die anderen Anwesenden beeinflussen können. Das gilt ebenso, wenn die Interaktion primär verbaler Natur ist – wie ein Gespräch –, wie wenn sie hauptsächlich nicht-verbal abläuft – etwa wenn Menschen tanzen, spielen oder gemeinsam an einer manuellen Aufgabe arbeiten" (Argyle 1972, S. 90).[7]

Gemeinsamer Nenner der Begriffsbestimmungen von Interaktion ist der Bezug auf wechselseitiges Handeln mehrerer Akteure. Nicht individuelles Handeln steht hier im Mittelpunkt, sondern interaktives Handeln (vgl. Hartmann 1973, S. 69). „Unter sozialer Interaktion verstehen wir ein Gespräch oder ein Verhalten, durch das zwei oder mehrere Personen unmittelbar miteinander verkehren" (Bales 1962, S. 148). *„Interaktionen* wären in dieser Perspektive dann als Sequenzen von sozialen Aktivitäten verschiedener Akteure zu verstehen. Es handelt sich dabei gewissermaßen um die Koppelung mehrerer Systeme, bei denen der output des ersten Systems zum input des zweiten wird und vice versa" (Hummell 1969, S. 1195). Da hier die Wechselwirkung mehrerer Akteure betont wird, ist man versucht, anzunehmen, daß im Interaktionskonzept moderne Varianten älterer soziologischer Beziehungslehren wieder auftauchen. Beziehungslehren hatten den Tatbestand von „Gesellschaft" dort lokalisiert, wo mehrere Individuen in Wechselwirkung treten. „Wechselwirkung" heißt dann, daß die Existenz oder die Aktivität eines Individuums die Handlungen und seelischen Zustände eines anderen beeinflußt.[8]

Implizit ist damit die Frage aufgeworfen, inwieweit interaktives Verhalten immer zugleich auch Kommunikation ist (vgl. Baacke 1975, S. 51). Im Anschluß an Baacke vertre-

(7) Simpler bei Grell, der schreibt: „Unterricht ist Interaktion (=Kommunikation) zwischen Lehrern und Schülern" (Grell 1974, S. 44).
(8) Vgl. König, R.: Stichwort „Beziehung", in: Soziologie, das Fischer Lexikon, Frankfurt am Main 1958, S. 36.

ten wir die Auffassung, daß die Begriffe der Kommunikation und der Interaktion nicht bedeutungsgleich zu verwenden sind. Während der Kommunikationsbegriff sich auf den wechselseitigen Austausch von Zeichen, Bedeutungen und Interpretationen richtet, kann im Interaktionsbegriff vom Zeichen- und Symbolcharakter abstrahiert werden. So ist nach Baacke das gemeinsame Anheben eines Baumstamms eine Interaktion, und das „Hauruck" oder vorherige kurze Anblicken wäre der kommunikative Aspekt der gemeinsamen Handlung (S. 52). Derartige Metaphern erscheinen zwar auf den ersten Blick leicht akribisch überzeichnet, sind aber doch nützlich, zumal experimentell versucht wurde, minimale soziale Situationen herzustellen, in denen zwar interagiert, nicht aber kommuniziert werden kann (vgl. Hummell 1969, S. 1195). Zwar wird oft behauptet, daß Interaktion ohne Kommunikation kaum möglich ist (so von Baacke 1975, S. 52), andererseits dürfte aber ein bestimmter Typus kooperativer Arbeitsbezüge verbreitet sein, bei dem der interaktive Aspekt von Arbeit (im Sinne einer gemeinsamen physischen Handlung, auch einer Steuerungshandlung) im Verhältnis zum kommunikativen Aspekt so stark überwiegt, daß eine ausschließlich interaktive Handlung vorliegt. Wir denken hier an den von Kesting gezeichneten Typ der gefügeartigen Kooperation, in der auf dem Umweg über eine technische Anlage kooperiert wird; die Arbeitsvollzüge unterliegen dabei der Eigenzeit einer technischen Anlage, so daß ein Arbeitsvollzug den folgenden notwendig macht.[9] Aufgrund dieser Überlegungen scheinen uns auch die von Habermas vorgeschlagenen terminologischen Konventionen wenig brauchbar, wenn er die Interaktion als eine Form der Kommunikation bestimmt: „Wir können mithin zwei Formen der Kommunikation (oder der 'Rede') unterscheiden: *Kommunikatives Handeln* (Interaktion) auf der einen Seite, *Diskurs* auf der anderen Seite"(1972, S. 217).

Der Kommunikationsbegriff wird in der Literatur erheblich differenzierter entfaltet, bis hin zu komplizierten Prozeßmodellen. Je nach Wissenschaftszweig sind entweder „Übertragung" oder „Verhalten" oder „Intentionalität" die Gesichtspunkte, die das Verständnis von Kommunikation bestimmen (vgl. Baacke 1975, S. 45). Der Übertragungsaspekt bezieht sich auf die Zeichen- und Informations-

(9) Vgl. Kesting, in: Popitz u. a. 1957. Obwohl Kesting die Fließbandarbeit nicht dazurechnet, illustriert sie doch die von uns gemeinte Dominanz kooperativer Bezüge in der Form der Loslösung von Kommunikation.

übertragung, der Verhaltensaspekt auf ein wechselseitiges Reiz-Reaktionsverhältnis (Interaktion) und der Intentionalitätsaspekt auf den Bedeutungsgehalt der übermittelten Zeichen. Die angesprochenen Modelle versuchen in Gestalt graphischer Darstellungen eine Formalisierung der Komponenten von Kommunikation und ihrer Interrelationen. Diese Modelle gehen aus von der einfachen Unterteilung nach Sender, Empfänger und Signal, differenzieren und kategorisieren diese Zentralelemente (z. B. die „Nachricht" nach Signal, Information, Schlüsselinformation und Bedeutung), führen die Begriffe der Rückkoppelung und der Störung ein, in den am weitesten entwickelten Modellen auch das Konzept der Intrakommunikation, also der Kommunikation innerhalb eines Menschen.[10]

Die wichtigsten Kommunikationstypen oder -arten werden bei Argyle und bei Baacke entwickelt. Entsprechend seinem interaktionistischen Theorieansatz behandelt Argyle besonders die nichtverbale Kommunikation (taktile und visuelle Reize, nichtverbale Aspekte des Sprechens). Baacke stellt eine Reihe von Grundaxiomen der Kommunikation auf, in der interessante Kommunikationstypen entwickelt werden. Wichtig erscheint uns insbesondere die Unterscheidung zwischen der Kommunikation über Inhalte und der über Beziehungen zwischen Kommunikationspartnern. In der inhaltsbezogenen Kommunikation (Extremtyp ist die wissenschaftliche Vorlesung) dominiert die Übermittlung von Informationen, dagegen geht es in der Beziehungskommunikation um die Frage, wie die Informationen aufgefaßt werden und wie die soziale Beziehung zwischen den Kommunikationspartnern definiert wird. Der Inhaltsaspekt betrifft danach die kognitive Dimension der Kommunikation, der Beziehungsaspekt die emotionale (Baacke 1975, S. 144 f., S. 150).

Wir können zusammenfassen: „Interaktion" und „Kommunikation" sind nicht in einem hierarchischen Verhältnis zu denken, sondern logisch gleichgeordnet. Der Oberbegriff ist der des sozialen Handelns; soziales Handeln weist interaktive und kommunikative Aspekte auf. Der Interaktionsbegriff richtet sich wesentlich auf wechselseitiges und gemeinsames Handeln, während der Kommunikationsbegriff auf wechselseitige Informationsübertragung, verbunden mit dem Austausch von Bedeutungsgehalten, zielt. Als Kommu-

(10) Einführend zu den Kommunikationsmodellen: Silbermann und Luthe 1969, S. 684–688.

nikationsarten werden die verbale (inclusive der medialen) und die nonverbale (Gestik, Mimik) unterschieden, ferner die inhaltsthematische und die beziehungsthematische Kommunikation.

Mit dieser Begrifflichkeit soll auf die für uns sehr wichtige Unterscheidung zwischen latenter und manifester politischer Sozialisation hingearbeitet werden. Die von Greenstein ausgehende Unterscheidung zwischen manifester und latenter politischer Sozialisation ist in der jüngsten theoretischen Diskussion in der Bundesrepublik aufgegriffen worden (vgl. Milhoffer 1973, S. 220 f.; Nyssen 1970, S. 20 f.; Preuss-Lausitz 1973, S. 21 f.) und knüpft an die Arbeiten zum Verhältnis von autoritärer Persönlichkeit und politischem Habitus an. Behauptet wird ein Übergewicht der latenten gegenüber der manifesten politischen Sozialisation: „Es gibt Anzeichen dafür, daß Änderungen von Einstellungen in Einzelfragen möglich sind und daß in dieser Beziehung Information und Argumentation als Mittel politischer Bildung keineswegs unwirksam bleiben müssen. Es gibt jedoch wenig Anzeichen dafür, daß die im vorkognitiven politischen Sozialisationsprozeß erworbenen tief verwurzelten Loyalitätsbedingungen gegenüber den Grundlagen des bestehenden politischen Systems zugunsten einer kritischen Distanz gegenüber diesem System aufgebrochen werden können" (Nyssen 1970, S. 26).

Parallel zu den eben eingeführten Begriffen kann nun der vorläufige Versuch unternommen werden, die Begriffe der manifesten und der latenten politischen Sozialisation zu fassen. Unter manifester politischer Sozialisation wollen wir die durch inhaltsthematische verbale Kommunikation bedingte politische Sozialisation verstehen, unter latenter politischer Sozialisation die durch die übrigen Kommunikationsformen (besonders die nonverbale Kommunikation) bedingte sowie die durch Interaktionen vermittelten Sozialisationserfahrungen. An späterer Stelle wird zu diskutieren sein, ob sich die Unterscheidung zwischen latenten und manifesten politischen Sozialisationsprozessen für unseren Untersuchungsansatz fruchtbar auswirkt.

3.5 Normative Erwartungen

Aus der soziologischen Rollentheorie wird hier der Begriff der normativen Erwartungen übernommen, um Verhaltensanforderungen von alter an ego zu beschreiben. „Erwartung" meint hier, daß man will, der Positionsinhaber solle sich auf eine bestimmte Weise verhalten (vgl. Lautmann 1969, S. 76). Normen sind „sanktionierbare“ Verhaltensvorschriften, d. h. Verhaltensvorschriften, deren Einhaltung durch Maßnahmen sozialer Kontrolle erzwungen werden kann. Der Rollenbegriff bestimmt sich gängigerweise als Bündel von normativen Verhaltenserwartungen, die an eine soziale Position geknüpft sind (vgl. Dreitzel 1972, S. 96). Dagegen wird „Wert“ in der strukturell-funktionalen Theorie als Element eines allgemeinen kulturellen Symbolsystems bestimmt, das als Auswahlkriterium zur Entscheidung zwischen legitimen Handlungsalternativen dient.[11]

Wir führen hier den Begriff der normativen Erwartungen nicht etwa ein, um unsere Studie begrifflich der Rollentheorie zu verpflichten, sondern um ein einfaches begriffliches Instrument zu besitzen, einen unter mehreren Bedingungsfaktoren der politischen Sozialisation kategorial zu fassen. Die Pointierung dieses Bedingungskomplexes zum Zwecke späterer Instrumentalisierung ist um so dringlicher, als häufig ohne gesicherte empirische Untermauerung die Existenz bestimmter normativer Erwartungsstrukturen behauptet wird. Dies gilt auch für so berühmte Theorieentwürfe wie Mertons „social-structure and anomie“-Ansatz, der von einer durchgängig internalisierten Erfolgsmaxime in der amerikanischen Gesellschaft ausgeht. Eine ähnliche fundamentale Schwierigkeit gilt für alle Theorien abweichenden Verhaltens, die ja bestimmen müssen, gemessen an welchen gängigen Normen eine Devianz vorliegt. Soweit wir sehen, hat sich jedoch die Forschung bislang unzureichend der Aufgabe gestellt, differenzierte Analysen normativer Erwartungen innerhalb von Subpopulationen der Gesellschaft auszuarbeiten.

3.6 Hypothesen zu den Formen politischer Handlungsorientierung

Die gesamte Schüleruntersuchung muß als pilot-study insofern eingestuft werden, als zu Beginn der Studie keine verläßlichen Daten darüber zugänglich waren, auf welchem sprachlichen Abstraktionsniveau mit den betreffenden Schülerjahrgängen im Interview eine Kommunikation möglich ist. Auch die Notwendigkeit, die Schüler durch für sie interessante Fragen zur Mitarbeit zu aktivieren, erforderte

(11) Vgl. Parsons 1964, S. 12. „Bewertung betrifft das Problem der Integration von Elementen eines Handlungssystems, im Kern das 'Man kann den Kuchen nicht zugleich essen und haben'-Problem“ (S. 13).

von unseren Forschungsinstrumenten einen altersgemäßen Anstrich. Aus dem Charakter als pilot-study folgte, daß die Instrumentalisierung der theoretischen Konzeptionen mit quasi verminderter Stringenz durchgeführt werden konnte und deshalb eher tentativen Charakter hatte. Von daher lag es nahe, für Schüleruntersuchungen auf ein ausgefeiltes Hypothesengebäude zu verzichten und sich statt dessen auf einige globale Hypothesen mit Leitliniencharakter zu beschränken. Dies galt insbesondere für die Teiluntersuchung der schriftlichen, teilstandardisierten Befragung. Dieser Untersuchung wurden eher Untersuchungsfragen als Untersuchungshypothesen zugrunde gelegt, da hier das sprachliche Artikulationsvermögen und das begriffliche Verständnis der Schüler eine noch wichtigere Rolle spielten; Konsequenz ist dann allerdings, daß diese Teiluntersuchung nur sehr eingeschränkt zur Hypothesenprüfung herangezogen werden kann.

Aussagen zum demokratischen Potential von Schülern und Jugendlichen sind auf Daten erwachsener Vergleichspopulationen angewiesen. Trifft die These zu, daß sich politische Meinungstrends der Gesamtbevölkerung deutlich in den Einstellungen der Heranwachsenden niederschlagen, so könnte ohne einen derartigen Vergleich eine anpassungsbedingte Verstärkung des jugendlichen Demokratiepotentials fälschlich als Erfolg institutioneller politischer Sozialisationsinstanzen interpretiert werden. Nun ist leider für den deutschen Sprachraum in vielen empirischen Studien eine Beschränkung auf nur eine einzige Untersuchungsgruppe zu verzeichnen; nimmt man das Faktum unterschiedlicher Meßinstrumente und unterschiedlicher Zielgruppen hinzu, so ergibt sich daraus eine gravierende Leerstelle in der politischen Sozialisationsforschung.

Zu den wenigen Ausnahmen gehört die Studie von Becker und anderen, in der aufgrund von Vergleichsdaten von Umfragen in der Gesamtbevölkerung ein nur geringer Erfolg bisheriger politischer Bildung diagnostiziert wird. Selbst in der amerikanischen Literatur finden sich nur spärliche Anhaltspunkte zu diesem Problem, da dort bei Schülerumfragen „kindgemäße“ Meßinstrumente bevorzugt werden, die dann aus methodisch-technischen Gründen den Vergleich mit Meinungsstrukturen Erwachsener nicht zulassen. Allerdings enthalten die in der amerikanischen Literatur entwikkelten Prozeßmodelle wichtige Orientierungspunkte für Hypothesen über die hier interessierenden Altersgruppen 12- bis 14jähriger Schüler.

Danach haben Kinder bereits im 8. Schuljahr grundlegende politische Orientierungen erworben (vgl. Hess/Torney 1967, S. 220). Bis dahin hat das Kind die undifferenzierte Rolle erlernt, Mitglied eines politischen Systems zu sein; spezifische politische Rollen werden noch nicht übernommen, denn der Erwerb allgemeiner Motive, Werte und Wahrnehmungsraster geht dem Erlernen spezifischer Fähigkeiten voraus (vgl. Easton/Dennis 1969, S. 390). Easton und Dennis schreiben, die Kindheit sei bisher nur deshalb als politisches Vakuum verstanden worden, weil die spezifisch politischen Aspekte der allgemeinen Sozialisation unbeachtet blieben. „Bis zur achten Klassenstufe hat das Kind ein komplexes und bereits vorhersagbares Muster von politischen Grundorientierungen entwickelt, und diese mögen bedeutsame Konsequenzen für das amerikanische politische System haben" (Easton/Dennis 1969, S. 389). Das Kind hat vor allem eine „diffuse Unterstützung" der politischen Autoritätsstruktur erworben. Aus diesen Ergebnissen können wir die erste allgemeine Hypothese ableiten:

1. Hypothese: Einstellungen und Wertorientierungen zu gesellschaftspolitischen Sachverhalten sind bereits bei Schülern der von uns untersuchten Altersgruppen vorhanden; in Verteilung und Strukturierung entsprechen sie den Einstellungen und Wertorientierungen der Erwachsenenpopulation der jeweiligen Sozialschichten.

Ist die politische Grundqualifikation der Schüler eine „diffuse Unterstützung" des politischen Systems, so ist damit impliziert, daß die kognitive Komponente politischer Einstellungen nur rudimentär ausgebildet ist. Nach dem Stadium der Idealisierung von Autorität ist die kognitive „Institutionalisierung", die Wahrnehmung institutioneller Strukturen, das letzte Entwicklungsstadium in der politischen Sozialisation des Kindes. Das Kind lernt, seine „diffuse Unterstützung" den nicht-personalisierten Elementen der politischen Autorität zuzuwenden (vgl. Easton/Dennis 1969, S. 393). Von anderen Autoren wird diese Phase als „Konzept-Lernen" bezeichnet (vgl. Hainke 1971, S. 40-42, und die dort angegebene Literatur). Dies beinhaltet noch keine Meinungsbildung im üblichen Sinne, da lediglich Images der politischen Realität aufgebaut werden: „Dieser Prozeß wird nicht als einer betrachtet, der den Erwerb von Grundhaltungen oder Meinungen umfaßt, sondern vielmehr die Entwicklungen von Beziehungen zwischen dem Individuum und den Institutionen. In diesem komplexen Prozeß erwirbt das Individuum Images von Institutionen und Personen und komplementäre Einstellungen über sich selbst und wie es sich verhalten sollte (was die Institutionen und ihre Repräsentanten von ihm erwarten)" (Hess/Torney 1967, S. 212).

Stellt man weiterhin in Rechnung, daß die Politik selbst für Erwachsene im Alltagsleben eine geringe subjektive Relevanz hat, was sicherlich mit den fehlenden Gratifikationen durch das politische System zusammenhängt, dann ist erst recht für Kinder eine beträchtliche Distanz zum Politischen anzunehmen (vgl. Hainke 1971, S. 23, S. 31). Zudem mag eine falsch verstandene Vorstellung von „kindgemäßer" Erziehung, verbunden mit der eigenen politischen Unsicherheit der Erzieher, zur Abschirmung der Kinder von der „schlechten politischen Realität" führen. Funktion dieser Abschirmung könnte nach Hainke (S. 40) sein, daß die Kinder zur Akzeptierung staatlicher Autorität geführt werden, daß damit zugleich aber auch die Autorität der Erzieher gefestigt wird. In Zusammenfassung kann daher die 2. Hypothese formuliert werden:

2. *Hypothese:* Die subjektive Bedeutung bzw. Relevanzeinschätzung der gesellschaftspolitischen Einstellungen und Wertorientierungen ist für Schüler erheblich geringer als für Erwachsene. Insofern handelt es sich bei den Schülern eher um latente Einstellungen, um „non-attitudes".

Latente Einstellungen bzw. „non-attitudes" werden hier als solche Reaktionen gefaßt, die zwar sinnvolle Interviewäußerungen darstellen, jedoch für den Befragten gemessen an seinen persönlichen Interessen völlig unbedeutend sind.[12]

Die Schüler sind Mitglied mindestens zweier gesellschaftlicher Zwangsinstitutionen, nämlich der Familie und der Schule. Diese Institutionen leisten nach gängiger Auffassung die sogenannte primäre Sozialisation, indem sie über emotional-affektive Mechanismen grundlegende Identifikationen mit Werten, Normen und gesellschaftlichen Strukturen erzeugen (kritisch dazu Wurzbacher 1974, S. 24–29). Der Identifikationsbegriff ist in Prozeßmodellen politischer Sozialisation zentral. Aus dem Begriffsarsenal der Psychoanalyse stammend, meint er den Vorgang, daß ein speziel-

(12) Vgl. die Diskussion der Hauptdimensionen von Einstellungen: Richtung, Grad, Intensität, Bedeutsamkeit bzw. Zentralität bei Koch 1972, S. 38–43. Peripher ist eine Einstellung, wenn sie auf einen Gegenstand geringer „Erlebnisbedeutung" bezogen ist.

ler oder generalisierter anderer zum Leitbild des eigenen Verhaltens gewählt wird; Identifikation ist mehr als Imitation, da bei ersterer das Subjekt beginnt, wie eine andere Person oder Gruppe zu fühlen und zu handeln (vgl. Hainke 1971, S. 53). Das „Identifikationsmodell" ist eines von vier der von Hess und Torney diskutierten Sozialisationsmodelle, neben dem Akkumulationsmodell, dem interpersonellen Transfermodell und dem kognitiven Entwicklungsmodell (1967, S. 19–22). Durch Imitation oder Identifizierung wird nach Hess und Torney die Akzeptierung von Ideen, Werten und Verhaltensweisen geleistet (S. 213). Aus der faktischen und unbestrittenen Bedeutung identifikatorischer Lernprozesse (vgl. Aebli 1971, S. 165) ergibt sich, da die Relation der Schüler zu den Instanzen der Primärsozialisation sowohl kognitive, affektive als auch konative Komponenten einschließt, die These eines Vorhandenseins „echter" Einstellungen. Die 3. Hypothese lautet demnach:

3. Hypothese: Einstellungen gesellschaftspolitischer Relevanz bestehen jedoch zu Institutionen und Personen aus dem sozialen Nahbereich der Schüler. Diese Einstellungen sind attitudes im strengen Sinne, mit hohem Relevanzgrad für den einzelnen. Sie beinhalten nicht bloß „latente", sondern „manifeste" Handlungsorientierungen, da die Schüler zu manifestem Verhalten in Interaktionssituationen gezwungen sind.

Wenn mit zunehmendem Alter lediglich eine Differenzierung ohne Aufgabe der früh erworbenen Positionen erfolgt, wie Nyssen in seinem Kurzüberblick über die amerikanische Forschung behauptet (1970, S. 23), müssen vor allem die Wahrnehmungsstrukturen in Gestalt kognitiver Raster schon früh erworben worden sein. Diese kognitiven Raster prägen sowohl die aktuellen als auch die antizipierten künftigen Erfahrungen mit gesellschaftlichen Phänomenen. Man könnte von Projektionen oder Übertragungen sprechen, simpler aber auch von einer „gefärbten Brille" der Wahrnehmung, die nicht alle Tönungen der Realität ins Bewußtsein kommen läßt. Wie anders ließe sich erklären, daß jene „diffuse Loyalität", von der die amerikanische Forschung berichtet (vgl. Easton/Dennis 1969, S. 389), eine kontinuierliche Verhaltensdisposition gegenüber politischen Autoritäten darstellt? Umgekehrt läßt sich behaupten, daß die Wahrnehmung gesellschaftlicher und politischer Phänomene im frühen Alter eine Projektion subjektiv erfahrener Autoritätsverhältnisse darstellt; die amerikanische Forschung hat dazu die empirisch gut abgesicherten Konzepte der Personalisierung und Idealisierung beigetragen (vgl. z.B. Easton/Dennis 1969, S. 392). In Fortführung der Beobachtung von Easton und Dennis, wonach das Image gesellschaftlicher Autoritäten bei Kindern stark hierarchisch strukturiert ist, könnte man von frühen kognitiven Mechanismen der Komplexitätsreduktion sprechen, die auch durch spätere Lernprozesse nicht fundamental revidiert werden. Die 4. Hypothese kann dann lauten:

4. Hypothese: Die in der Schule erlebten und wahrgenommenen Organisations- und Machtstrukturen werden als Spiegelbild gesellschaftlicher Strukturen ebenso erfahren wie vorfindliche familiäre Strukturen.

Erweitert man die in dieser Hypothese thematisierte Wahrnehmungskomponente um die affektive und konative Komponente, dann kann die 5. Hypothese unmittelbar abgeleitet werden:

5. Hypothese: Attitudes zum sozialen Nahbereich korrespondieren mit non-attitudes zum gesellschaftspolitischen Bereich hinsichtlich der politischen Tendenz.

Die 5. Hypothese beinhaltet eine Vermutung über die Strukturierung bzw. die Integration von Einzeleinstellungen, die zwar sachlogisch aus den vorangehenden Hypothesen folgt, aber teilweise den Aussagen der relevanten Literatur entgegensteht. Für den deutschen Sprachraum kritisieren Becker und andere, daß in den politischen Vorstellungen der Schüler einzelne Einstellungsbereiche ziemlich isoliert nebeneinander stehen (1970, S. 104). Demgegenüber gelingt es Jaide, unter Zuhilfenahme politischer Meinungsskalen die Engagementsbereitschaft seiner Probanden partiell vorauszusagen (vgl. Jaide 1971, S. 91, S. 155–157), was aber einen gewissen Grad an Strukturiertheit zwischen den einzelnen Meinungsdimensionen voraussetzt. In der Frankfurter Studie über „Student und Politik" hatte sich, wie bereits ausgeführt, eine ähnliche Korrelation zwischen der politischen Tendenz und der Engagementsbereitschaft ergeben (vgl. Habermas u. a. 1969, S. 148). Für ihre Kinder-Zielpopulation können Easton und Dennis allenfalls implizite Konzepte einstellungsintegrierender Funktion im kindlichen Bewußtsein feststellen. Die hohe Komplexität der politischen Sphäre selber läßt sie im Gegenteil einen sehr geringen Integrationsgrad der unterschiedlichen Einstellungsbereiche vermuten (1969, S. 395).

Das Lernen von politischen Rollen beschränkt sich nach den Ergebnissen der amerikanischen Forschung, wie bereits ausgeführt, auf die undifferenzierte Mitgliedsrolle innerhalb eines größeren politischen Systems; spezifische Rollen wie die des Wählers, Parteimitgliedes oder politischen Beamten werden erst sehr viel später erworben, weil korrespondierende Rollenerwartungen zunächst fehlen. So werden letztlich nur minimale Basisqualifikationen vermittelt: „Durch den Prozeß, als ein allgemeiner Sympathisant (oder Gegner) der politischen Autorität rekrutiert zu werden, lernt das Kind einen wichtigen Teil dessen, was es bedeutet, Mitglied in einem politischen System zu sein" (Easton/Dennis 1969, S. 389).

Wegen des geringen Integrationsgrades einzelner gesellschaftspolitischer Einstellungen dürfte die „Mitgliedsrolle" (im deutschen Sprachgebrauch die „Staatsbürgerrolle") ausschließlich auf Entscheidungsprobleme staatlicher Zentralgewalt beschränkt sein. Da hierzu fast keine gesicherten Daten vorliegen, mag uns als Indikator der Verweis auf die beschriebene kognitive Hierarchisierung politischer Autoritätsphänomene genügen. Zur Bildung der 6. Hypothese können wir daher ableiten:

6. Hypothese: Das „Politische" wird nicht als aktuelle Rollenerwartung erlebt. Die „Politikrolle" wird als mit geringen Qualifikationsanforderungen besetzte „Staatsbürgerrolle" verstanden. Sie wird nicht auf den familiären, wirtschaftlichen und schulischen Sektor übertragen. Politik wird also als isolierter institutioneller Sektor der Gesellschaft verstanden, dem ein unverbindliches Interesse entgegenzubringen ist.

In Umkehrung und Fortführung der 6. Hypothese läßt sich die komplementäre 7. Hypothese formulieren:

7. Hypothese: Werden Interessenlagen, als Manifestationen von Ich-Autonomie, erkannt und verfolgt, so wird dies nicht als politisches Interesse begriffen. Nur in Erfahrungsfeldern, in denen die politische Relevanz der Berufstätigkeit klarer auf der Hand liegt, wird die Verfolgung eigener Interessen als politisches Handeln verstanden.

Unter Interessenlagen werden hier langfristig stabile Dispositionen beispielsweise berufsbezogener oder familiärer Natur gefaßt; nicht darunter subsumiert wird jener von Piaget hervorgehobene Egozentrismus, der nach seiner

Theorie in mehreren Entwicklungsstadien des heranwachsenden Kindes auftritt (vgl. Andrain 1971, Kap. 5). Die 7. Hypothese prognostiziert also die durchschnittliche Unabhängigkeit langfristiger Lebensinteressen von eventuell vorhandenen oder antizipierten politischen Interessen. Vorläufige Stützung findet diese Hypothese durch Daten, die zeigen, daß Schüler und Jugendliche (bei Abwesenheit politischer Interessen) sehr wohl in der Lage sind, ihre langfristigen persönlichen und beruflichen Interessen zu definieren.[13] So läßt das mangelnde politische Bewußtsein die Verflechtung von Wirtschaft und Politik unbeachtet.

Ist der politische Habitus der Schüler bereits relativ früh über das Medium affektiver Bindung an allgemein-gesellschaftliche Autoritätsstrukturen festgelegt, so müßte sich unter Hinzunahme der Aktivitäts-Passivitäts-Dimension eine Typologie von prognostischem Wert entwickeln lassen. Statistische Voraussetzung wäre allerdings im strengen Sinne das Vorliegen „signifikant überfrequenter Konfigurationen" (vgl. dazu Krauth/Lienert 1973, S. 30) bei der Kombination der Merkmale, wie sie sich in der Frankfurter Studentenuntersuchung bei der Verbindung von Habitus- und Tendenztypen gezeigt hatte. Wiederum wird daher in der folgenden Hypothese die sehr problematische Annahme strukturierter Meinungs- und Verhaltenskomponenten unterstellt:

8. Hypothese: Anhand der Dimensionen „Autorität – Autonomie" und „Aktivismus – Passivismus" läßt sich eine statistisch gesicherte Typologie der Handlungsorientierung von Schülern entwickeln. Der Typ des autoritären Passivismus bzw. der autoritäten Unterwerfung ist in den untersuchten Altersgruppen dominant.

3.7 Hypothesen zur Entstehung politischer Handlungsorientierung

Ausgehend vom Grundbefund einer frühkindlichen politischen Sozialisation, die zwar „bewußtlos" ohne Politikbegriff erfolgt, dennoch aber stabile Dispositionen für künftige politische Orientierung und politisches Handeln bereitstellt, wurde von Greenstein der Begriff der latenten politischen Sozialisation geprägt. Von „latenter politischer

(13) Wenigstens ein Beispiel sei herausgegriffen: Die Untersuchung von Lohmar über Politik in der Hauptschule ergab unter anderem, daß viele Befragte die Beschäftigung mit Problemen des Arbeitslebens und des späteren Berufs schon für die Schule fordern. Gleichzeitig ist allein der Begriff der Politik den Schülern fremd (vgl. Lohmar 1970, S. 55).

Sozialisation wird dann gesprochen, wenn das Kind unbewußt die gesellschaftlichen Einflüsse und Tendenzen adaptiert oder auch abwehrt (vgl. auch Milhoffer 1973, S. 220). Die unter anderem von Easton und Dennis behauptete Kontinuität des kindlichen Sozialisationsprozesses, die in späteren Entwicklungsstadien lediglich eine Ausdifferenzierung früh erworbener Positionen mit sich bringe (vgl. Easton/Dennis 1969, S. 390 f.), wird allerdings von anderen Autoren in Frage gestellt. Eine Untersuchung von Reed zur Entstehung der Parteipräferenz Heranwachsender hatte eine mit dem Alter der Jugendlichen abnehmende Übereinstimmung mit der elterlichen Parteipräferenz ergeben.[14] Hainke zieht daraus die auch nach unserer Auffassung richtige Folgerung, daß die politische Sozialisation kein kontinuierlicher Entwicklungsprozeß ist, sondern daß häufige Veränderungen und Infragestellungen gelernter Einstellungen zu beobachten sind (vgl. Hainke 1971, S. 85). Abgesehen von solchen punktuellen Gegenbeweisen zur These der späteren bloßen Ausdifferenzierung von in der Kindheit erworbenen Positionen ist es wichtig, die Grundannahme selber zurückzuweisen; diese ist zu Recht als neues sozialwissenschaftliches Vorurteil bezeichnet worden, das die historisch älteren Vererbungsvorstellungen abgelöst hat, aber die gleichen Stabilisierungsfunktionen erfüllt.[15] Eher vorsichtig wird daher in der folgenden 1. Hypothese der Einfluß latenter Sozialisationsprozesse behauptet:

1. Hypothese: Faktoren der latenten politischen Sozialisation haben in den von uns untersuchten Altersgruppen einen ebenso starken Einfluß auf das politische Bewußtsein und die politische Handlungsorientierung wie Faktoren der manifesten politischen Sozialisation.

Diese globale Aussage gilt es im folgenden zu differenzieren, und zwar nach den einzelnen Komponenten politischer Einstellungen. Die im vorigen Abschnitt herausgestellte „diffuse Loyalität" beinhaltet, in Termini von „Einstellung" ausgedrückt, das Vorhandensein affektiver und konativer Orientierungen. Die zugrunde liegenden Sozialisationsmechanismen werden in der Literatur vor allem unter den Aspekten von Erziehungsstil und Autoritätsausübung abgehandelt. Anstatt uns an dieser Stelle auf die sehr umfangreiche empirische Literatur zu beziehen

(14) Vgl. dazu Reed: The Transmission of Party Preference by Identification, unveröff. Manuskript, angegeben nach Hainke 1971, S. 82–84.
(15) Vgl. hierzu auch die Debatte zwischen Nyssen und Preuß-Lausitz über die Chancen politischer Bildung.

(zusammenfassend: Caesar 1972), der noch immer ein kohärentes theoretisches System ermangelt, so daß psychoanalytische Ansätze isoliert neben lerntheoretischen oder rollentheoretischen Ansätzen stehen, soll hier die Berufung auf die Paradigmen des symbolischen Interaktionismus ausreichen. Letzterer leistet nicht nur, wie Blumer ausführt, ein förmliches Bekenntnis zur sozialen Interaktion, sondern erkennt ihr eine zentrale Bedeutung eigener Art zu: „Diese Bedeutung liegt in der Tatsache, daß die soziale Interaktion ein Prozeß ist, der menschliches Verhalten *formt*, der also nicht nur ein Mittel oder einen Rahmen für die Äußerung oder die Freisetzung menschlichen Verhaltens darstellt"(Blumer 1973, S. 87). In diesem Prozeß geht es implizit um die Herausarbeitung von Interpretationen unmittelbarer sozialer Realität, so daß hier die Parallele zum Begriff der latenten Sozialisation naheliegt. Über diese impliziten Prozesse wird vor allem das „Selbst" geformt, also die Identität und die Identitätsdarstellung des einzelnen Interaktionsteilnehmers. Da freilich dem Inhaltsaspekt von Interaktion und Kommunikation eine eigenständige Relevanz zugesprochen werden muß, können wir als 2. Hypothese formulieren:

2. Hypothese: Die affektive Komponente politischer Einstellungen und die politische Handlungsorientierung der Schüler sind primär durch Lernerfahrungen in Interaktionszusammenhängen bestimmt; dagegen wirken sich Kommunikationserfahrungen im Sinne manifester politischer Sozialisation stärker auf Kognitionsaspekte aus (z.B. auf die Wahrnehmung gesellschaftlicher Sachverhalte).

Die Antworten auf die Frage nach dem Einfluß und dem Gewicht einzelner Sozialisationsinstanzen auf den Prozeß der politischen Sozialisation sind kontrovers. Liegt noch den Thesen über die latente politische Sozialisation im Kindesalter die Vorstellung zugrunde, das Elternhaus sei letztlich die entscheidende Sozialisationsinstanz, so macht sich in den neueren Ansätzen doch zunehmende Skepsis breit; alternative Konzepte ähnlicher Überzeugungskraft werden allerdings kaum angeboten. Wurzbacher macht gegen die bisherige Überbetonung der Primärgruppe als Sozialisationsfaktor geltend, der Pluralismus unterschiedlicher Sozialisationsinstanzen und das zwischen ihnen bestehende Spannungsverhältnis sei der wichtigste Faktor von Sozialisation und Personalisation; vor allem brächten sekundäre Sozialisationsinstanzen gegenüber den unvermeidlich personlabilen Primärgruppen eine Stabilisierung unter übergreifenden Wert-, Sach- und Leistungszusammenhängen (vgl. Wurzbacher 1974, S. 29). Die Primärgruppe hat letztlich, so könnte man Wurzbachers Ansatz fortführen, nur vorbereitende Sozialisationsfunktion. Wenn sich das Lernen komplizierter politischer Rollen und Verhaltensweisen nach einem neueren Ansatz von Behrmann wesentlich innerhalb der „Apparate" abspielt (1974, besonders S. 316), dann ist der Sozialisation „vor Ort" bisher zuwenig Beachtung geschenkt worden. Auch von der empirischen Datenseite wird neuerdings die Relevanz der Primärgruppensozialisation in Frage gestellt. „. . . diese Ergebnisse zeigen, daß die Effektivität der Familie bei der Vermittlung von Einstellungen in der früheren Forschung überschätzt worden ist. Die Familie übermittelt die Präferenz für eine politische Partei, aber auf den meisten anderen Gebieten besteht ihre effektivste Rolle darin, andere Institutionen bei der Unterrichtung von politischer Information und von politischen Orientierungen zu unterstützen" (Hess/Torney 1967, S. 217).

Die an dem normativen Politisierungsansatz orientierte Studie von Becker und anderen kommt dagegen – unter der Perspektive der Einschätzung von Effektivität einer sekundären Sozialisationsinstanz – zu einer sehr kritischen Beurteilung politischer Bildung an den Schulen; die Wirksamkeit eines qualifizierten Sozialkundeunterrichts wird aber trotzdem mehrfach hervorgehoben (vgl. Becker u. a. 1970, S. 118). Da in der Modellvorstellung von Hess und Torney ein kongruentes Erwartungsmuster einzelner Sozialisationsinstanzen vorausgesetzt wird, können wir die 3. Hypothese wie folgt formulieren:

3. Hypothese: Interaktion im Elternhaus ist die wichtigste Variable der latenten politischen Sozialisation. Manifeste politische Sozialisation erfolgt primär über den Einfluß der Schule und der politischen Unterrichtsfächer. Die Teilnahme am Sozialkundeunterricht wirkt sich allerdings nur geringfügig auf die Handlungsorientierung der Schüler aus. Manifeste politische Sozialisation durch den Einfluß normativer Erwartungen ist nicht auf eine bestimmte Bezugsgruppe konzentriert, da Rollenstereotype (z.B. Geschlechtsrollenstereotype) zwischen den Sozialisationsinstanzen unserer Gesellschaft keine gravierenden Variationen aufweisen.

Theorien, Hypothesen und empirische Arbeiten über den Einfluß der Sozialschichtszugehörigkeit auf Wert- und

Normorientierungen, auf Lebensform und Lebenschancen sind Legion, zumal in einer Phase soziologischer und pädagogischer Forschung, die sich seit Beginn der sechziger Jahre mit dem Problem der Chancengleichheit auseinandersetzt – ohne dabei allerdings durchgreifende Erfolge zu erzielen. In letzter Konsequenz wird die Veränderung der gesellschaftlichen Werthierarchie empfohlen, die emanzipatorische Gesamtschule solle nicht die Effektivität der Lernleistung, sondern Einstellungs- und Verhaltensänderung zum Ziel haben, um Individualismus, Konkurrenz- und Leistungsdenken sowie die Statusdifferenzierung zu vermeiden (nach Butschkau/Tillmann 1972, S. 152).

Da hier keine strategischen Überlegungen am Platze sind, muß es genügen, in Hypothesenform vorzutragen, was mehr oder weniger sozialwissenschaftliches Allgemeingut ist, nämlich die Schichtabhängigkeit des intrafamilialen politischen Lernens und politischen Verhaltens, die wesentlich mit der Herkunftsfamilie verknüpft ist. Als Erklärungsansatz wird dazu der berühmte Ansatz von Pearlin und Kohn hypothetisch vertreten, wonach das Autoritätsverhalten der Eltern im wesentlichen ein Reflex des in der Berufsphäre gewährten und erfahrenen Autonomiespielraumes ist. Die 4. Hypothese lautet daher:

4. Hypothese: Über den Einfluß von Schule und Elternhaus entfaltet sich der Einfluß der Sozialschichtzugehörigkeit auf die Handlungsorientierung. Vermehrte berufliche und politische Partizipationschancen höherer Sozialschichten werden an die nachfolgende Generation tradiert; an die Eltern selber gerichtete gesellschaftliche und berufliche Anforderungen bestimmen über das Medium elterlichen Autoritätsverhaltens die generelle und die situative Handlungsorientierung, insbesondere das Autoritäts- bzw. Autonomieverhalten der Schüler.

Die bisherigen Ausführungen bieten uns bereits wichtige Anhaltspunkte für die Hypothesenbildung zur Altersabhängigkeit der politischen Sozialisation. Zu erinnern ist hier an die skizzierten Prozeßmodelle und an die These einer vorgängigen Festlegung kultureller Wertorientierungen noch vor dem Erwerb einer politischen Handlungsorientierung. Für einen Erklärungsansatz scheint uns die ebenfalls bereits erwähnte absichtliche politische Infantilisierung speziell von seiten der elterlichen Bezugspersonen wichtig. Ohne dies anhand von Literaturverweisen belegen zu können, steht zu vermuten, daß sehr starke normative Vorstellungen eine frühere Entfaltung des politischen Interesses behindern. Wir können daher als abschließende Hypothese formulieren:

5. Hypothese: Die politische Sozialisation ist in der von uns untersuchten Zielgruppe stark altersabhängig. Mit dem Alter wächst die Einschätzung der Relevanz des politischen Sektors. Dabei verfestigen sich gesellschaftspolitische „non-attitudes" in kaum veränderter Form zu „attitudes" mit dem Charakter von Handlungsorientierungen. Allgemeine kulturelle Werthaltungen sind dagegen bereits auf einer relativ frühen Altersstufe internalisiert, konkretere Interessenausrichtungen entstehen erst später. Von den Sozialisationsinstanzen attribuierte „kindliche" Handlungsinkompetenz wirkt bei jüngeren Altersklassen lähmend auf das politische Handlungsengagement. Mit der Zunahme der Handlungsspielräume und also der gewährten personalen Autonomie verstärken sich die politisch relevanten Autonomiebestrebungen der Schüler.

4 Methodische Anlage und Durchführung der Untersuchung

Diese Arbeit basiert auf Daten, die mit dem methodischen Instrumentarium der standardisierten *Befragung* erhoben worden sind. Die Befragungen stellen Querschnittuntersuchungen dar, es handelt sich also um einmalige, nicht wiederholte Befragungsaktionen. Anhand zielgruppenspezifischer, aber inhaltlich und fragetechnisch vergleichbarer Fragebögen wurden Schüler, Eltern und Lehrer interviewt. Als Stichprobeneinheit wurde die „Schuleinheit“ ausgewählt, so daß an bestimmten Schulen jeweils Schüler, Eltern und Lehrer befragt wurden. Ferner bilden Schüler und Eltern spezielle (Unter-)Stichprobeneinheiten mit der Basis „Familie“.

Die Beschränkung auf das methodische Instrumentarium der Befragung ergab sich aus forschungspraktischen und arbeitsökonomischen Gründen, obwohl ein Teil des Gesamtprojekts mit der Methode der *Beobachtung* arbeitet. Dieses Unterrichtsbeobachtungsprojekt bezieht sich aber auf gesonderte Stichprobeneinheiten und gesonderte Stichprobenfälle, es kann daher nicht direkt mit den Befragungsdaten gekoppelt werden. Zum anderen sind die in diesem Teilprojekt erhobenen Daten derart umfangreich, daß sie nur in einem Sonderbericht analysiert werden können.

Aus der Beschränkung der Befragungen auf einen Querschnittsansatz und der Zentrierung der Fragestellung auf das Problem der Bedingungen politischer Handlungsorientierung ergab sich die methodische Forderung, die Schülerstichprobe in sozialstatistischer Hinsicht möglichst heterogen zu strukturieren. Aufgrund des theoretischen Vorverständnisses über sozialstatistische Variablen als Einflußfaktoren der politischen Sozialisation wurden daher mehrere sozialstatistische Faktoren zur Bildung einer geschichteten – und absichtlich nicht-repräsentativen – Stichprobe herangezogen. Als Variablen dieser Art wurden ausgewählt:
1. Alter der Schüler bzw. Klassenstufe,
2. Geschlecht der Schüler,
3. Sozialstatus der Schüler (Status des Elternhauses, Schulart) und
4. sozio-ökonomische Struktur des Wohnortes (Konfession, Gemeindegröße, Industrialisierungsgrad) und korrespondierende sozio-politische Struktur (Parteipräferenz).

Wie für eine Sozialisationsstudie kaum anders denkbar, versprach der Faktor „Alter“ von vornherein, den größten

Varianzanteil im politischen Denken und Verhalten der Schüler zu bedingen. Deshalb hätte es nahegelegen, ein möglichst breites Spektrum von Altersgruppen in die Untersuchung einzubeziehen, also möglichst in der Primarstufe zu beginnen und die gesamte Sekundarstufe I und II zu erfassen. Was die untersten Klassenstufen betrifft, so waren diesem Ansatz deutliche forschungsmethodische und forschungspraktische Grenzen gesetzt, da in der Altersspanne von 6 bis 18 Jahren nur mit unterschiedlichen, der jeweiligen Altersstufe angemessenen Untersuchungsinstrumenten gearbeitet werden kann. Die Entscheidung der Forschungsgruppe fiel schließlich dahingehend aus, zu gleichen Teilen Sieben- und Neunkläßler in die Stichprobe aufzunehmen und auf weitere Altersgruppen gänzlich zu verzichten. Diese Entscheidung wurde aber vor allem durch die mit dem Forschungsauftrag verbundene Auflage gestützt, die sozialen Bedingungen einzugrenzen und zu beschreiben, auf die neu zu entwickelnde sozialwissenschaftliche Curricula für den Sozialkundeunterricht in der Schule stoßen; Sozialkundeunterricht wird jedoch an den Haupt- und den Realschulen Niedersachsens erst ab der 7. Klasse lehrplanmäßig mit zwei bis vier Stunden erteilt, an den Gymnasien erst ab der 9. Klasse mit zwei Stunden, so daß die Untersuchung jüngerer Altersgruppen für diese Fragestellung relativ irrelevant erschien.

Was das zweite Schichtungskriterium für die Stichprobe betrifft, so lag die Problematik erheblich einfacher. Ausgehend von der These, daß Sozialisation zwar geschlechtsspezifisch verläuft, doch für unsere Zwecke durch ein einziges Untersuchungsinstrumentarium abgedeckt werden kann, wurden in die Stichprobe zu gleichen Teilen Mädchen und Jungen der 7. und 9. Klassenstufe aufgenommen. Sozialstatus des Elternhauses (bzw. „Klasse" oder „Schicht") als die prominentesten, weil derzeit noch am besten untersuchten Einflußfaktoren des Sozialisationsprozesses als Stichproben-Schichtungskriterium zu wählen, schien deshalb vorteilhaft, weil es damit möglich wird, Rand- oder Extremgruppen zu überrepräsentieren, um statistisch gesicherte Aussagen über diese Extremgruppen treffen zu können. Als Indikator für den Sozialstatus wurde die Variable „Schulart" verwendet, da sie ein für unsere Zwecke äquivalentes Schichtungskriterium darstellt. Die Schichtung nach Schularten erfolgte für Hauptschule, Realschule und Gymnasium im Verhältnis 2 : 1 : 1. Sonderschulen und Gesamtschulen wurden nicht berücksichtigt, desgleichen Konfessionsschulen und Nicht-Koedukationsschulen. Die sozio-ökonomische

Struktur der Gemeinden – in Verbindung mit ihrer soziopolitischen Struktur – wurde vor allem deshalb als Schichtungskriterium für die Stichprobe verwendet, um den Einfluß regionaler Faktoren wie Gemeindegröße, Industrialisierungsgrad und konfessionelle Gliederung in ihrer Wirkung auf die politische Sozialisation ausweisen zu können; so konnte auch gewährleistet werden, daß bestimmte Berufsgruppen wie Arbeiter oder Landwirte ausreichend in der Stichprobe vertreten sind.

Die Auswahl der Untersuchungseinheiten erfolgte anhand eines mehrstufigen Verfahrens, nachdem eine Vorentscheidung dahingehend gefallen war, sich auf den Weser-Ems-Raum als Untersuchungsgebiet zu beschränken; der Interviewer-Einsatz mußte zentral von Oldenburg aus mit Studenten der Pädagogischen Hochschule Niedersachsen, Abteilung Oldenburg, organisiert werden, so daß es aus Kostengründen ungünstig gewesen wäre, Gebiete östlich des Weser-Ems-Raumes, insbesondere industrielle Ballungszentren wie Braunschweig oder Wolfsburg, einzubeziehen. Im ersten Schritt des Auswahlverfahrens wurden Landkreise und kreisfreie Städte ausgewählt, die mindestens hinsichtlich zweier Strukturmerkmale (Urbanisierungsgrad, Wirtschaftssektor, konfessionelle Gliederung) vom Landesdurchschnitt Niedersachsens erheblich abwichen. Aufgrund einer weiteren Vorentscheidung, nämlich der, nur fünf Landkreise bzw. kreisfreie Städte in die Klumpenauswahl aufzunehmen, wurden folgende Untersuchungsgebiete ausgewählt:
1. Oldenburg, stark urbanisiert, tertiärer Wirtschaftssektor,
2. Delmenhorst, stark urbanisiert, sekundärer Wirtschaftssektor,
3. Osnabrück, stark urbanisiert, katholische Konfession, tertiärer Wirtschaftssektor,
4. Cloppenburg, ländlich, sehr hoher Katholikenanteil, primärer Wirtschaftssektor und
5. Wittmund, ländlich, sehr hoher Protestantenanteil, primärer Wirtschaftssektor.

Im zweiten Auswahlschritt wurden Statistiken aller öffentlichen Schulen dieser Regionen (Lehrerzahl, Schülerzahl, konfessionelle Gliederung) dazu benutzt, für die jeweilige Region typische Schulen zu ermitteln. Pro Region wurden zwei Hauptschulen, eine Realschule und ein Gymnasium ausgewählt, insgesamt also 20 Schulen. Im dritten Schritt der Auswahl wurden in jeder betreffenden Schule zwei 7. und zwei 9. Klassen bestimmt, aus denen dann jeweils zufallsmäßig etwa zwölf Schüler – zu gleichen Teilen Jungen und Mädchen — für das mündliche Interview ausgewählt wurden. Für die Intensivinterviews waren somit etwa 960 Probanden eingeplant. Die folgende Übersicht über die tatsächliche sozialstatistische Zusammensetzung der Schülerstichprobe (besonders aber auch die hier nicht aufgeführte Kombination der Statistikvariablen) zeigt, wie genau die geplante Stichprobe realisiert werden konnte. Der Gesamtumfang der Stichprobe beträgt n = 950 Befragte.

Klassenstufe	
7. Klasse	n = 464 (48,8 %)
9. Klasse	n = 470 (49,5 %)
Geschlecht	
Männlich	n = 474 (49,9 %)
Weiblich	n = 474 (49,9 %)
Schulart	
Hauptschule	n = 474 (49,7 %)
Realschule	n = 238 (25,1 %)
Gymnasium	n = 240 (25,3 %)
Region	
Oldenburg	n = 193 (20,3 %)
Osnabrück	n = 193 (20,3 %)
Cloppenburg	n = 190 (20,0 %)
Wittmund	n = 182 (19,2 %)
Delmenhorst	n = 192 (20,2 %)

Der Repräsentanzvergleich mit der Gesamtheit der Schüler Niedersachsens der betreffenden Altersgruppen zeigt eine Unterrepräsentanz von Hauptschülern und eine Überrepräsentanz von Realschülern und Gymnasiasten; ferner ist die „wahre" Geschlechtsrelation bei den Gymnasiasten zugunsten der männlichen Schüler verschoben. Trotz des nicht-repräsentativen Stichprobenplans ergibt sich aber dennoch eine recht gute Übereinstimmung mit den statistischen Grunddaten der Schüler Niedersachsens. Der Leser sei daran erinnert, daß sich das Repräsentanzproblem nur in dem Falle verschärft stellt, wenn die Zugehörigkeit zu einer über- und unterrepräsentierten sozialen Gruppe einen nachweisbaren Einfluß auf das Antwortverhalten im Interview hat. Zudem ist für die Untersuchung von Einfluß- bzw. Bedingungsfaktoren eine repräsentative Stichprobe normalen Umfangs eher nachteilig, da dann die statistische Kontrolle der Bedingungsfaktoren erschwert ist.

Die zeitlich parallel verlaufende schriftliche Schülerbefragung wurde unter Ausnutzung des für die mündliche Schülerbefragung erstellten Klumpenverfahrens geplant. Die schriftlichen Fragebögen wurden an diejenigen Schüler verteilt, die in den für die mündlichen Interviews ausgewählten Klassen übrig geblieben waren. Sieben verschiedene Fragebogentypen wurden vor dem Verteilen in den Klassen jeweils in eine systematische Reihenfolge gebracht und dann der Reihe nach ausgegeben, so daß in jeder Klasse mindestens zwei Fragebögen jeder einzelnen Version beantwortet wurden.

Die Elternstichprobe wurde in der Weise gebildet, daß in einer vierten Stufe der Auswahl anhand einer systematischen Zufallswahl die Eltern jedes dritten der durch die mündlichen Interviews erfaßten Schüler zur Befragung ausgewählt wurden. Abwechselnd sollte dabei einmal die Mutter, dann der Vater in die Stichprobe aufgenommen werden. Real sind jedoch mehr Mütter als Väter in der Stichprobe vertreten, nämlich 65 Prozent Frauen und 35 Prozent Männer. Eltern und Schüler sind also parallel befragt worden, so daß sich insgesamt 329 Familien ergaben, in denen sowohl ein Elternteil wie ein Kind befragt worden ist. Aufgrund dieses vierstufigen Auswahlprinzips der Elternbefragung gelten für das Elternsample die gleichen sozio-ökonomischen Strukturbedingungen wie für das Schülersample: Regionen mit ausgeprägten Strukturbedingungen, Nichtrepräsentanz usw.

Das Lehrersample wiederum ist auf der zweiten Auswahlstufe lokalisiert. Es beinhaltet den Versuch einer Totalbefragung aller Lehrer der ausgewählten 20 Schulen. Die tatsächliche Ausschöpfungsquote (bei n = 261) war dabei von Schule zu Schule recht unterschiedlich; nur in einem Falle verweigerten alle Lehrer einer Schule das Interview. Damit gelten auch für das Lehrersample die genannten sozio-ökonomischen Strukturbedingungen, die hier jedoch aufgrund des Mobilitätsverhaltens dieser Berufsgruppe eine andere Funktion haben.

Für die einzelnen Zielgruppen – Eltern, Lehrer, Schüler – sind in der Forschungsgruppe spezifische Forschungsinstrumente entwickelt worden. Für die Schüleruntersuchung sind im wesentlichen drei unterschiedliche Erhebungen bzw. Meßinstrumente relevant, nämlich:
1. die mündliche Schüler-Intensivbefragung bei insgesamt 950 Schülern,
2. die schriftliche Schülerbefragung bei etwa 200 Schülern pro Fragebogenversion und
3. die mündliche Elternbefragung bei 329 Vätern oder

Müttern der in der mündlichen Schülerbefragung erfaßten Schüler.

Zu 1: Die mündliche Schülerbefragung stellt die Hauptuntersuchung der vorliegenden Arbeit dar. Sie diente dem Ziel, die Hypothesen über Formen und Bedingungen politischer Handlungsorientierung zu prüfen. Entsprechend den spezifischen Erkenntnisinteressen der beiden Hauptautoren (v. Maydell, Urban) richtete sich ein Teil der Fragen schwerpunktmäßig auf die schulische Sozialisation, ein anderer Teil auf die Formen und Bedingungen der politischen Handlungsorientierung; dabei handelte es sich freilich nur um unterschiedliche Interessenschwerpunkte. Die Fageninstrumente sind für beide Autoren relevant, und es ist schwerlich möglich, bestimmte Fragen ausschließlich dem einen oder dem anderen Forschungsinteresse zuzuordnen. Die inhaltliche Verzahnung beider Forschungsinteressen schlug sich in der inhaltlichen Gliederung des Hauptfragebogens nieder; anstatt zwei inhaltlich getrennte Fragebogenteile zu erstellen und hintereinanderzufügen, wurde versucht, diese Teile möglichst organisch zu verbinden, und zwar auch deshalb, um das Interesse der Schüler am Befragungsgegenstand nicht durch einseitige Akzentuierung zu gefährden. Die einzelnen Frageninstrumente stellen zum Großteil Neuentwicklungen der beteiligten Autoren dar, nur in wenigen Fällen wurde zu Vergleichszwecken auf bereits praktisch bewährte Instrumente zurückgegriffen.

Zu 2: Die schriftliche Schülerbefragung hatte sowohl auf der inhaltlichen wie auf der methodischen Ebene eine Ergänzungsfunktion. Inhaltlich war eine qualitative Studie – im Gegensatz zur mehr quantitativ angelegten Hauptbefragung – geplant, die die Schüler zu gebundener Assoziation mit Hilfe weniger verbaler Stimuli anregen sollte. Da der Quantifizierung ein relativ geringer Stellenwert zugemessen wurde, war der Gedanke naheliegend, nicht einen einzigen, stets gleichen Fragebogen an eine Restgruppe von etwa 1500 bis 1800 nicht mündlich befragten Schülern zu richten, sondern statt dessen eine Reihe verschiedener Fragebögen mit unterschiedlichen Themenstellungen zu konzipieren, um einen möglichst weiten inhaltlichen Bereich abzudecken. Diesem Vorschlag des Verfassers wurde schließlich in der Form entsprochen, daß sieben verschiedene Fragebögen zu den Themenbereichen Familie - Schule - Demokratie - Macht und Reichtum - Gewerkschaften - Soziale Unterschiede - Schwierigkeiten und Probleme der Menschen - konzipiert wurden, in denen jeweils das Begriffsverständnis, die historische Dimension („Sozialprobleme früher") und die Einstellungsdimension angesprochen wurden. Auf der methodischen Ebene lag die Ergänzungsfunktion in der Gegenüberstellung von Ergebnissen, die mit unterschiedlichen Befragungsinstrumenten erhoben worden waren.

Zu 3: Die – unter der Hauptverantwortlichkeit von Brühl und Knake konzipierte – mündliche Elternbefragung hat, da durch das Untersuchungsdesign ein direkter Vergleich zwischen den Schüler- und den Elternaussagen ermöglicht wurde, vor allem zwei Funktionen für die Schüleruntersuchung. Zum einen geht es um die Frage, ob sich Einstellungen der Schülerpopulation und der Elternpopulation in der politischen Tendenz ähneln; anhand des Populationsvergleichs kann ermittelt werden, ob spezifische Einstellungen einer jugendlichen Subkultur vorliegen und in welchen Einstellungsbereichen eine diffusere Struktur vorliegt als in der Erwachsenen-Vergleichspopulation. Zum anderen ermöglicht der Vergleich zwischen Äußerungen von Angehörigen jeweils einer gleichen Familie die Prüfung von Hypothesen über den familialen Sozialisationseinfluß. Übereinstimmung der Einstellungen, Wahrnehmungen und Werthaltungen innerhalb einer Familie würde dann (obwohl dies nicht die einzige Interpretationsmöglichkeit darstellt) als Übernahme der Meinung des Elternteils durch den Jugendlichen interpretiert.

Die wenigen vergleichbaren Paralleluntersuchungen bei der uns interessierenden Altersgruppe 12- bis 14 jähriger Schüler machten einen relativ umfangreichen *Vortest* erforderlich, der in drei 6. und drei 8. Klassen verschiedenen Schultyps in Varel und Wilhelmshaven durchgeführt wurde (die Feldarbeit wurde dankenswerterweise von Knake und Scholz besorgt). Hinsichtlich der getesteten Frageformen zeigten sich alle Frageformen für die Zielgruppe geeignet: sowohl die einfache geschlossene Frage, die Mehrfach-Auswahlfrage, das Test-Item wie die offene Frage. Als überaus günstig – weil in aller Regel trennscharf – erwies sich die Mehrfach-Auswahlfrage in der Form, daß bei zehn vorgeschriebenen Antwortmöglichkeiten maximal drei gewählt werden durften. Die Teilnahmemotivation der Schüler war im Vortest, gemessen an den Einstufungen der Interviewer, durchaus zufriedenstellend und für eine Befragung größeren Umfangs ausreichend. Die Quote der Nichtbeantwortung schwankte stark von Frage zu Frage, schien aber im Schnitt bei knapp 10 Prozent für die Hauptuntersuchung akzeptabel. So mußte zwar der im Vortest verwendete Fragebogen im Detail gründlich überarbeitet werden, konnte jedoch von der Struktur, der Themenstellung und den verwendeten Frageformen her weitgehend für die mündliche Hauptbefragung übernommen werden.

Die Befragungsaktion für die Hauptuntersuchung wurde in den genannten Regionen, Schulen und Klassen von Mitte September 1973 bis Anfang Oktober 1973 durchgeführt. Den festangestellten Projektmitarbeitern (Knake, Scholz, Wolter) und dem Projektleiter (v. Maydell) oblag die Organisation der Feldarbeit; bei den Interviews waren etwa 55 Studenten eingesetzt, deren kurzfristige Einführung in die Funktionen und Probleme des Interviewens zum einen in einem vorgeschalteten Kompaktkurs erfolgte, zum anderen durch die Beteiligung am Vortest bei etwa 100 Schülern, 35 Eltern und 30 Lehrern. An der Hauptbefragung waren dann nur Studenten beteiligt, die in der Voruntersuchung mindestens drei Einzelinterviews durchgeführt hatten. Der Zugang des Forschungsprojekts zu den Schulen wurde durch einen Erlaß des Niedersächsischen Kultusministers erleichtert, der – auf der Basis der Freiwilligkeit der Schulinstanzen und der einzelnen betroffenen Zielpersonen – dem Projekt ausdrücklich zusicherte, in den ausgewählten Schulen die Befragung zu realisieren. Dank der Kooperationsbereitschaft der Mittelinstanz, der betroffenen Schulräte, Rektoren, Lehrer, Eltern, Schüler konnten in allen ausgewählten 20 Schulen die Interviews durchgeführt werden. Die Qualität sämtlicher mündlichen und schriftlichen Interviews dürfte recht hoch zu veranschlagen sein, was hauptsächlich auf das sachliche Interesse der studentischen Interviewer zurückzuführen ist, die sich mit hohem Engagement beteiligten. Eine Atmosphäre der Kooperation und Kommunikation in den einzelnen Teilarbeitsgruppen der Interviewer, gefördert durch intensiven Erfahrungsaustausch am Ende der Arbeitstage, mag ein übriges dazu beigetragen haben. Indikator für das Interesse beider Interviewpartner ist die im Schnitt erstaunlich geringe Quote der Nichtbeantwortung, die nur bei solchen Fragen drastisch in die Höhe schnellte, die das Begriffsvermögen der Befragten – wie z. B. beim Fremdwort „Konflikt“ – überfordert haben.

Die folgende stichwortartige Übersicht über den zeitlichen Ablauf der gesamten Untersuchung verfolgt hier zugleich die Funktion, die Hauptautorschaft für die entwickelten Materialien anzugeben:

– Beantragung eines Forschungsvorhabens durch das Studienzentrum für sozialwissenschaftliche Lehrforschung, Januar 1971;
– Gründung einer Forschungsgruppe des Forschungsprojekts „Curriculumplanung Sozialwissenschaft" in Oldenburg, Oktober 1972, Leitung: v. Maydell;
– theoretische Vorklärungen bis Ende 1972;
– November 1972 Eintritt neuer Mitglieder in die Forschungsgruppe;
– bis Juni 1973: Erstellung theoretischer Rahmenkonzeptionen für einzelne Teiluntersuchungen, niedergelegt im Zwischenbericht:
a) Untersuchungsansatz (v. Maydell),
b) Schülerbefragung (Brühl, Knake, Schwab, Urban),
c) Lehreruntersuchung (Scholz, Wolter),
d) Elternuntersuchung (Brühl, Knake),
e) Schulverwaltungsbeamte (Schwab),
f) Unterrichtsbeobachtung (Urban),
g) Auswahlverfahren und Stichprobenbildung (Scholz, Urban);
– Erstellung der Fragebögen bis September 1973 (Hauptverantwortlichkeit:)
a) mündliche Schülerbefragung (v. Maydell, Urban),
b) schriftliche Schülerbefragung (v. Maydell, Schwab, Urban),
c) Lehrerbefragung (Scholz, Wolter),
d) Elternbefragung (Brühl, Knake),
e) Intensiv-Interviews bei Schulräten (Schwab);
– Durchführung der Hauptbefragungen mit studentischen Interviewern der Pädagogischen Hochschule Niedersachsen, Abteilung Oldenburg, bis Anfang Oktober 1973;
– Vercodung der offenen Fragen: bis Mitte Februar 1974;
– Verlochung der Daten: bis Ende März 1974;
– Verarbeitung der Daten am Regionalen Rechenzentrum in Hannover und Übertragung auf Tabellenformulare: seit September 1974;
– Abfassung der Forschungsberichte: seit Oktober 1974.

Parallel verlaufend die Vorbereitung und die Feldphase des Teilprojektes „Unterrichtsbeobachtung": seit Mitte März 1974.
– Erstellung und Erprobung des Beobachtungssystems: bis Anfang Juli 1974 (Scholz, Urban);
– Feldphase der Unterrichtsbeobachtung mit Studenten der Universität Oldenburg: Anfang Juli bis Anfang August 1974 (Scholz, Urban);
– schriftliche Ergänzungsbefragungen zur Unterrichtsbeobachtung bei Lehrern und Schülern: Anfang August 1974 (Scholz, Urban);

– Auswertung der Materialien aus der Unterrichtsbeobachtung: seit Anfang Oktober 1974 (v. Maydell, Scholz, Urban).

Für die statistische Analyse der interessierenden Daten ist vom Verfasser ein umfangreicher Analyseplan entwickelt worden, der in der Original-Dissertation dokumentiert ist. Er beinhaltet im wesentlichen vier Analyseschritte, nämlich
1. die Interpretation der gewonnen Rohdaten,
2. die Bildung von Indikatoren für „abhängige", zu erklärende Variablen und für „unabhängige", erklärende Variablen,
3. die Faktorenanalyse der abhängigen Variablen und
4. einen regressionsanalytischen Erklärungsansatz für die Haupt-Einstellungsdimensionen.

Die Indikatorenbildung zielt vor allem auf die Transformation der auf dem Nominal-Niveau vorliegenden, meist dichotomischen Rohvariablen in Ordinalskalen. Die Faktorenanalyse dient der Auffindung grundlegender Einstellungsdimensionen und der Reduktion und Zusammenfassung der Vielzahl von Urvariablen bzw. Einzelindikatoren; zugleich lassen sich die eruierten Faktoren zu neuen Einstellungsskalen verrechnen, die nunmehr das Niveau der Intervallskalierung aufweisen und als abhängige, zu erklärende Größen in den folgenden Regressionsansatz eingehen. Die multiplen Regressionen interessieren uns unter der Fragestellung, welchen Erklärungsbeitrag einzelne „unabhängige" Variablen leisten, mit welchem Gewicht sie also in die statistischen Erklärungsmodelle eingehen. In den Erklärungsmodellen werden sowohl die einzelnen „unabhängigen" Variablen der gesamten Schülerbefragung berücksichtigt wie „unabhängige" Variablen der Elternbefragung in der Substichprobe der 329 „Familienfälle".

Die erforderlichen Rechenarbeiten wurden auf der CDC/CYBER 73 des Regionalen Rechenzentrums Hannover durchgeführt. Verwendet wurde das „Statistical Package for the Social Sciences" (SPSS), das von Jürgen Zimmer in der Version 5.5 implementiert worden war. Herr Zimmer übernahm auch die technische Betreuung für unser Projekt, insbesondere die Einweisung in die Kommandosprache der CYBER 73.

5 Ergebnisse: Schülerhauptbefragung

Das folgende Kapitel dient dazu, einen Überblick über die wichtigsten Ergebnisse der Hauptbefragung zu vermitteln. Die im Kapitel über Forschungsfragestellungen dargestellten theoretischen Vorstellungen und Hypothesen werden hier nicht systematisch behandelt, um zunächst in deskriptiver Absicht ein Bild der Untersuchungsergebnisse zu zeichnen. Dabei läßt sich schwer vermeiden, für dieses und die anschließenden Kapitel unterschiedliche Gliederungsprinzipien zugrunde zu legen. Wenn an späterer Stelle die Hypothesen geprüft werden, werden in stärkerem Maße Indikatoren benutzt, die aus mehreren Fragen zusammengesetzt sind. Sogleich in die Darstellung und Ergebnisse dieser Indikatorenbildung einzusteigen, wäre unzweckmäßig, da diese Indikatoren zum Teil aus Fragen zu relativ unterschiedlichen Themenbereichen konstruiert wurden.

Insofern es in diesem Kapitel um die Vermittlung der Hauptergebnisse geht, reicht eine Gliederung aus, die sich direkt an die in den Frageformulierungen behandelten Themenbereiche anlehnt; in den darauf folgenden Kapiteln werden dann die Reaktionen der Schüler bezüglich ausgewählter Antwortkategorien stärker berücksichtigt und analysiert. Während also im folgenden z. B. bei der Frage nach den allgemeinen Interessen der Schüler zunächst das gesamte Spektrum der Interessen behandelt wird, wird später schwerpunktmäßig das politische Interesse (gemessen an einem mehrere Einzelfragen zusammenfassenden Index) behandelt. Die Reihenfolge der Abschnitte entspricht in großen Zügen der Reihenfolge der Themenbereiche im Fragebogen.

5.1 Verhältnis zu Lehrern [1]

Der Fragebogen wurde eingeleitet durch eine allgemeine Frage nach dem affektiven Verhältnis zur Schule, nämlich ob die befragten Schüler gerne zur Schule gehen. Diese Frage wurde überwiegend mit einer mittleren Antwortkategorie beantwortet, zwei Drittel aller befragten Schüler gehen „ziemlich gern" in die Schule. Gegenüber einem Zehntel, das angibt, „sehr gern" in die Schule zu gehen, fällt doch die zweite Extremgruppe von rund einem Fünftel der Schüler stärker ins Gewicht, die angibt, „weniger gern" in die Schule zu gehen. Entsprechend diesem im

(1) Kommentiert werden die Daten zu den Fragen 1,2,3,4,5,26.

Schnitt affektiv-positiven Verhältnis zur Schule wird auch die Frage überwiegend positiv behandelt, ob es „Dinge in der Schule gibt", die dem Schüler besonders gefallen: Etwa vier Fünftel der Schüler wissen derartige Punkte zu benennen. Dabei stehen einzelne Unterrichtsfächer so weit im Vordergrund (zwei Drittel aller Nennungen), daß andere Kategorien kaum noch Erwähnung finden. Diese Kategorien beziehen sich auf so heterogene Punkte wie den Unterrich allgemein, auf die Lehrer insgesamt, auf einzelne Lehrer oder auf Aspekte der sachlich-organisatorischen Ausstattung der Schule. Probleme und Aspekte des Sozialbereichs, wie etwa die Kontakte der Schüler untereinander oder Mitbestimmungsmöglichkeiten für Schüler, finden bei dieser Frageform, die auf spontane Äußerungen angelegt ist, relativ wenig Berücksichtigung.

Die Frage nach den ungünstigen Aspekten von Schule findet weniger Resonanz als die Frage nach den positiven Aspekten. Hier sind es kaum mehr als die Hälfte der Schüler, die negative Aspekte zu nennen bereit sind, worin sich das tendenziell positiv-affektive Verhältnis zur Schule bestätigt. Anders betrachtet drückt sich darin aber auch eine verringerte Kritikbereitschaft gegenüber der Institution Schule aus. Wie bei der vorangegangenen Frage stehen auch bei den Kritikpunkten einzelne Unterrichtsfächer mit mehr als einem Drittel der Nennungen im Vordergrund, jedoch zeichnen sich deutlicher als zuvor weitere Antwortschwerpunkte ab. So werden die Lehrer oder einzelne Lehrer von immerhin einem Fünftel aller Befragten als Kritikpunkte pauschal erwähnt; sodann sind die sachlich-organisatorischen Verhältnissen der jeweiligen Schule, die Hausordnung und Disziplin von Bedeutung, schließlich eine pauschale und unspezifische Kritik am schulischen Unterricht generell.

Autoritätskonflikte sind eher latent an der Person einzelner Lehrer festgemacht denn als solche benannt. So werden die Ungerechtigkeiten von Beurteilungen und Zensuren, von Strafe und Autoritätsverhalten des Lehrers sowie unzureichende Mitbestimmungsmöglichkeiten nur von einer Minderheit der Schüler erwähnt. Tendenziell ist sogar die Reversion des Autoritätskonfliktes ersichtlich: Als störend werden zwar die Organisation selber und die rigiden Ordnungsanforderungen verstanden, gleichermaßen wird jedoch auch die mangelnde Anpassung der Mitschüler an die starren Rahmenbedingungen der schulischen Organisation bemängelt (Kategorie 05). Die Problematik des Verhältnisses zum Lehrer und der Autoritätskonflikt werden durch eine weitere Frage berührt, die direkt das affektive Verhältnis zum Lehrer behandelt. Danach meinen drei Viertel, „ziemlich gut" mit den Lehrern auszukommen, ein Fünftel bezeichnet das Verhältnis zu den Lehrern sogar als „sehr gut", während nur ein sehr geringer Teil der befragten Schüler kritisch anmerkt, er komme im allgemeinen mit den Lehrern weniger gut aus.

Als Begründung eines guten Verhältnisses zu den Lehrern werden sehr heterogene Aussagen über Lehrerverhalten und Lehrerperson angeführt. Spezifische Aspekte des Lehrerverhaltens, wie die Verteilung von Hausaufgaben, Zensurengebung oder die Form der Autoritätsausübung, werden an dieser Stelle von den Befragten kaum spontan erwähnt, jedoch wird von einem Siebtel direkt das emotionale Klima der Beziehungen zwischen Lehrer und Schüler angesprochen. Die weiteren Begründungen beziehen sich auf das Schülerverhalten; weshalb Lehrer und Schüler gut miteinander auskommen, wird also vom Schülerverhalten her begründet. Dabei werden schwerpunktmäßig von je rund einem Siebtel die Schülerleistung/Schülermitarbeit erwähnt sowie das disziplinäre Verhalten der Schüler. Hier überwiegt also die Tendenz, darin den Grund eines befriedigenden Lehrer/Schüler-Verhältnisses zu sehen, daß die Schüler sich an die schulischen Leistungsanforderungen und an die allgemeinen Verhaltensvorschriften und Rollenerwartungen von seiten der Lehrer anpassen. Weitere heterogene Aussagen über Schülerverhalten haben an dieser Stelle ein geringeres quantitatives Gewicht. Damit tritt die Reversion des Autoritätskonfliktes an dieser Stelle noch stärker in Erscheinung.

Begründungen eines eher negativen Verhältnisses zwischen Lehrern und Schülern beziehen sich zu gleichen Teilen auf den Lehrer wie auf den Schüler. An Kritik überwiegt, neben wiederum relativ vielen sehr heterogenen Aussagen über Lehrerperson und Lehrerverhalten, das Thema Autoritätsausübung und Zensurengebung; dabei ist freilich wie bei den übrigen Antwortkategorien auch, die sehr geringe Zahl von Schülern zu berücksichtigen, die das Lehrer/Schüler-Verhältnis als ungünstig bezeichnet (n = 41) und entsprechende Begründungen abgibt. Anders als bei den Begründungen für ein positives Lehrer/Schüler-Verhältnis fällt bei den Begründungen für ein negatives Verhältnis der Punkt „emotionales Klima" nicht ins Gewicht. Wiederum spielen aber aus der Sicht der Schüler die Leistungen und die Mitarbeit sowie das disziplinarische Verhalten der Mitschüler eine wichtige Rolle.

Das Verhältnis der Mitschüler untereinander wird erheblich günstiger beurteilt als das Lehrer/Schüler-Verhältnis. So meinen mehr als die Hälfte der befragten Schüler, mit den Klassenkameraden im allgemeinen „sehr gut" auszukommen, weitere zwei Fünftel stufen das Verhältnis zu ihren Mitschülern als „ziemlich gut" ein. Der Anteil derer, die das Verhältnis zu den Mitschülern als weniger gut bezeichnen, ist ebenso gering wie bei der vorangegangenen Frage nach dem Lehrer/Schüler-Verhältnis. Die Begründung für diese Einstellungen wurde zwar in den Interviews erhoben, jedoch aufgrund der Unspezifität der Antworten nicht vercodet. Bei den Begründungen wird – so ergibt eine nichtquantitative Übersicht über die Antworten – am häufigsten auf das Zusammensein in und außerhalb der Schule verwiesen, auf ein gutes kameradschaftliches Verhältnis, auf ein gutes Gemeinschaftsleben und darauf, daß es wenig Streit und Zank innerhalb der Schülergruppe gibt.

Das Verhältnis zwischen Elternhaus und Schule wurde gestreift durch die Frage nach der Reaktion von Eltern auf ungerechtes Lehrerverhalten: „Wenn Du Dich bei Deinen Eltern über einen Lehrer beklagst, von dem Du Dich ungerecht behandelt fühlst, würden Deine Eltern dann etwas unternehmen? " Diese Frage bejahen gut vier Zehntel der Schüler, zwei Zehntel meinen, dies komme auf den jeweiligen Fall und die jeweilige Situation an, und drei Zehntel meinen, ihre Eltern würden nichts unternehmen. Die offene Nachfrage zeigt, daß die Schüler als Reaktion in einem solchen Falle ein Gespräch mit dem betreffenden Lehrer erwarten, weitaus weniger häufig wird als Möglichkeit ein Gespräch mit dem Rektor oder Schulrat erwähnt, noch seltener eine Rücksprache mit dem Klassenelternrat.

Die Vermutungen der Schüler hinsichtlich der Frage, warum die Eltern in einem solchen Falle nichts unternehmen würden, betreffen recht heterogene Aspekte. Am häufigsten noch, nämlich von einem Viertel der betreffenden Schüler, wird der Verweis darauf vermutet, daß der Schüler seine Probleme und Konflikte in der Schule selbständig lösen soll, der Konflikt Lehrer/Schüler wird von den Eltern also als Gegenstand einer Erziehung zur Selbständigkeit verstanden. Eine völlig gegenteilige Reaktion findet sich, nach Aussagen der Schüler, bei einem beachtlichen hohen Anteil anderer Eltern, die die Autorität und Macht des Lehrers ohne Einschränkung akzeptieren. Danach würden die Eltern jedes fünften Schülers die Autorität des Lehreres respektieren, und die Eltern eines jeden zehnten Schülers würden meinen, ohnehin gegenüber dem Lehrer nichts bewirken zu können. Dagegen weist die Aussage jedes siebten Schülers der betreffenden Gruppe, nach der nämlich die Eltern in jedem Falle ein Verschulden des Schülers annehmen würden, zwar auch in die Richtung einer Unterordnung unter die Autorität des Lehrers, jedoch stärker auf ein gestörtes Eltern/Kind-Verhältnis. Pragmatisch gefärbte Begründungen, wie der Hinweis auf das Zeitproblem der Eltern oder die Überlegung, daß eine Intervention der Eltern dem Schüler letztlich nur Nachteile bringen würde, werden jeweils nur von weniger als einem Zehntel der Schüler angeführt.

Die Reaktion der Eltern auf die identische Parallelfrage hat weniger realistischen Charakter und wird augenscheinlich im Sinne normativer Erwartungen gesteuert. Danach steht für rund vier Fünftel aller befragten Eltern außer Frage, daß sie den Lehrer zur Rede stellen würden, wenn sie davon überzeugt sind, daß ihr Kind ungerecht behandelt würde (Elternfragebogen, Frage 60).[2] Die Antworten der Kinder und die geringe Kontaktfrequenz der Eltern mit der Schule (ein bis zweimal im Jahr, vgl. Elternfragebogen, Frage 7) deuten darauf hin, daß die Eltern eben auch starke Autoritätsängste gegenüber den Lehrern haben, die durch die Drohgebärde nur überlagert sind.

5.2 Schulleistungs- und Bezugsgruppenorientierung[3]

Wenn die Aufgabe der Schule darin besteht, „die Schüler dazu zu bringen, daß sie das gerne tun (aus eigener Initiative), was sie tun müssen“, wie Fend (1971, S. 103) absichtlich dramatisierend beschreibt, so gewinnt gerade die Internalisierung der (Schul)Leistungsnormen eine entscheidende Bedeutung, zumal die Leistungsbeurteilung der wichtigste Sanktionshebel in der Hand des Lehrers ist. Deshalb war als Rahmeninformation die Einstellung der Schüler zur schulischen Leistungsbeurteilung und die bedingende Erwartungsstruktur der Sozialisationsinstanzen zu erheben. Die Relevanz von Schulnoten für den Beruf und „das spätere Leben“ wird von den Schülern durch-

(2) Bei der Quellenangabe zu den Zahlen der Eltern- und der Lehrerbefragung beziehen wir uns im folgenden auf projektinterne Tabellenbände, die von den Hauptautoren der Elternbefragung (Brühl und Knake) und der Lehrerbefragung (Scholz, Wolter) erstellt worden sind.

(3) Kommentiert werden die Daten zu den Fragen 43, 25, 20, 31, 60.

schnittlich sehr hoch veranschlagt. Gemessen an der Frage, ob es für ihr späteres Leben sehr wichtig, ziemlich wichtig oder weniger wichtig ist, in der Schule gute Zensuren zu bekommen, erachten zwei Fünftel die Schulnoten für sehr relevant und die Hälfte der Schüler für „ziemlich" relevant, weniger als ein Zehntel hält Zensuren für das spätere Leben für unwichtig.

Vergleicht man diese Grundeinstellung mit normativen Erwartungen von seiten der Eltern und der Mitschüler in der Form, wie sie von den Schülern selber wahrgenommen werden, so stimmen im Durchschnitt die Einstellungen der Schüler weitaus stärker mit den normativen Erwartungen der Eltern als mit den normativen Erwartungen der Gleichaltrigen überein. Bei der Frage nach der Einschätzung der Relevanz von Schulnoten von seiten der Eltern ergibt sich nämlich fast genau die gleiche Präferenzreihe wie eben bereits ausgeführt, während die wahrgenommene Einschätzung von seiten der Freunde bzw. Freundinnen ein völlig verändertes Bild zeigt. Danach meinen gut drei Fünftel der Schüler, von ihren Freunden/Freundinnen werde es für unwichtig erachtet, daß sie selber (die befragten Schüler) gute Noten erhalten.

Die parallele Frage im Elternfragebogen führt übrigens zu den gleichen Ergebnissen; Eltern- und Schüleraussagen stimmen also hier weitgehend überein (Elternfragebogen, Frage 48, Nachfrage). Die Eltern repräsentieren im Bereich der schulischen Leistungsnachweise demnach eine Sozialisationsinstanz, deren Ansprüche als mit den eigenen langfristigen Interessen konkordant angesehen werden. Die Internalisierung elterlicher Erwartungen ist um so erstaunlicher, als die Schüler in ihrem Freizeitverhalten eine starke Peer-Orientierung aufweisen. So verbringt nur jeder zwanzigste der befragten Schüler seine Freizeit am liebsten mit Familienangehörigen, während nahezu alle übrigen lieber mit gleichaltrigen Freunden bzw. Freundinnen oder mit dem festen Freund bzw. der festen Freundin zusammen sind; dabei ist hier der Ausdruck „fester Freund" bzw. „feste Freundin" in den betreffenden Altersgruppen nicht als heterosexuelle Verbindung interpretiert, wie die Aufteilung nach dem Geschlecht der Befragten klar ausweist.[4] Peer-Orientierung und schulische Leistungsmotivation schließen sich also keineswegs aus, sondern existieren nebeneinander

(4) Bei den Jungen sind es 81 Prozent, die entweder mit gleichaltrigen Freunden oder mit einem festen Freund zusammen sind, bei den Mädchen entsprechend 69 Prozent. Dagegen nennen nur 10 Prozent der Jungen und 19 Prozent der Mädchen gegengeschlechtliche Partner als beliebteste Freizeitgefährten.

in getrennten Interaktions- und Erwartungszusammenhängen.

Das aktuelle Leistungsverhalten scheint in der Mitte zwischen den elterlichen Erwartungen und den Erwartungen der Gleichaltrigen zu liegen, gemessen jedenfalls an der Selbsteinschätzung hinsichtlich der Schulleistungen und der Schulnoten. Sieben Zehntel der Schüler ziehen sich nämlich auf eine mittlere Position zurück und bezeichnen sich als „ziemlich guten Schüler“, immerhin fast ein Viertel gesteht jedoch ein, in der Selbsteinschätzung als „weniger guter Schüler“ zu rangieren. Die Problematik des Einflusses der normativen Erwartungen verschiedener Sozialisationsinstanzen wird anhand der folgenden Fragen weiterverfolgt, die sich auf allgemeine schulische Erziehungsziele richten.

5.3 Schulische Erziehungsziele[5]

Die Frage nach den schulischen Lernzielen berührt zentrale Punkte der gegenwärtigen Curriculum-Diskussion. Ausgehend von der Kritik an der traditionellen Schule wurden Lernziele konzipiert, die, unter dem Gesamtziel „Emanzipation“ subsumiert, das kritische autonome Individuum nicht nur als ein kritisch denkendes, sondern gleichermaßen als ein handlungsfähiges und handelndes Individuum zum Ziel haben.[6] Gerade für den Bereich des Sozialkundeunterrichts sind diese Lernzielrevisionen von höchster Relevanz. Um so wichtiger sind Daten über Grundorientierungen der „an der Basis“ eigentlich Betroffenen: der Schüler. Fügen sich die Intentionen der Reformer in das Interessenspektrum, das die Schüler an die Schule herantragen?

Zu diesem Problemkomplex wurde wiederum das Prinzip der Mehrfach-Auswahlfragen benutzt. Die zehn angebotenen Kategorien wurden so gewählt, daß sie sowohl für die angesprochene bildungspolitische Debatte relevant sind wie auch in das von uns vermutete Interessenspektrum der Schüler, Eltern und Lehrer passen; progressive wie konservative Sozialtugenden sind dabei gleichermaßen zur Präferenzbildung angegeben. Versteht man die Punkte „Kooperationsfähigkeit“, „eigene Interessenvertretung“ sowie „Urteilsfähigkeit und Selbständigkeit“ als ansatzweise

(5) Kommentiert werden diese Daten zu den Fragen 39, 40, 41, 27, 42, 62, 37,38.
(6) Exemplarisch hierfür sei angeführt: Fischer 1970, S. 7 - 13; Handreichungen für Lernziele, Kurse und Projekte im Sekundarbereich II für das gesellschaftswissenschaftliche Aufgabenfeld (B),
Niedersächsisches Kultusministerium, Hrsg., März 1972.

Instrumentalisierungen emanzipatorischer Lernziele, so zeigen die Ergebnisse, daß diese politisch relevanten Verhaltensqualifikationen als zentrale Lernziele für die Schule durch die Schüler akzeptiert werden. Die Qualifikation „mit anderen zusammen zu arbeiten“ liegt dabei deutlich, mit nahezu zwei Dritteln aller Nennungen der Schüler, an der Spitze der Präferenzreihe. Das Lernziel der eigenen Interessenvertretung wird von fast der Hälfte der Schüler zu den drei wichtigsten Lernzielen gezählt, Urteilsfähigkeit und Selbständigkeit nahezu von einem Drittel.

Die Akzeptierung dieser progressiven Sozialtugenden als zentrale schulische Lernziele wird überlagert von der Option für Basisqualifikationen für die Berufstätigkeit. Zwei der zur Auswahl gebotenen Kategorien fallen in diesen Bereich. Nahezu die Hälfte der Schüler möchte durch Schule berufliche Kenntnisse vermittelt wissen, drei Zehntel zählen die Fähigkeit, sich richtig auszudrücken, zu den zentralen schulischen Lernzielen. Konservative Sozialtugenden wie „Ordnung und Disziplin“, eine nicht näher spezifizierte „Fleiß- und Leistungsbereitschaft“ sowie die Fähigkeit zur Wahrnehmung der „Staatsbürgerrolle“, haben für die Schüler als Lernziele eine untergeordnete Bedeutung. Nur jeder fünfte bis jeder zehnte Schüler zählt diese Lernziele zu den drei wichtigsten. Das gleiche gilt für die Qualifizierung zu familialen Rollen. Kenntnisse über Kindererziehung oder Haushalt möchte nur ein Sechstel der Befragten durch die Schule vermittelt sehen, ein Anteil, der auch bei den weiblichen Befragten nur unwesentlich höher liegt.

Eine Sonderrolle in diesem gesamten Qualifikationskatalog spielt das Lernziel „Interesse an der Politik“. Während politisch relevante progressive Sozialqualifikationen als schulische Lernziele zumindest im gleichen Maße akzeptiert sind wie Basisqualifikationen für den Beruf, und konservative Sozialtugenden am unteren Ende der Präferenzreihe stehen, wird die Heranbildung politischen Interesses nur von rund jedem zwanzigsten der befragten Schüler als zentrales schulisches Lernziel benannt. Bereits in diesem Ergebnis spiegelt sich die – später genauer untersuchte – Distanz zum politischen Bereich; ein manifestes politisches Interesse ist in der untersuchten Population also nicht auffindbar, während jedoch die zuvor behandelten Präferenzen durchaus auf ein latentes politisches Interesse schließen lassen. Die dargestellte Präferenzreihe zeigt sich in noch schärferer Ausprägung, wenn nur die Erstnennungen der Schüler ausgezählt werden. Bei dieser Auswahl zeigt sich, daß sich fast die Hälfte der Schüler für das Lernziel „Kooperation" entscheidet, ein Fünftel für die Berufsausbildung und nur knapp ein Hundertstel für die Weckung politischen Interesses.

Die Frage nach den Lernzielen, die die Lehrer in den jeweiligen Schulen zu realisieren versuchen, ergibt eine völlig veränderte Präferenzreihe. Nach Meinung der Schüler versuchen die Lehrer schwerpunktmäßig, konservative Sozialtugenden durchzusetzen, nämlich „Ordnung und Disziplin" (sieben Zehntel der Schüler äußern sich dahingehend) und „Fleiß und Leistungsbereitschaft" (über die Hälfte). Progressive wie weitere eher konservative Sozialtugenden tauchen sodann in der Präferenzreihe in unstrukturierter Reihenfolge auf. Beruflich relevante Qualifikationen haben den gleichen reduzierten Stellenwert. Die geringste Bedeutung kommt bei dieser Frage der Qualifikation zu familialen Rollen zu, jedoch nehmen fast ebenso wenige Schüler eine Intention ihrer Lehrer zur Vermittlung politischen Interesses wahr.

Ein Rückverweis auf das Frageninstrument ist freilich an dieser Stelle um so nützlicher, als diese Einschätzungen dem Selbstverständnis der Lehrer völlig konträr laufen (die Ergebnisse der Lehrerbefragung weisen durchgängig eine bewußt-progressive Tendenz auf. Vermittlung von Kritikfähigkeit und demokratischer Beteiligung wird z. B. auf eine offene Frage von 50 Prozent als wichtigste Aufgabe des Lehrers spontan genannt;(vgl. Lehrerfragebogen, Frage 43). Die Frageformulierung besagte nämlich, worauf die Lehrer bei *der Erziehung in der Schule* vor allem Wert legen, und war daher insofern doppeldeutig, als damit zugleich allgemeine Erziehungsziele wie schulspezifische Verhaltensnormen assoziiert werden können. Ob sich aufgrund dieses Ergebnisses die These halten läßt, daß Schüler ihre Lehrer überwiegend als konservative Ordnungshüter mit geringem politischen Interesse wahrnehmen, scheint daher fraglich.

Zu den schulischen Erziehungszielen der Eltern besteht nicht in gleicher Weise ein ausgeprägtes Meinungsbild, wenngleich auch hier Strukturen ersichtlich sind. Bei den Eltern besteht, nach Ansicht der Schüler, ein gleichrangiges Interesse an beruflicher Qualifikation und an eher konservativen Sozialtugenden. Fleiß, Ordnung und Kenntnisse für den Beruf werden jeweils von der Hälfte der Schüler als Erziehungsziele des Elternhauses genannt. Die mehr emanzipatorischen Sozialtugenden nehmen demgegenüber einen verringerten, aber immerhin noch beachtenswerten Rang ein, denn Kooperationsfähigkeit, Fähigkeit zur Vertretung eigener Interessen sowie Urteilsfähigkeit und Selbständigkeit werden jeweils von etwa einem Drittel der Schüler erwähnt. Eine untergeordnete Rolle spielt auch hier die Qualifizierung für familiale Rollen, instrumentalisiert als „Kenntnisse über Kindererziehung und Haushaltsführung".

Eine noch stärkere Ablehnung von seiten der Eltern erfahren nach Ansicht der Schüler die manifest-politischen Qualifikationen; danach ist weder die Weckung politischen Interesses gefragt noch die Fähigkeit zur Wahrnehmung staatsbürgerlicher Rechte und Pflichten. Die Fremdeinschätzung der Eltern durch die Schüler fällt ebenfalls insgesamt konservativer aus als deren Selbsteinschätzung hinsichtlich der für die Schule präferierten Lernziele, so daß auf einer schulischen „Konservatismusskala" zuoberst die Lehrer in der Fremdeinschätzung ihrer Schüler rangieren würden, dann würden die schulischen Lernzielpräferenzen der Eltern folgen, und am unteren Ende stünden die schulischen Lernzielpräferenzen der Schüler selber. Der Vergleich zweier weiterer nicht formulierungsidentischer Fragen zeigt die gleiche Tendenz. Danach verfolgen die Eltern in der Familie entsprechend der Fremdeinschätzung ihrer Kinder in stärkerem Maße konservative Erziehungsziele, als es dem Selbstverständnis der Eltern entspricht („An Ordnung halten", „Leistungsanforderungen genügen") (vgl. Schülerfragebogen, Frage 27; Elternfragebogen, Frage 38).

Zur ergänzenden Frage, in welchen Aspekten die Schüler durch die Schule tatsächlich qualifiziert worden sind, besteht kein ausgeprägtes und strukturiertes Meinungsbild. Die Antworten weichen nicht sehr stark von dem zufallsmäßig zu erwartenden durchschnittlichen Mittelwert von (in diesem Falle aufgrund verringerter Antworthäufigkeit) 24 Prozent ab. Gemessen an den Lernzielen, die die Schüler selber für die Schule präferieren, haben sie durch die Schule relativ wenig dazugelernt; dies trifft für den Bereich der beruflichen Kenntnisse zu und partiell für den Bereich emanzipatorischer Sozialqualifikation. Annähernde Übereinstimmung besteht dagegen für das Lernziel der Kooperationsfähigkeit; dieses Lernziel wird sowohl übereinstimmend als relevantes schulisches Lernziel akzeptiert, wie auch als Qualifikation, für die die Schule faktisch ihren Beitrag geleistet hat. Für den Bereich der Interessenvertretung und der Urteilsfähigkeit/Selbständigkeit gilt ähnliches, in beiden Fällen ist aber die faktische Qualifizierung geringer als die gewünschte. Übereinstimmung besteht dagegen wiederum in Lernzielbereichen, die die Schüler für die Schule nicht akzeptieren. Diese Lernziele, primär die manifest-politischen Qualifikationen, werden weder von den Schülern akzeptiert, noch sind die Schüler der Ansicht, in diesen Bereichen durch die Schule dazugelernt zu haben.

Das deutlichste Auseinanderklaffen von Lernzielwunsch und faktischer Qualifizierung besteht demnach für die berufliche Bildung (nahezu 25 Prozent Differenzpunkte), eine Diskrepanz, die sicherlich als bewußte Kritik an der Schule interpretiert werden kann. Schule hat berufliche Kenntnisse zu vermitteln – so lautet die Kritik –, genügt diesem Bildungsauftrag jedoch nur in unzureichendem Maße. Dafür wird von den Schülern anscheinend ein geringes Interesse der Lehrer an beruflicher Bildung verantwortlich gemacht. Die Schüler befinden sich also in der Schule in einem Spannungsfeld zum Teil entgegengesetzter Erwartungen. Die Lehrer wollen – immer nach Ansicht der Schüler – primär konservative Sozialtugenden vermitteln, wie Ordnung und Fleiß, und legen auf berufliche Bildung ebensowenig Wert wie auf emanzipatorische Sozialqualifikation. Die Eltern betonen sowohl die konservativen Anpassungstugenden wie auch die beruflichen Qualifikationen.

Die Schüler selber präferieren sowohl emanzipatorische Sozialqualifikationen als auch die berufliche Bildung; an der faktischen Lernzielvermittlung der von ihnen präferierten Qualifikationen üben sie latente Kritik. Ihre Einstellungen sind damit keineswegs das Spiegelbild der Erwartungen einer bestimmten Bezugsgruppe, sondern sie eignen sich im Spannungsfeld widersprüchlicher Erwartungen durchaus eine eigenständige Orientierung an. Dies gilt jedoch nicht für den Bereich des manifesten politischen Interesses. Hier besteht eine durchgängige Übereinstimmung mit den Sozialisationsinstanzen Schule, Elternhaus und – wie später zu zeigen sein wird – der Gruppe der Gleichaltrigen. Weder erwarten Lehrer oder Eltern für die schulische Erziehung ein politisches Interesse noch wird faktisch ein politisches Interesse herangebildet noch stößt die politische Bildung auf ein eigenständiges Interesse der Schüler. Im Kontext anderer Lernziele und Interessengebiete verblaßt die politische Bildung bei den Schülern zu einer staatsbürgerlichen Pflichtübung, deren Einhaltung von keiner Seite kontrolliert und sanktioniert wird.

Wir können an dieser Stelle bereits die Hypothese wagen, daß das politische Interesse deshalb einen so geringen Stellenwert hat, weil politische Bildung nicht auf bestimmte stark vorstrukturierte Rollen hin sozialisieren kann, die für den Schüler deutlich wahrnehmbar sind – z. B. anhand von Rollenvorbildern – und auf die er sich zwangsweise vorbereiten müßte wie für die Berufs- oder die Geschlechtsrolle. Beispielsweise kann er der Übernahme der Berufsrolle schlechterdings nicht ausweichen, er ist gezwungen, sich für mindestens eine Berufsrolle zu qualifizieren, was von den Schülern durchgängig akzeptiert wird. Da der Zusammenhang von Beruf und Politik nicht transparent ist und Berufsleben und Politik als zwei getrennte Sphären erfahren werden, bildet sich ein Interesse an „politischen" Rollen nicht heran. Daran läßt sich die Hypothese anschließen, daß das Interesse an politischen Rollen in jenen Schülergruppen und in jenen Altersgruppen stärker vertreten ist, in denen Interdependenz von Berufsleben und Politik, von Wirtschaft und Politik unmittelbar erfahren wird. Bereits an dieser Stelle wird die Frage relevant, welche Vorstellungsinhalte die Schüler mit dem Ausdruck „Politik" verbinden. Denkbar wäre, daß die Schüler ein sehr enges Politikverständnis haben und beispielsweise nur politische Institutionen auf Landesebene, wie Regierung, Parlament oder lediglich Probleme des zwischenstaatlichen Bereichs als der politischen Sphäre zugehörig in Betrachtung ziehen. Um das Problemspektrum des Politikbegriffs der Schüler abzustecken, wurde eine Mehrfach-Auswahlfrage konstruiert mit allgemeinen Problemen, die auch nach Auffassung der Fragebogenautoren eine unterschiedliche Affinität zum Bereich des Politischen aufweisen. Die befragten Schüler sollten von den vorgelegten zehn Punkten alle jene nennen, die man als politische Fragen und Probleme bezeichnen kann. Für den institutionell-politischen Bereich wurden schließlich zwei items in den Fragebogen aufgenommen, nämlich „Wahl des Bundeskanzlers" und „Abrüstungsverträge". Den gesellschaftspolitischen Bereich berühren die items „Drogenmißbrauch und Jugendkriminalität", „Unterbezahlung berufstätiger Frauen", „Umweltverschmutzung" und „Verbesserung der Lehrlingsausbildung". Auf den wirtschaftspolitischen Bereich beziehen sich die Punkte „Streikmaßnahmen von Arbeitnehmern" und „Preissteigerungen". Als Probleme, denen im Zusammenhang der genannten items allenfalls eine latente Affinität zum Politischen zugesprochen werden kann, wurden aufgenommen: „Forderung nach mehr Disziplin in den Schulen" und „Musik- und Unterhaltungssendungen im Fernsehen".

Die folgenden Zahlen sind, was ihre absolute Höhe anlangt, doch mit Fragezeichen zu versehen, da die auf die einzelnen items entfallenden Nennungen im Schnitt recht niedrig ausfallen und der höchste Prozentanteil bei einem item mit unbestreitbar politischem Thema bei 78 Prozent liegt. Hier ist zu vermuten, daß dieses geringe Durchschnittsniveau der Prozentanteile auf eine ungünstige Positionierung der Frage im Fragebogen zurückzuführen ist. Die Frage wurde gegen Ende des Interviews gestellt, als sich die Befragten bereits auf das Dreipunkte-Auswahlschema des Fragebogens eingestellt hatten, obwohl an dieser Stelle sämtliche items zugleich gewählt werden durften. So wurden schließlich weniger Punkte angegeben, als dem Sinn der Frage angemessen wäre. Die verringerte absolute Zahl in der Wahl der items dürfte sich jedoch kaum auf die resultierende Rangfolge niederschlagen.

An oberster Stelle der Rangreihe steht ein item zum engeren politisch-institutionellen Bereich, die „Wahl des Bundeskanzlers". Danach folgen items zum gesellschaftspolitischen und wirtschaftspolitischen Bereich: Umweltverschmutzung, Preissteigerungen, Streiks, Probleme der Ausbildung und Unterprivilegierung (Unterbezahlung von Frauen, Lehrlingsausbildung). Es folgen sozialpädagogische Probleme (Drogen, Jugendkriminalität). „Abrüstungsverträge", sicherlich ein Problem des institutionellen politischen Bereichs, weist einen sehr geringen Stellenwert in der Rangfolge auf, was sicherlich auf ein mangelndes Begriffsverständnis der Schüler zurückzuführen ist, wie die Altersverteilung erkennen läßt (in der neunten Klasse wird dieses item häufiger als in der siebenten gewählt). Am Schluß der Rangfolge stehen items zum latent-politischen Bereich: der Ordnungsruf für die Schulen und Unterhaltungssendungen im Fernsehen.

Als wichtigstes Ergebnis kann festgehalten werden, daß die Schüler keineswegs von einem sehr engen und eingeschränkten Politikbegriff ausgehen. Insbesondere werden zentrale Fragen der gegenwärtigen Gesellschaftspolitik und Wirtschaftspolitik, wie etwa das Problem der Umweltverschmutzung oder die Inflation, mehrheitlich als politische verstanden, so daß, um an das Phänomen des geringen politischen Interesses anzuschließen, von einem politischen Problembewußtsein bereits relativ junger Altersgruppen gesprochen werden kann, dem eine aktualisierte politische Handlungsorientierung nicht gegenübersteht. Von welchen institutionellen Faktoren dieses geringe politische Interesse bestimmt ist, wurde bereits kurz angerissen.

Die Frage liegt nun nahe, ob die Präferenzhierarchie der schulischen Lernziele sich auch vermittelt in einer Präferenzhierarchie der Schulfächer niederschlägt. Betrachten wir die allgemeinbildenden und versetzungsentscheidenden Fächer Deutsch, Mathematik, Englisch und die naturwissenschaftlichen Fächer, so läßt sich feststellen, daß für das Fach Deutsch ein relativ geringes aktuelles Interesse besteht, obwohl nach Meinung der Schüler dieses Fach Qualifikationen vermittelt, die für das spätere Leben sehr wichtig sind. Eine solche Diskrepanz läßt sich für die Fächergruppe Mathematik/Naturwissenschaften nicht konstatieren. Diese Fächer interessieren sowohl aktuell als auch unter dem Aspekt des Qualifizierungsvorteils für das spätere Leben. Im Interesse für diese Fächer schlägt sich vermutlich das bereits dargestellte Interesse an beruflicher Bildung nieder, ähnlich wie in den fremdsprachlichen Fächern, die aktuell ebenfalls für weniger wichtig gehalten werden als potentiell.

Eine umgekehrte Relation ergibt sich in den Fächergruppen Hauswirtschaft/Handarbeit/Sport, in Geographie und Geschichte: Diese Fächergruppen erwecken ein höheres aktuelles Interesse, als ihrer Relevanzeinschätzung für die spätere Lebensbewältigung entspricht. Was im Fach Sport auf der Hand liegt, ist im Fach Geographie und Geschichte nicht selbstverständlich. Wenn speziell im Fach Geschichte an den Antworten ersichtlich wird, dieses Fach sei zwar interessant, aber im späteren Leben weniger wichtig, so deutet sich hierin die eingeschätzte Irrelevanz dieses Faches zu konkreter Lebensbewältigung und speziell zur Erfüllung beruflicher Anforderungen an. Ließe sich aus dem aktuellen Interesse am Fach Geschichte noch auf latentes politisches Interesse schließen, so muß eine solche Deutung durch die Ergebnisse zur nachfolgenden Frage nach der Relevanz der Fächer zur Lebensbewältigung revidiert werden.

Einheitlich werden die Unterrichtsfächer zur politischen Bildung (Sozialkundeunterricht/Gemeinschaftsunterricht und Arbeitslehre) für uninteressant bzw. für unwichtig erachtet, sowohl aktuell wie potentiell zur Lebensbewältigung; die Unterschiede zwischen der aktuellen und potentiellen Relevanzeinschätzung liegen dabei im Bereich des Zufalls. Da im Sozialkundeunterricht, wie anhand von Frage 51 ersichtlich wird, Themen behandelt werden, die auch nach dem Politikverständnis der Schüler eindeutig politischen Charakter tragen (sie decken das Spektrum ab von politischen Institutionen, über gesellschafts- und wirtschaftspolitische Fragen bis hin zu Fragen der Sozialisation und der Vorurteilsbildung), ist der Schluß keineswegs spekulativ, daß die Ablehnung dieser Fächer eine Ausdrucksform des politischen Desinteresses ist. Dieses politische Desinteresse ist, so muß betont werden, kein absolutes, sondern ein relatives; es ist nämlich gering im Vergleich zu anderen Interessengebieten der Schüler. Dieser Stellenwert in der Rangfolge von Interessen ist anschließend bei der Interpretation der Ergebnisse zum Sozialkundeunterricht zu berücksichtigen. Wichtig ist in diesem Zusammenhang zu wissen, daß, wenn in der Schule überhaupt über politische Fragen gesprochen wird, politische Diskussionen überwiegend im Sozialkundeunterricht stattfinden (dazu später mehr).

5.4 Politik im Unterricht[7]

Obwohl über die Lehrer gesagt worden war, sie würden sich – nach Aussagen der Schüler – nicht zur Weckung politischen Interesses einsetzen, wird doch die Frage, wie oft im Unterricht über politische Fragen gesprochen wird, von einem Fünftel der Schüler mit „häufig“ beantwortet (eventuell meint aber ein Teil der Schüler ein „zu häufig“); zwei Drittel wählen eine mittlere Antwortkategorie und meinen, politische Themen kämen selten zur Sprache, und nach Aussage jedes siebten Schülers (wobei die Siebenkläßler, von denen z. B. die Gymnasiasten durchgängig noch keinen Sozialkundeunterricht haben, stärker ins Gewicht fallen) kommt es niemals vor, daß über politische Fragen im Unterricht gesprochen wird.

Um neben der Ermittlung von Einstellungen ansatzweise etwas über Schul- und Unterrichtsrealität zu erfahren, wurde die Frage gestellt, über welches politische Thema beim letzten Anlaß dieser Art gesprochen worden ist. Dabei überraschte zunächst der hohe Anteil von Schülern, die auf diese Frage keine Antwort wissen (bei den Siebenkläßlern ist es jeder zweite Befragte), so daß eine solche Art von Erinnerungsleistung unter dem Vorzeichen eines undefinierten Politikbegriffs eben doch eine Überforderung der Befragten darstellt. Das Themenspektrum politischer Diskussion ist sehr breit und weist bei dieser Frage nur zwei Schwerpunkte auf: die politische Institutionenkunde, die von einem Drittel der in Frage kommenden Schüler erwähnt wird, und die Diskussion über aktuelle politische Themen, die von jedem sechsten Befragten erwähnt wird. Alle übrigen Themen wie Wirtschaft, Sozialisation, Vorur-

(7) Kommentiert werden die Daten zu den Fragen 49 und 52.

teile/Minoritäten, historische Themen usw. fallen quantitativ bei der Frage nach dem letzten politischen Unterrichtsgespräch nicht ins Gewicht. Umgekehrt läßt sich aus dieser Zahlenverteilung folgern, daß Schüler, bezogen auf die Frage politischer Diskussionen im Unterricht, eben doch von einem recht engen Politikbegriff ausgehen und eben deshalb dazu neigen, politischen Unterricht mit politischer Institutionenkunde gleichsetzen. Wird wiederum am Beispiel der letzten politischen Unterrichtsdiskussion die Frage nach dem Unterrichtsfach gestellt, in dem politische Diskussionen stattfinden, so zeigt sich eine deutliche Konzentration beim Sozialkundeunterricht, erheblich seltener werden die Fächer Deutsch und Geschichte genannt. Die Fächer Geographie, Arbeitslehre und auch Religion, die im Zuge curricularer Reformbestrebungen eine stärker sozio-politische Ausrichtung erlangt haben, werden noch seltener von den Schülern mit dem Politikbegriff assoziiert.

Unterrichtsrealität ist sicherlich anhand dieser einen Frage schwer abzuschätzen, jedoch rundet sich das Bild ab, nimmt man die an die Lehrer gerichtete Frage hinzu, welche Themen im Sozialkundeunterricht behandelt wurden bzw. geplant sind. Dabei kommt auch der Institutionenkunde und aktuellen politischen Fragen ein hohes Gewicht in der Unterrichtspraxis zu; noch stärker treten aber sozialisations- und gesellschaftskundliche sowie wirtschafts- und sozialpolitische Fragen in den Vordergrund (Lehrerfragebogen, Frage 89 und 62). Zu berücksichtigen ist hingegen die Kontextgebundenheit der Lehrerangaben, da die Frage nach der Unterrichtsrealität hinter Einstellungsfragen zu Lernzielen für den Sozialkundeunterricht und dafür geeigneten Themen positioniert war. Die weitere Behandlung dieser Problematik kann hier bis zum nächsten Kapitel ausgesetzt werden. Nachzutragen bleibt, daß das Antwortverhalten der Schüler selbstverständlich sehr stark von den jeweils in einer Klasse vertretenen Unterrichtsfächern abhängig ist: So findet im Gymnasium die politische Diskussion eher im Fach Deutsch statt, in der Realschule dagegen eher im Sozialkundeunterricht, entsprechende Unterschiede gelten für die siebten und die neunten Klassen.

Das aufgezeigte relative politische Desinteresse, der Wunsch, die Politik aus dem Schulbetrieb herauszuhalten, ist nun aber keineswegs verbunden mit der rigiden Einstellung, die freie politische Diskussion aus dem Unterricht herauszuhalten. Jedenfalls wird die Frage, ob ein Lehrer bei der Besprechung politischer Streitfragen auch persönlich Stellung nehmen sollte oder ob er sich im Unterricht eigener politischer Stellungnahmen enthalten sollte, von der Mehrheit (sechs von zehn) positiv und nur von einer Minderheit (drei von zehn) negativ beantwortet, wobei dieses Minderheitenvotum nicht durchgängig – wie sogleich zu zeigen sein wird – auf antidemokratischen Ressentiments beruht.

Doch betrachten wir die Begründungen für die positiven Voten, die in Form der offenen Frage erhoben wurden. Zunächst erfolgt am häufigsten eine Begründung aus dem Informationsbedürfnis der Schüler heraus, und zwar von gut einem Drittel. Für diese Kategorie typische Antworten sind: „Die Schüler sollen wissen, was der Lehrer meint", oder „Die Schüler wollen wissen, was für Ansichten der Lehrer hat". Danach erscheinen drei gleichgewichtige weitere Gründe: der Meinungsaustausch sei Voraussetzung für eine freie Diskussion („Damit jeder seine Meinung frei sagen kann, damit man sich offen unterhalten kann"); der Lehrer habe einen Kenntnis- und Erfahrungsvorsprung, von dem die Schüler profitieren könnten („Lehrer weiß besser Bescheid und kann den Schülern das besser erklären"); schließlich wird gesagt, Lehrer und Schüler hätten gleichermaßen das Recht der politischen Stellungnahme („Lehrer soll seine Meinung sagen, weil Schüler das auch tun").

Von etwa jedem zehnten Schüler wird sodann explizit auf das Grundrecht der freien Meinungsäußerung hingewiesen, das eben auch für den Lehrer in der Unterrichtssituation gelte. Umgekehrt kommt eine Einschränkung der vorher ausgedrückten Zustimmung zu freier politischer Diskussion in den Reaktionen eines freilich sehr geringen Schüleranteils zum Ausdruck, der meint, der Lehrer dürfe zwar politisch Stellung nehmen, jedoch die Schüler nicht beeinflussen. Verallgemeinernd läßt sich feststellen, daß in diesen Begründungen also durchaus eine demokratische Grundhaltung zum Ausdruck kommt, die von einer prinzipiellen Gleichberechtigung von Lehrer und Schüler in der politischen Diskussion ausgeht.

Die Vorbehalte gegenüber einer freien politischen Diskussion sind geprägt durch die Sorge, der Lehrer könnte Schüler, die ihm in der politischen Diskussion nicht gewachsen sind, einseitig beeinflussen („Er hat vielleicht eine andere Meinung als die Schüler, zu große Beeinflussung"); fast die Hälfte derer, die gegenüber der freien politischen Diskussion zwischen Lehrer und Schüler Vorbehalte haben, äußern Bedenken dieser Art, so daß andere der von den Schülern geäußerten Vorbehalte kaum noch ins Gewicht fallen. Diese übrigen Vorbehalte sind sehr heterogenen Charakters. Einige Schüler meinen, zum Erlernen einer selbständigen Urteilsbildung sei es geradezu hinderlich, wenn Lehrer ihre politische Meinung äußern. Andere weisen auf die Gefahr eines Konfliktes zwischen Lehrer und Schüler hin, der durch die Austragung eines politischen Meinungsstreites entstehen könne („Es kann zu Auseinandersetzungen kommen, zu Feindseligkeiten"). Eine weitere Gruppe geht davon aus, daß ohnehin kein Interesse der Schüler besteht, die Meinung des Lehrers zu erfahren; schließlich weist eine Restgruppe darauf hin, der Lehrer könne „falsche Meinungen" vertreten und auf die Schüler übertragen („Kann auch unrecht haben mit seiner Meinung").

Damit ist deutlich geworden, daß sich die Vorbehalte der Schüler nicht ohne weiteres in das Raster demokratischer oder undemokratischer Grundeinstellungen einordnen lassen. Insbesondere der Vorbehalt, durch politische Stellungnahmen der Lehrer werde die Selbständigkeit der Schüler nicht gefördert (also eine pädagogische Argumentation), oder der Vorbehalt, es könnten zu starke Konflikte und Spannungen entstehen (Symptom allgemeiner Ängstlichkeit), können nicht als Indikator undemokratischer Grundhaltungen angesehen werden. Zu berücksichtigen ist schließlich das geringe Interesse der Schüler an der Behandlung politischer Fragen im Unterricht, wie im vorigen Abschnitt dargestellt. Die Meinungsäußerungen der Schüler zu Fragen der politischen Diskussion im Unterrricht, die ja im Interview unabhängig von der Zentralität bzw. Bedeutsamkeit des Einstellungsaspektes erfragt werden (zum Begriff der Zentralität/Bedeutsamkeit vgl. Koch 1972, S. 41 f.), spiegeln daher eher periphere Einstellungen; sie sind auf einen Gegenstand geringer Erlebnisbedeutung bezogen (vgl. Roth 1967, angegeben in: Koch 1972, S. 41).

Die Schüler sind in der Frage einer offenen politischen Diskussion im Unterricht weitaus aufgeschlossener als die befragten Eltern, die häufig die Gefahr der Beeinflussung und Manipulation ihrer Kinder sehen und der pädagogischen Autonomie des Lehrers deshalb Grenzen setzen wollen (Elternfragebogen, Frage 59). Tendenzen von „Overprotection" durch die Eltern stehen demnach starken Selbständigkeitsbestrebungen der Schüler gegenüber und kumulieren zu einem latenten Erziehungskonflikt. Dies gilt trotz der Tatsache, daß sich die Eltern überwiegend für politische Bildung in der Schule einsetzen (Elternfragebogen,

Frage 12 B), und unbeschadet der Tatsache, daß weder die Schüler noch die Eltern von gelegentlichen Meinungsverschiedenheiten anläßlich der im Sozialkundeunterricht behandelten Themen berichten (Elternfragebogen, Frage 12 A; Schülerfragebogen, Frage 51.5).

5.5 Sozialkundeunterricht[8]

Die Voraussetzungen zu erkunden, auf die der Sozialkundeunterricht in den Schulen trifft, seine Formen und Inhalte und die Wirkung auf die Schüler darzustellen – dies war der Anlaß und Auftrag für das Forschungsprojekt „Curriculumplanung Sozialwissenschaft", und die Schüleruntersuchung sollte einen Beitrag zur Klärung dieser Fragen leisten. Die Interviewfragen zum Sozialkundeunterricht hatten sich deshalb gleichermaßen auf Daten über Unterrichtsrealität (Unterrichtsversorgung, Unterrichtsinhalte usw.) zu beziehen wie auf die Schülereinstellungen zu diesem Fach. Die Frage: „Habt Ihr Unterricht im Fach Gemeinschaftskunde/Sozialkunde/politisch-soziale Weltkunde? " fungierte als Filter für alle weiteren Fragen zu diesem Bereich. Die Ergebnisse zeigen, daß rund sechs Zehntel der Befragten regelmäßig, und zwar im Schnitt eine Wochenstunde, Unterricht in diesem Fach haben. Da in den Gymnasien der Sozialkundeunterricht lehrplanmäßig erst in der neunten Klasse beginnt, ist die tatsächliche Unterrichtsversorgung sehr stark von der Schulart abhängig. Deutlich wird ebenfalls, daß die Hauptschulklassen, in denen lehrplanmäßig mindestens zwei Stunden Sozialkundeunterricht pro Woche gegeben werden müßten, unterversorgt sind.

Die Inhalte des Sozialkundeunterrichts wurden wiederum exemplarisch – am Beispiel der letzten Unterrichtsstunde – ermittelt, ein Verfahren, das den Nachteil hatte, daß ein Fünftel der betreffenden Schüler sich nicht genau erinnern oder das Thema nicht verbalisieren konnte. Die übrigen Aussagen der Schüler waren äußerst heterogen, und bei keiner anderen offenen Frage war es so schwierig und problematisch, die Antworten in wenige Kategorien einzuordnen. Bei der Erarbeitung des Codeplans hätten, um eine ausreichende Genauigkeit sicherzustellen, durchaus zwanzig völlig unterschiedliche Kategorien Verwendung finden können. Die aus Frage 51 ersichtliche Verteilung der Themenschwerpunkte stellt also schon eine starke Raffung der vorkommenden Antworttypen dar, so daß als erstes Ergebnis festgehalten werden muß:

(8) Kommentiert werden die Daten zu den Fragen 51 und 53.

Nach Auskunft der Schüler wird im Sozialkundeunterricht eine sehr große Bandbreite von Themen behandelt, ein zentraler Unterrichtsgegenstand ist nicht ersichtlich, und die „pädagogische Autonomie“ des Lehrers scheint sich in keinem anderen Fach in gleicher Weise zu entfalten. Der oberste gemeinsame Nenner der genannten Themen ist durch die Begriffe Politik/Wirtschaft/Gesellschaft gekennzeichnet und sagt damit so gut wie nichts über die realen Unterrichtsinhalte aus.

Die stark geraffte Codierung der Frage 51 läßt zumindest einen Schwerpunkt erkennen, der dort mit „politische Institutionen und Prozesse“ bezeichnet ist und eine zusammenfassende Kategorie all jener Themen darstellt, die der traditionellen Institutionenkunde zugerechnet werden können; danach wurden in der letzten Sozialkundeunterrichtsstunde bei einem Drittel der Schüler Themen der politischen Institutionenkunde behandelt, von wirtschaftlicher Institutionenkunde berichtet ein Zehntel der Schüler. Erwähnenswert sind weiterhin die Themenbereiche: „aktuelle politische Ereignisse“, „Sozialisation“ und „Fragen des Zusammenlebens“; jeweils rund ein Zehntel der Schüler erwähnt diese Themen („sonstige gesellschaftspolitische Themen“ mit ebenfalls einem Zehntel Nennungen aller Schüler ist bereits eine Sammelkategorie). Noch weniger Nennungen vereinigen die Kategorien „Minoritäten/Vorurteile“, „Massenmedien/Meinungsbildung“ und „historische Themen“ auf sich.

Aufgrund der Breite des Themenangebots wäre zu erwarten, daß für die meisten Schüler interessante Unterrichtsangebote vorhanden sind. Faktisch ist dies jedoch nicht der Fall, für die Hälfte der befragten Schüler gab es in der letzten Zeit im Sozialkundeunterricht keine Themen, die sie besonders interessiert hätten. Die übrigen vier Zehntel, die von Themen ihres Interesses berichten, wiederholen größtenteils jene Punkte, die sie bei der Frage nach der letzten Sozialkundeunterrichtsstunde bereits genannt hatten. Indirekt wird dies bereits an der Antwortverteilung der beiden Fragen ersichtlich. Spezifische Schülerinteressen für das Fach Sozialkunde lassen sich also nicht feststellen; dem Desinteresse einer Mehrheit steht ein passives Interesse einer größeren Minderheitengruppe gegenüber, die jedoch das Unterrichtsangebot nicht zu sondieren und zu gewichten versteht.

Die Frage nach der Relevanz der im Sozialkundeunterricht vermittelten Lerninhalte für die spätere Lebensbewältigung wird indessen, als Reaktion auf eine direkte Frage, relativ hoch erachtet. Die mittlere der vorgegebenen Antwortmöglichkeiten wird dabei am häufigsten gewählt; danach sagen gut vier Zehntel der Schüler aus, das, was sie im Sozialkundeunterricht lernen, sei für ihr späteres Leben „ziemlich wichtig", nur jeder siebte Schüler hält die Lerninhalte des Sozialkundeunterrichts für „sehr wichtig", drei Zehntel halten sie für „weniger wichtig". Zieht man zur Gewichtung dieser Reaktionen die Antworten zu jener Frage heran, bei der die Schüler eine Relevanzeinschätzung im Kontext anderer Fächer vorgenommen hatten, so ist das soeben vorgestellte Ergebnis doch mit großer Vorsicht zu betrachten und die dominante Wahl der mittleren Antwortkategorie eher als Symptom einer passiv-neutralen Erwartungshaltung statt als Ausdruck engagierten Interesses zu interpretieren. Denn die offene Frage nach den Fächern, die für die Lebensbewältigung wichtig sind, hatte ergeben, daß die Fächer Sozialkundeunterricht und Arbeitslehre nur eine untergeordnete Rolle spielen. In einem Interview, das sich schwerpunktmäßig mit dem Sozialkundeunterricht beschäftigt, bringen die Schüler dann bei direkter Aufforderung dem Fach eine Art wohlwollender Neutralität entgegen.

Anschließend wurde eine Frage konzipiert, die, wiederum an die gesamte Schülergruppe gerichtet, die Schülerpräferenz für didaktische Konzeptionen des Sozialkundeunterrichts testen sollte. Drei didaktische Konzeptionen wurden ausgewählt und für den Schülerfragebogen instrumentalisiert, nämlich:
1. die Institutionenkunde („Schüler sollen Kenntnisse über den Aufbau des Staates, über Regierung und Parlament erwerben"),
2. die Partnerschaftskonzeption („Schüler sollen lernen, mit anderen Menschen in Familie, Betrieb und Staat friedlich zusammenzuleben") und
3. der Ansatz der Konflikterziehung („Schüler sollen zur Vertretung und Durchsetzung ihrer Interessen befähigt werden").

Damit sollten zugleich praktisch wie theoretisch relevante Didaktikkonzeptionen abgedeckt werden. Die Institutionenkunde wurde aufgenommen, weil diese vermutlich real den breitesten Raum im politischen Unterricht einnimmt. Die Partnerschaftskonzeption erschien aufgrund ihres politisch-historischen Einflusses relevant (vgl. Hilligen 1971, S. 2549). Als Repräsentant neuerer, sich Emanzipation und Demokratisierung verpflichtender Konzeption wurde der Ansatz der Konflikterziehung gewählt, wie er unter anderem von Schmiederer vertreten wird.[9]

Die Partnerschaftskonzeption findet bei den Schülern die größte Unterstützung, fast die Hälfte der Befragten entscheidet sich für diese didaktische Konzeption. Die übrigen Schüler votieren zu einem Viertel für die Institutionenkunde und zu einem weiteren Viertel für die Konflikterziehung. Neuere didaktische Konzeptionen, die speziell von Institutionenkunde, von Partnerschafts- und Gemeinschaftsvorstellungen abzukommen versuchen, stoßen damit bei den Schülern auf nur geringe Resonanz, wenn nicht gar auf Widerstand. Der Erwerb der Fähigkeit, eigene Interessen zu vertreten und durchzusetzen, paßt nach ihrer Ansicht nicht in den Rahmen eines Unterrichtsfaches, das mit „sozialen Dingen" zu tun hat. Statt dessen wird „Sozialkunde" bzw. Gemeinschaftskunde oder politisch-soziale Weltkunde mit „friedlich zusammenleben" assoziiert,[10] und der Zusammenhang mit globaleren gesellschaftspolitischen Harmonievorstellungen dürfte bereits an dieser Stelle klar auf der Hand liegen. Konflikterziehung, so läßt sich wiederum resümieren, ist aus der Sicht der Schüler kein Lerninhalt für den einzelnen, sondern allenfalls Aufgabe der institutionellen Interessenvertretung der Schüler. Individuelle Konflikterziehung schält sich damit als einer der kritischen Punkte der Sozialerziehung überhaupt heraus.

Anders gewendet, findet hier der Ansatz von Oesterreich (1974, S. 13 f., S. 18), die autoritäre Persönlichkeit mit ihrer Orientierung an Sicherheit bietenden und Herrschaft ausübenden Personen und Institutionen und ihrem kritiklosen Gehorsam als „basic personality" unserer Gesellschaft zu beschreiben, eine punktuelle Bestätigung. Das parallele Frageninstrument des Elternfragebogens ist leider nicht direkt vergleichbar, um diese Hypothese absichern zu können; offensichtliche Unterschiede zwischen Eltern- und Schülereinstellungen sind darin begründet, daß

(9) „Um das Interesse der Schüler am Inhalt des politischen Unterrichts zu gewinnen, ist es entscheidend, daß politische und gesellschaftliche *Konflikte* zum Gegenstand des politischen Unterrichts gemacht werden. So wie das politische Leben durch die Auseinandersetzung um divergierende Interessen verschiedener gesellschaftlicher Gruppen bestimmt ist, so muß auch der politische Unterricht die kontroversen Positionen und die gesellschaftlichen Widersprüche zu seinem zentralen Gegenstand machen" (Schmiederer 1971, S. 102).

(10) Interessant wäre, ein semantisches Profil für den Begriff des Sozialen zu ermitteln. Es läßt sich annehmen, daß eine enge Verquickung mit partnerschaftlich-harmonischen Metaphern zu beobachten wäre.

die Eltern ein Mehr an politisch unverfänglicher Progressivität vertreten. So unterstützt nahezu die Hälfte aller Eltern eine Zielsetzung für den Sozialkundeunterricht in Richtung auf den „aufgeklärten Bürger", der sich in der demokratischen Auseinandersetzung eine eigene Meinung bildet und andere Meinungen kritisch abwägt (Elternfragebogen, Frage 53). Demgegenüber plädiert aber weniger als ein Fünftel der Eltern dafür, daß die Schüler Gegensätze und Ungerechtigkeiten dieser Gesellschaft kennenlernen, damit sie später ihre Interessen wahrnehmen und für eine Veränderung der Gesellschaft eintreten können. Die Elternreaktion könnte man daher als eine Art „Oberflächen-Progressivität" bezeichnen, deren kritischer Ansatz im Deklamatorischen stecken bleibt.

Die Tendenz der Lehreräußerungen (bei leider ebenfalls nicht direkt vergleichbarem Meßinstrument) ist eine ähnliche. Zwar unterstützten die Lehrer Topoi wie „Kritikfähigkeit und politische Handlungsfähigkeit" oder „Erziehung zu kontroversem Denken anhand aktueller Probleme", schrecken aber doch davor zurück, „Kenntnis der Widersprüchlichkeiten unserer Gesellschaftsstruktur" als zentralen Gegenstand der Sozialerziehung auszuweisen (Lehrerfragebogen, Frage 60). Mag auch die absichtlich phrasenhafte Instrumentalisierung („gesellschaftliche Interessenlage als abhängig Arbeitende erkennen") abschreckend gewirkt haben – als Reaktionstendenz aller drei Zielgruppen bleibt dennoch eine gemäßigte Progressivität festzuhalten, die gesellschaftspolitischen Harmonievorstellungen verpflichtet bleibt.

Die strategische Rolle der Konflikterziehung mag Anlaß für uns sein, die Konfliktfelder, in denen die Schüler in Schule und Elternhaus stehen, und die dort vorfindlichen Konfliktlösungsmuster etwas genauer zu betrachten.

5.6 Konflikte in Schule und Elternhaus[11]

Hinsichtlich der Konfliktfelder zwischen Lehrern und Schülern besteht wiederum ein breites Antwortspektrum ohne starke Schwerpunktbildung. Hier eine Rangreihe relevanter Konfliktfelder aufzustellen, scheint aufgrund der nah beieinanderliegenden Prozentwerte nicht gerechtfertigt. So mag hier die Aufzählung der verschiedenen Konfliktfelder genügen. Vorauszuschicken ist, daß der

(11) Kommentiert werden die Daten zu den Fragen 6, 7, 8, 28, 29, 30.

Ausdruck „Konflikt“ für die Schüler übersetzt wurde als „Schwierigkeit und Konflikt“. Die Fragebogenkonstrukteure hofften, den Schülern durch die einfache „und“-Verbindung eine Übersetzung gegeben zu haben. Die offene Frage mit projektiven Intentionen lautete: „Was für Schwierigkeiten und Konflikte gibt es heute vor allem zwischen Lehrern und Schülern in Deinem Alter?“ Die Konfliktfelder sind:

– Große soziale Distanz zwischen Lehrern und Schülern;
– Autoritätskonflikte (Disziplin/Hausordnung und Sanktionspraktiken der Lehrer),
– Arbeits- und Leistungsanforderungen,
– Unspezifizierte Meinungsverschiedenheiten zwischen Lehrern und Schülern und
– Mangelnde Mitbestimmungsmöglichkeiten.

Die Heterogenität der Aussagen spiegelt sich in einer hohen Zahl von Äußerungen über Lehrer und Unterricht (ein Fünftel der Schüler), die keinem dieser Konfliktfelder zugeordnet werden konnten. Bemerkenswert ist in diesem Zusammenhang ferner die ungewöhnlich hohe Quote der Nichtbeantwortung, die bei Schülern der siebten Klasse mit mehr als einem Drittel den Höchststand erreicht. Damit deutet sich zum einen Teil eine wider Erwarten bestehende Verständigungsschwierigkeit, zum anderen Teil eine mangelnde Verbalisierungsfähigkeit der Schüler an. Eine Konfliktverdrängung oder Konfliktverleugnung ist zusätzlich für die hohe Quote der Nichtbeantwortung ausschlaggebend, denn bei der geschlossenen Frage nach den Konfliktlösungsansätzen geht eine verringerte Nichtbeantwortungsquote mit häufigerer manifester Konfliktleugnung einher, während bei der erstgenannten offenen Frage von einem geringeren Befragtenanteil die Konfliktverarbeitung in Form manifester Konfliktleugnung erfolgt.

Die Konfliktlösungsmuster lassen sich ebenfalls, gemessen an den Reaktionen auf eine offene Nachfrage, schwerlich zu quantitativ signifikanten Strukturen zusammenfügen. Am häufigsten noch (drei Zehntel der Schüler) wird pauschal das Gespräch zwischen Lehrern und Schülern erwähnt, ohne daß Aussagen über das Gesprächsergebnis gemacht werden. Echte Kompromißlösungen werden dagegen von erheblich weniger Schülern spontan erwähnt. Als Typus sind sodann Konfliktlösungen zu vermerken, die eine Dominanz des Erziehers beinhalten. Dazu gehören unter anderem die Kategorie „Verbot/Strafe“ und „Ermahnung/Strafandrohung“. Ein weiterer Antworttyp von ebenfalls geringer quantitativer Bedeutung bezieht sich auf affektive Reaktionen der Lehrer oder der Schüler. Schließlich wird auch von solidarischem Verhalten der Schüler untereinander als Reaktionstyp berichtet.

In Erwartung der Heterogenität der Antworten wurde in einer weiteren Frage mit Antwortvorgaben gearbeitet, in denen die Konzepte a) Schülerdominanz, b) Kompromiß, c) Lehrerdominanz und d) Konfliktverleugnung instrumentalisiert worden sind. Die Ergebnisse zeigen eine klare Hierarchie der Konfliktlösungsmuster in folgender Form:
1. Kompromiß (als häufigste Form),
2. Lehrerdominanz,
3. Konfliktverleugnung und
4. Schülerdominanz (fast nicht mehr vorkommend).
Die Interaktion zwischen Lehrer und Schüler läuft also nach Meinung der Schüler in einer erträglichen, quasi harmonischen Atmosphäre ab, und der Lehrer dominiert nur nach Aussagen von einem Drittel der Befragten in Konfliktfällen.

Konflikte im Elternhaus beziehen sich zwar auf völlig unterschiedliche Konfliktfelder, die Konfliktlösungsmuster in Schule und Elternhaus können aber als tendenziell identisch betrachtet werden. Dies kann als Hauptergebnis der folgenden Fragen, bei denen parallel das gleiche Formulierungs- und Vercodungsraster zu Vergleichszwecken gewählt wurde, zusammenfassend festgestellt werden. Als Schwierigkeiten und Konflikte, die heute zwischen Eltern und Jugendlichen auftreten, wurden genannt (in der Reihenfolge nach der Häufigkeit):
1. Erziehungspraktiken der Eltern,
2. Kleidung/Haarmode/Musik,
3. Ausgang/Freizeit,
4. Meinungsverschiedenheiten,
5. Schulische Probleme,
6. Trinken/Rauchen/Drogen,
7. Beziehungen zwischen Jungen und Mädchen und
8. Geldprobleme.

Erkennbar wird also wiederum eine Bandbreite unterschiedlichster Konfliktarten, die primär das Erziehungsverhalten der Eltern berühren, sowie die Reglementierung des äußeren Verhaltens der Schüler. Konfliktverleugnung ist – bei dieser projektiven Frageform – sehr selten zu verzeichnen, und die Quote der Nichtbeantwortung geht merklich zurück bis auf ein Fünftel. Konflikte im Elternhaus scheinen demnach weniger abstrakt und strukturlos zu sein – quasi handgreiflicher – als in der Schule, und die Antworten fallen leichter, sind klarer und eindeutiger.

Auch die Konfliktlösungsmuster sind, vielleicht weil nur zwei Elternteile anstatt sämtliche Lehrer einer Klasse angesprochen worden sind, transparenter als in der Schule, wie wiederum an der leichten Verringerung der Nichtbeantwortungsquote zu sehen ist. In den einzelnen Antworttypen fallen im Schnitt mehr Nennungen an, trotzdem ist die Struktur der Antworten fast die gleiche wie schon einmal dargestellt. Unterschiede finden sich in verringerter Häufigkeit drastischer Sanktionen („Verbot, Strafe“) und im Hinzukommen einer neuen Kategorie mit freilich ebenfalls geringer Zahlenbesetzung: der Kategorie „Konfliktvermeidung“ zwischen Eltern und Jugendlichen (Beispiel einer solchen Äußerung: „Es wird nicht darüber gesprochen, ich vermeide das Gespräch, lasse die Eltern reden“).

Die Frageform in geschlossener Variante mit den vorstrukturierten Antwortmöglichkeiten führt zu etwas deutlicheren Verschiebungen im Vergleich zur entsprechenden Frage bezüglich der Schulkonflikte. Diese Verschiebung weist klar in eine harmonisierende Richtung: Sowohl die Konfliktlösungsform des Kompromisses wie die der Konfliktleugnung nehmen an quantitativer Bedeutung zu. Diese Harmonisierung beruht zum einen sicherlich auf normativen Elementen – in der Familie hat man sich friedlich zu einigen – wie ersichtlich auch auf starken Momenten der Konfliktverdrängung und Konfliktverleugnung. Wird nämlich die projektive Ausgangsfrage umgemünzt in eine direkte Frage nach der persönlichen Situation, so nehmen trotz einer höheren Anzahl genannter Konfliktfälle harmonisierende Tendenzen zu.

Noch stärker zeigt sich der normative Charakter demokratisch-harmonisierender Erziehungspraktiken in den Elterninterviews. Danach ist die Norm, daß Eltern mit ihren Kindern argumentieren und im Streitfall Kompromisse schließen. Wenn sie ihre Meinung durchsetzen wollen, versuchen sie es „mit einigem Geschick und verständnisvollem Eingreifen“, Strafe und hartes Durchgreifen sind nicht – zumindest verbal – gefragt (Elternfragebogen, Frage 36 und 39).[12]

(12) Die eine der beiden Fragen richtet sich auf die Norm des Erziehungsverhaltens, die andere auf die Praxis. Beide Fragen ergeben praktisch völlig gleiche Resultate.

Würde man diesen Ergebnissen unkritisch vertrauen, so müßte man meinen, autoritäre Erziehungspraktiken gehörten einer fernen Vergangenheit an. Jedoch sollten uns die Harmonisierungstendenzen zum Bereich Sozialkunde davor warnen, Norm und Realität vorschnell in eins zu setzen. Die Akzeptierung von Herrschaft in einer auf Anpassung im integrativ-unkritischen Sinne gerichteten Sozialisation scheint uns gegenwärtig das angemessenere Interpretationsmuster für die familiale Erziehung ebenso wie für die politisch-gesellschaftliche Sozialisation, weil die autoritäre Persönlichkeit, wie Oesterreich (1974, S. 30) im Anschluß an Fromm und Reich sagt, der gegebenen Gesellschaftsordnung angemessen und zu ihrer Reproduktion erforderlich ist.

5.7 Kritik an schulischen Lernzielen[13]

Latente Kritik an der Schule und an den von ihr vermittelten Lernzielen war bereits im Abschnitt über schulische Erziehungsziele behandelt worden. Ergebnis war, daß diese Kritik variiert mit je spezifischen Lernzielbereichen. Ein Fragenkomplex des Fragebogens zielt nun direkt auf die Kritikbereitschaft der Schüler und die Richtung ihrer Kritik an der Schule; ferner ist interessant zu erfahren, welche Handlungskonsequenzen sich für die Schüler aus ihrer Kritik ergeben. Anders gesprochen, welche Reaktionstendenzen sie auf eine für sie eventuell unbefriedigende Situation in der Schule zeigen (immerhin ein Viertel der Schüler hatte ausgesagt, ungern in die Schule zu gehen). Das Problem wurde durch die folgende Frage instrumentalisiert: „Manchmal wird gesagt: vieles von dem, was man in der Schule lernt, ist später im Leben nicht zu gebrauchen. Findest Du diese Ansicht richtig oder nicht richtig?“

Gemessen an den Ergebnissen zu dieser Frage ist eine Kritikbereitschaft der Schüler zwar nicht dominierend, die Praxis schulischer Lernzielvermittlung wird aber keineswegs in völliger autoritärer Unterwürfigkeit als unveränderbar, weil vorgeblich dem Schulzweck angemessen, hingenommen. Drei Zehntel der Schüler halten nämlich die Kritik, daß die Schule für die Lebensbewältigung irrelevante Lernziele vermittelt, für berechtigt, ein Viertel der Befragten immerhin meint, diese Kritik sei teilweise berechtigt (diese Antwortmöglichkeit war durch die Frageformulierung nicht vorgegeben, wurde aber

(13) Kommentiert werden die Daten zu den Fragen 44, 45, 46, 47, 59.

dennoch sehr häufig gewählt). Die übrigen Befragten, nämlich mehr als vier Zehntel, weisen curriculumbezogene Kritik als unberechtigt zurück.

In dieser Frage sind Unterschiede zwischen den Schülern verschiedenen Schultyps (Hauptschüler neigen am wenigsten zur Lernzielkritik) vermutlich in nur geringem Maße durch die vermittelten Lerninhalte selber bedingt. Statt dessen dürfte eine verstärkte generelle Kritikbereitschaft speziell der Gymnasiasten zum Tragen kommen, die hier auch als unterschiedliches response-set[14] bezeichnet werden könnte. Ob bei den Gymnasiasten eine Kritik an der humanistischen Bildungstradition mitschwingt, kann nicht ausgemacht werden, weil entsprechend ergänzende Frageninstrumente nicht zur Anwendung kamen. Vor dem Hintergrund der von den Schülern für die Schule präferierten Lernziele (emanzipatorische Sozialqualifikationen und berufliche Bildung) ist diese Kritik als sehr gravierend einzuschätzen. Würde von den Schülern die Schule als Ort für Spiel und Sport oder als Stätte künstlerischer Betätigung definiert und demzufolge über zu hohe Leistungsanforderungen geklagt, hätte die Kritik einen völlig anderen Stellenwert. Dies ist jedoch keineswegs der Fall, aus dem logischen Zusammenhang des Antwortverhaltens ergibt sich die Relevanz und der hohe Stellenwert der Kritik an der Schule.

Im Anschluß daran interessieren die Handlungsmöglichkeiten, die die Schüler zur Verbesserung des kritisierten Zustandes sehen, und speziell jene Möglichkeiten, die sie für sich selber sehen. Zu diesem Problem wurde die Frage formuliert, wer vor allem etwas dafür tun sollte, daß man durch die Schule besser auf das spätere Leben vorbereitet wird. Von sechs vorgegebenen Antwortmöglichkeiten kam es dabei primär auf die Kategorie „die Schüler" an, mit deren Hilfe getestet werden sollte, ob die Schülergruppe für sich selber irgendwelche Handlungsmöglichkeiten wahrnimmt. Als Gruppen, die verantwortlich dafür sind, daß die Schule ihren Erziehungsauftrag in angemessenerer Weise wahrnimmt, werden primär die unmittelbar am schulischen Interaktions- und Kommunikationsprozeß Beteiligten benannt, in der Reihenfolge: Lehrer, Eltern, Schüler. Institutionen des politischen Raumes, wie Regierung, Parteien, Kirche, werden erheblich seltener als zuständig und verantwortlich betrachtet, am häufigsten noch

(14) Zum Problem des response-set und Lösungsvorschlägen vgl. Nunner-Winkler, S. 195 ff., in: Mayntz 1970.

die „Regierung“, der hier aus der Sicht der Befragten die gleiche geringe Bedeutung zukommt wie der Schülergruppe selber (beide Kategorien werden nur von knapp einem Viertel der Schüler gewählt).

Als Ergebnis kann daher abgeleitet werden: Die Schüler vertreten naive bildungspolitische Vorstellungen, da sie die Wechselwirkung zwischen der Institution Schule und den Institutionen des politischen Raumes nicht erkennen. Verantwortlich für unzureichende Qualifizierung durch Schule sind nach ihren Vorstellungen die unmittelbar beteiligten Personengruppen, primär die Gruppe der Lehrer wie auch die Gruppe der Eltern. Schüler selber haben – gemessen an ihrer Selbsteinschätzung – wenig Möglichkeiten, zur Verbesserung von Bildung und Ausbildung in den Schulen beizutragen. Die Naivität dieser bildungspolitischen Vorstellungen verdient stark hervorgehoben zu werden. Zu prüfen ist später, ob sich ähnliches „Schubfachdenken“ auch in anderen Einstellungsbereichen wiederfindet und keinerlei Bewußtsein der Interpedenz der verschiedenen Sektoren und Institutionen der Gesellschaft vorhanden ist.

In Erwartung der Tendenz, daß Schüler sich für inkompetent oder für machtlos halten, um einen eigenen Beitrag zur Verbesserung der Ausbildungssituation in der Schule leisten zu können, wurde zur Absicherung der Ergebnisse die offene Nachfrage gestellt, was die Schüler eigentlich selber dafür tun können, daß sie durch die Schule besser auf das spätere Leben vorbereitet werden. Die Antworten zeigen die Schwierigkeiten für die Schüler auf, Strukturprobleme dieser Art in politischen Handlungskategorien zu begreifen. Anstatt Initiativmöglichkeiten aufzuzeigen und zumindest zu versuchen, auf die übrigen schulischen Interaktionspartner einzuwirken, ist die dominante Reaktionstendenz, das Problem individuell auf sich selbst rückzubeziehen und durch verstärkte Anpassung an die schulischen Verhaltens- und Leistungsnormen eine verbesserte Qualifikation zu erlangen. Der Vorwurf eines Versagens des Schul*systems* taucht praktisch nicht auf. Ausbildungsdefizite werden als eigenes Leistungsversagen interpretiert, das nur durch verstärkte Anpassung an die schulischen Anforderungen (jeder zweite Schüler vertritt diese Auffassung), nur durch selbständige Lernbemühungen (jeder siebte Schüler) oder gar durch Unterwerfung unter die Schuldisziplin und durch strikten Gehorsam (jeder zwanzigste Schüler) behoben werden kann.

Daß diese Vorstellungen mit Gesellschaftsbildern gekoppelt sind, die man durchaus als Vorstellung einer heilen, intakten und leistungsgerechten Ordnung bezeichnen kann, wird später aufgezeigt werden. Dies entspricht der von den Eltern und Lehrern vertretenen Ideologie ebenso wie jener, die in traditionellen Sozialkundeunterrichtsbüchern vertreten wird.[15]

Den individualisierenden Reaktionstendenzen stehen zunächst Tendenzen sozial-kooperativer Verbesserungsimpulse gegenüber: danach sollten die Schüler das Gespräch mit Lehrern und Eltern über diese Probleme suchen oder versuchen, das Sozialklima in der Schule zu verbessern; diese Kategorien vereinigen jedoch relativ wenige Nennungen auf sich. Noch weniger Nennungen vereinen die eigentlich politischen Kategorien auf sich. So wird die Möglichkeit einer selbständigen Organisation zur Durchsetzung der Schülerinteressen von kaum einem Zwanzigstel der Befragten erwähnt, das gleiche gilt für Formen des Widerstandes gegen die Schule. Handlungsformen, die auf der politisch-institutionellen Ebene auf die Verbesserung des Schulsystems zielen („an Abgeordnete schreiben" usw.),werden gleichfalls nur von einer Minderheit genannt. Eine Minderheit stellt auch jene Schülergruppe dar, die resignativ konstatiert, die Schüler selber könnten nichts zur Verbesserung der Ausbildungssituation an den Schulen tun. Nicht unerwähnt bleiben darf, daß eine große Schülergruppe von einem Fünftel aller Befragten zu dieser Problematik keinerlei Angaben zu machen weiß und damit die Gruppe der resignativ-unpolitisch reagierenden Schüler größer als angegeben sein dürfte.

Um die Ergebnisse zu diesem Themenbereich abzusichern, wurde der Problemkomplex anschließend an die offene Frage anhand einer geschlossenen Frage behandelt. Der Entwurf dieser Frage stellt den Versuch einer Instrumentalisierung der von Merton konzeptualisierten Reaktionstendenzen auf eine anomische Situation dar (Konformität, Innovation, Ritualismus, Apathie/Rückzug, Rebellion). Im Anschluß an Durkheim definiert Merton Anomie als Zusammenbruch sozialer, das Verhalten bestimmender Standars (1964, S. 226). Mertons zentrale These stellt die strukturellen Bedingungen von Devianz dar:„...abweichendes Verhalten kann soziologisch als ein Symptom des Auseinanderklaffens zwischen kulturell vorgeschriebenen As-

(15) Vgl. dazu die noch immer aktuelle Schulbuchanalyse von Nitzschke (1966), die speziell für Volksschulbücher harmonisierende und den Interessenkampf in der Politik unterschlagende Gesellschaftsvorstellungen nachwies. Eine neuere Literaturübersicht findet sich bei Harnischfeger (1972, S. 5-8).

pirationen und sozial vorgeschriebenen Wegen der Realisierung dieser Aspirationen betrachtet werden" (1958, S. 134).

Aus Gründen der Fragetechnik wurde auf die Instrumentalisierung einer Mertonschen Reaktionstendenz (Apathie/Rückzug) verzichtet. Die Konflikt- bzw. anomische Situation wurde wie folgt für den Fragebogen instrumentalisiert: „Wenn man als Schüler meint, daß die Schule einem nur wenig Vernünftiges beibringt – was sollte man dann am besten machen?" Die den Befragten auf einem Kartentext vorgegebenen Antwortmöglichkeiten sollten wie folgt die Mertonschen Kategorien instrumentalisieren: *Konformität:* „Trotzdem die Vorschriften und Aufgaben genau erfüllen, denn die Lehrer wissen schon, was gut für uns ist". *Innovation:* Der Terminus Innovation trifft nur sehr ungenau die Intention Mertons. Aus den Ausführungen Mertons wird ersichtlich, daß primär der illegitime Mittelgebrauch gemeint ist (vgl. Merton 1958, S. 140 ff.). An diese Interpretation lehnt sich unsere Instrumentalisierung an: „Vor allem versuchen, gute Zensuren zu bekommen – wenn es nicht anders geht, auch durch Abschreiben oder Mogeln." *Ritualismus:* „So tun, als ob man aufpaßt, um nicht aufzufallen". *Rebellion:* Offen gegen Schule und Lehrer kämpfen."

Dieser Instrumentalisierungsansatz führt zu folgendem Ergebnis: Konformität und Rebellion sind die dominierenden (verbalen) Reaktionstendenzen, Innovation und Ritualismus sind als Reaktionen auf eine strukturelle Konfliktsituation in der Schule erheblich seltener anzutreffen. Dieses Ergebnis steht ersichtlich in deutlichem Widerspruch zur vorangegangenen Frage, da hier ein nahezu gleichgewichtiges Nebeneinander konformistischer und rebellischer Tendenzen zu verzeichnen ist. Freilich sind diese Tendenzen an die hypothetische Voraussetzung geknüpft, daß man, wie es in der Frageformulierung heißt, als Schüler meint, die Schule vermittle „nur wenig Vernünftiges". Jedoch ist diese Voraussetzung nicht für alle Schüler hypothetisch, denn drei Zehntel hatten ja uneingeschränkt die Ansicht vertreten, daß viele der von der Schule vermittelten Lerninhalte später im Leben nicht zu gebrauchen sind. Welche Reaktionstendenzen zeigen also diese Schüler im Vergleich zu den übrigen?

Erstaunlicherweise zeigen sich dabei zwar Differenzen zwischen den einzelnen Gruppen, jedoch sind diese Differenzen nicht so stark, um die These zu erhärten, die Reaktionstendenzen auf strukturelle Konfliktsituationen seien abhängig von der Wahrnehmung des Konfliktes und der persönlichen Betroffenheit durch den Konflikt. Die Reaktionstendenzen sind also situationsunspezifische Dispositionen, die durch allgemeinere Sozialisationsfaktoren determiniert sind. Zur Deutung des erwähnten Widerspruchs ist ferner auf die normativen Implikationen unserer Instrumentalisierung des Merton-Schemas hinzuweisen. Während zuvor danach gefragt worden war, was die Schüler zur Verbesserung ihrer Situation tun *können*, war jetzt gefragt worden (von studentischen Interviewern), was sie tun *sollten*. Rebellion als eine der beiden dominanten Reaktionstendenzen ist also mehr eine gesellschaftlich geforderte Reaktion auf Mißstände in Schule und Gesellschaft als eine vollständig internalisierte und praktizierte Handlungsdisposition. Dem konventionalistischen Sozialcharakter bleibt nämlich angesichts von Konfliktsituationen immer die Möglichkeit der Konfliktleugnung. Um so gravierender sind vor diesem Hintergrund die offenen Tendenzen von Konformität und Überkonformität. Wenn Überkonformität sowohl als einzige Handlungsmöglichkeit gesehen wird wie als normative Orientierung internalisiert ist (was für fast die Hälfte der Schüler zu konstatieren ist), so handelt es sich dabei sicherlich um jene Kerngruppe, die dem autoritären Syndrom zuzurechnen ist.

Ebenfalls im begrifflichen Spannungsfeld von Konformität und Rebellion bewegte sich eine Frage, die die dargestellte Tendenz bestätigt. Die Frage richtete sich auf die Kritikbereitschaft in der Schule und war ebenfalls in normativen Termini gefaßt. Dazu meint nahezu die Hälfte der Schüler, man sollte als Schüler Kritik am Lehrer lieber bleiben lassen, weil man sich dabei leicht Nachteile einhandeln kann; drei Zehntel weisen diese Ansicht als nicht richtig zurück, weitere zwei Zehntel möchten kein Allgemeinurteil abgeben und halten diese Ansicht für teilweise richtig und teilweise falsch.

Die Erinnerung an die Tatsache, daß man sich durch Kritik und rebellisches Verhalten eben leicht Nachteile einhandeln kann, führt also, im Vergleich zu der vorher diskutierten Frage, zu einem leichten Anstieg autoritärer Unterwerfungstendenzen, die Abhängigkeitssituation wird auch für die normative Orientierung bestimmend: als Schüler *soll* man die offene Kritik am Lehrer lieber bleiben lassen, man tut ja auch gut daran, denn man handelt sich sonst Nachteile ein. Als Grundtendenz läßt sich also festhalten die Bereitschaft zur Kritik an der Schule, die wahrgenommene Ohnmacht der Schüler und bei einem Teil der Schüler die autoritäre Unterwerfung, bei einem anderen die bedingte, zumindest auf der normativen Ebene akzeptierte aktivrebellische Handlungsorientierung.

5.8 Schülermitbestimmung[16]

Im Gegensatz zu nicht-institutionalisierten Formen der Kritik und des politisch-oppositionellen Verhaltens finden institutionalisierte Formen der Schülermitverwaltung und der Schülermitbestimmung weitgehende Zustimmung und Unterstützung der Schüler. Gemessen an den Ergebnissen zur Frage, ob „Schüler in Deinem Alter" in schulischen Angelegenheiten gleichberechtigt mitbestimmen sollten, ergibt sich eine beachtlich hohe Zustimmung von gut acht Zehnteln. Umgekehrt ist es nur jeder zwanzigste Schüler, der eine gleichberechtigte Mitentscheidung der Schüler seiner Altersstufe strikt ablehnt, und nur ein Zehntel zieht sich auf ein neutrales „teils ja/teils nein" zurück. Auch der Verweis darauf, daß die Frage auf Schüler der eigenen Alters- und Klassenstufe zielt, erweckt – speziell bei Siebenkläßlern im Vergleich zu Neunkläßlern – praktisch keinerlei zusätzliche Vorbehalte, Schüler beider Altersstufen stimmen der Mitbestimmungsforderung uneingeschränkt zu.

Als Gegenstand von Schülermitbestimmung kommt für die Befragten primär der Unterricht in allen seinen Aspekten in Betracht. Anhand vorgegebener Antwortmöglichkeiten ermittelt, werden am häufigsten (von sechs Zehnteln derer, die der schulischen Mitbestimmung positiv gegenüberstehen) die Unterrichtsthemen und die Unterrichtsmethoden als Gegenstände von Mitbestimmung gewählt. Sodann folgen in der Präferenzreihe die Hausaufgaben, die Wahl des Klassenlehrers, Versetzungen und Zensurengebung und die Auswahl von Unterrichtsfächern. Diese Punkte werden von etwa vier Zehnteln bis fünf Zehnteln der erwähnten Schülergruppe gewählt. Die Wahl des Schulleiters, als nicht unmittelbar unterrichtsrelevantem Aspekt, wird dagegen von nur etwa einem Viertel erwähnt.

Eine Sonderrolle spielt der Punkt „Erziehungsmaßnahmen". Die Sanktionsgewalt des Lehrers, nämlich die Macht, Lob und Tadel, Belohnung und Strafe zu verteilen, wird nur

(16) Kommentiert werden die Daten zu den Fragen 57, 54, 56, 58, 55.

von einem Fünftel in die Mitbestimmungsforderung einbezogen. Die stärker personalen Machtbefugnisse, die mit Problemen von Disziplin/Ordnung und der Lernmotivation zu tun haben und an früherer Stelle von uns im Zusammenhang konservativer Sozialtugenden gesehen wurden, werden demnach von den Schülern nicht angetastet.

Was die Schüler als primäre schulische Lernziele der Lehrer wahrnehmen, korrespondiert mit der Rollenverteilung in der Unterrichtssituation und mit den Erwartungen an die Lehrer, die sich aus dieser Rollenverteilung ergeben. Die Schüler sehen sich als kompetent, quasi als sachkompetent an, was Fragen der kognitiven Lernziele und der Unterrichtsmethodik betrifft. Hingegen akzeptieren sie das traditionelle Machtgefälle zwischen Sozialisand und Sozialisator dann, wenn die Sanktionsgewalt des Sozialisators thematisiert wird. An dieser Stelle muß zur fragebogentechnischen Seite wiederum nachgetragen werden, was anläßlich der Frage zum Politikbegriff bereits ausgeführt worden war. Aufgrund der Positionierung der Frage im Fragebogen sind die Prozentbeträge der Zustimmung zu den einzelnen items vermutlich zu niedrig ausgefallen (es konnten alle items, anstatt wie üblich nur drei, gewählt werden); die resultierende Rangfolge der items dürfte jedoch reliabel sein.

Die Schülermitverwaltung ist nach Aussagen von sieben Zehnteln der Befragten an ihrer Schule institutionell vertreten. Da es sich dabei um eine typisch schulspezifische Frage handelt und die vorliegende Stichprobe aus zwanzig Schulen zusammengesetzt ist, kann die Repräsentanz der Ergebnisse in diesem Fall nicht sehr hoch veranschlagt werden, auch hinsichtlich der starken regionalen und schultypmäßigen Abhängigkeit sind – bei nur 20 statistischen Fällen – Vorbehalte angemessen.

Die Bereitschaft zur aktiven Mitarbeit ist geringer, als die allgemeine Unterstützung der Mitbestimmungsforderung für die Schule vermuten läßt. Faßt man jenes Zehntel der Befragten, das „vielleicht" mitarbeiten würde, mit den uneingeschränkt mitarbeitsbereiten Schülern zusammen, so ergibt sich eine Aufteilung der Schüler in zwei gleichstarke Lager; derer, die Interesse haben, in der Schülermitverwaltung mitzuarbeiten, und derer, die kein Interesse haben, wobei die Zuordnung zu einem der beiden Lager – bereits an der Aufgliederung nach Region und Schultyp ersichtlich – unabhängig vom Bestehen oder Nichtbestehen einer Schülermitverwaltung an der jeweiligen Schule ist.

Eine ähnliche Spaltung in zwei Lager ergibt die Frage nach der Streikbereitschaft: „Sollten Schüler in Deinem Alter auch für ihre Interessen streiken?" Im Unterschied zur vorangegangenen Frage ist lediglich der mittlere Block der Unentschlossenen stärker vertreten. Übereinstimmend ist aber die Tendenz, daß die Mitbestimmungsforderung wohl auf der kognitiven bzw. normativen Ebene die Unterstützung der Schüler findet, nicht aber auf der affektiven und der konativen Ebene, der Ebene von Handlungsbereitschaft und Handlungsfähigkeit.

Was sich bei der Frage nach den Bereichen, in denen die Schüler gleichberechtigt mitbestimmen sollten, bereits andeutete, wird bei der – gleichfalls mit vorgegebenen Antwortmöglichkeiten arbeitenden – Frage nach den Aufgaben für die Schülermitverwaltung bestätigt. Die Mitbestimmungsforderung der Schüler richtet sich keineswegs auf Randbereiche, sondern auf zentrale Aspekte der schulischen Interaktion und Kommunikation. So zählen es drei Viertel aller Schüler zu den beiden wichtigsten Aufgaben der Schülermitverwaltung, die Interessen von Schülern gegenüber Lehrern zu vertreten, und nahezu vier Zehntel meinen, durch die Schülermitverwaltung sollten die Schüler lernen, demokratisch mitzubestimmen. Anpassungstugenden sind dagegen für die Schülermitverwaltung weniger gefragt. So meint jeweils nur rund ein Siebtel der Schüler, die Schülermitverwaltung solle die Lehrer bei ihrer Arbeit partnerschaftlich unterstützen oder sie solle für Sauberkeit und Ordnung in der Schule sorgen. Das Organisieren von Schulfesten und Klassenfahrten nimmt bei dieser Frage im Spannungsfeld zwischen Interessenvertretung und Anpassung einen mittleren Relevanzgrad ein; dieser Punkt wird von drei Zehnteln der Schüler als Aufgabe der Schülermitverwaltung betont.

Als Grundtendenz ist damit eine Art „gewerkschaftlicher" Orientierung der Schüler ersichtlich, insofern die Institutionalisierung der Interessengegensätze zwischen Lehrern und Schülern voll akzeptiert wird. Die Schüler neigen also zur Institutionalisierung der Interessengegensätze, weil sie, so könnte man interpretieren, persönlichem Anpassungsdruck in Konfliktsituationen nicht standhalten können. Hier gewinnt das Schlagwort der Solidarität, wie es von einer emanzipatorischen Pädagogik propagiert wird, seine praktisch-politische Bedeutung.

Die folgende Frage diente vor allem zwei Zielen. Zum einen sollte erhoben werden, welche Interessen Schüler für ihre Situation in der Schule artikulieren bzw. worauf sich ihre Interessen richten, und zum anderen kam es darauf an, am Beispiel der Schülermitverwaltung zu ermitteln, welchen Interessenbegriff die Schüler haben bzw. ob sie überhaupt in der Lage sind, den Ausdruck „Interesse", der im Fragebogen einige Male verwendet wird, dem üblichen Sprachgebrauch gemäß zu verstehen. Dazu wurde an diejenigen Schüler, die ausgesagt hatten, die Schülermitverwaltung solle die Interessen von Schülern gegenüber Lehrern vertreten, die offene Frage gerichtet, welche Schülerinteressen die Schülermitverwaltung vor allem gegenüber den Lehrern vertreten sollte.

Zu dieser Frage streuen die Reaktionen über ein bereites Antwortspektrum, bei dem keinerlei Schwerpunkt deutlich wird. Die Antworten sind zudem sichtlich durch das begriffliche Instrumentarium gefärbt, welches in den vorangehenden Fragen und items des Fragebogens verwendet wurde. So tauchen z.B. die Aspekte Zensuren/Beurteilungen, Konflikte Lehrer/Schüler, Mitbestimmung und Klassenfahrten/Schulfeste auf, alles Punkte, die bereits vorher zur Sprache kamen. Da auf keine der Kategorien eine nennenswerte Häufung von Antworten entfällt, mag die Schlußfolgerung gerechtfertigt sein, daß aktuelle und spezifische, quasi „brennende" Probleme und Konflikte und ihnen zugrunde liegende Interessenlagen nicht zu verzeichnen sind. Was die zweite Intention dieser Frage anbelangt, so ist zunächst ein hoher Anteil von Befragten zu konstatieren, die für den Begriff schulischer Interessen keine Beispiele angeben können. Vermutlich wäre es aber verfehlt, allen betreffenden Befragten zu unterstellen, sie verstünden den Interessenbegriff nicht, da Verbalisierungsschwierigkeiten bei der offenen Frageform einzukalkulieren sind. Andererseits weisen die tatsächlich benutzten Antwortkategorien darauf hin, daß der Interessenbegriff adäquat verstanden worden ist, denn unspezifische, diffuse Erklärungen werden nur von jedem achten Schüler abgegeben.

Parallele Vergleichsfragen im Lehrer- und Elternfragebogen zum Bereich der Schülermitbestimmung lassen keine konsistente Rangfolge der drei befragten Zielgruppen hinsichtlich der Befürwortung von Mitbestimmungskompetenz erkennen. In der Frage der Mitentscheidung bei schulischen Angelegenheiten ist die Schülergruppe die mit den meisten Ambitionen, während die Lehrer weitaus vorsichtiger reagieren und die Eltern eine mittlere Position einnehmen.

Lehrer haben besonders dann Vorbehalte, wenn die Wahl des Klassenlehrers oder Schulleiters angesprochen wird, und beharren auf ihrem traditionell unangefochtenen Status (Lehrerfragebogen, Frage 24*). Die Eltern sparen wie die Schüler den Aspekt der Erziehungsmaßnahmen aus dem Katalog der Mitbestimmungsforderungen aus (Elternfragebogen, Frage 50*). In der Einstellung zum Schülerstreik sind keine gravierenden Differenzen zwischen den drei Zielgruppen festzustellen, allenfalls ist die Unentschlossenheit der Elterngruppe auffällig, von der sieben Zehntel sich auf eine neutrale „teils-teils"-Position zurückziehen. Was die präferierten Aufgaben für die Schülermitverwaltung betrifft, so findet bei den Lehrern (die hier als einzige Vergleichsgruppe verfügbar sind) besonders der demokratische Erziehungsauftrag eine uneingeschränkte Billigung (Lehrerfragebogen, Frage 28*). Eine globale Einschätzung der beiden Datenreihen läßt also wieder recht starke Selbständigkeitsbestrebungen der Schülergruppe erkennen, die von den Sozialisationsinstanzen nicht voll unterstützt werden. Dabei sind für den institutionellen Nahbereich der Schule von allen drei Gruppen weniger Harmonisierungsbestrebungen zu vermuten als für die Institutionen Staat und Familie. Eventuell ist dies aber als fait-accompli-Effekt auf veränderte gesetzliche Rahmenbedingungen zu interpretieren, die Eltern und Schülern verstärkte Mitbestimmungsmöglichkeiten einräumen.

5.9 Politische Grundeinstellungen[17]

Grundeinstellungen zur Politik wurden anhand von items erhoben, zu denen den Schülern jeweils die Antwortmöglichkeiten „richtig", „teilweise richtig" oder „falsch" vorgegeben waren. Von diesen sechs items zielen zwei auf die affektive Distanz zum Politischen, die übrigen auf ein undemokratisch-elitäres Verhältnis zu Politik. Die beiden items zur affektiven Distanz: „Politik verdirbt den Charakter" und „Man fährt am besten, wenn man sich aus der Politik heraushält", wurden von den Schülern überwiegend als falsch zurückgewiesen; immerhin je ein Viertel der Befragten hält diese Feststellungen für zumindest teilweise richtig. Die Distanz zum Politischen nimmt also bei den Schülern keine extreme Form an.

Die auf ein elitäres Politikverständnis zielenden items „Politik ist Männersache", „Politik ist nur etwas für Fach-

(17) Kommentiert werden die Daten zu den Fragen 32 und 36.

leute", „die Schüler sind noch zu jung, um in politischen Fragen mitzureden" und „in der Politik kann nicht jeder die gleichen Rechte haben, weil die Menschen von Natur aus verschieden sind", wurden ebenfalls mehrheitlich bis auf das letztgenannte als falsch zurückgewiesen. Beim letzgenannten item ist sicherlich der suggestive Nachsatz für den hohen Anteil an Zustimmung ausschlaggebend. Damit ist anhand dieser items weder eine starke affektive Ablehnung des Politischen zu konstatieren noch das Vorliegen undemokratisch-elitärer Grundhaltungen. Welche geringe Relevanz diese Grundeinstellungen für das Bewußtsein der Schüler haben, wird im Kapitel über die Allgemeininteressen der Schüler behandelt.

Bezogen auf die Geschichte läßt sich dagegen ein solches elitäres Grundverständnis durchaus konstatieren, ein elitär-personalisierendes Geschichtsverständnis ist bei den Schülern weit verbreitet. So findet das Statement „Geschichte wird vor allem von großen Männern gemacht" bei einem Drittel volle und bei einem weiteren Drittel zumindest eingeschränkte Zustimmung. Studien zum Geschichtsverständnis der Schüler, die ein personalisierendes Geschichtsbild der Jugendlichen ermittelt hatten, werden durch unsere Daten bestätigt.[18]

Demokratische Grundeinstellungen wurden, unter expliziter Verwendung des Demokratiebegriffs, ebenfalls anhand von items mit den genannten drei Antwortvorgaben erhoben. Die Ergebnisse zeigen, daß „Demokratie" keineswegs als bloß politisch-instrumentelles Regulationsprinzip begriffen wird, sondern nach Ansicht der Schüler auf die Subsysteme Schule und Betrieb übertragen werden soll; jedenfalls werden die Statements „Demokratie gehört nicht in die Schule" und „Demokratie gehört nicht in den Betrieb" von klaren Mehrheiten der Befragten als falsch zurückgewiesen. Das Statement „Die Demokratie funktioniert bei uns deshalb so schlecht, weil zu viele Leute in der Politik mitreden wollen", also eine Aussage, die einen Gegensatz zwischen demokratischer Staatsform und politischer Beteiligung konstruiert, ist von den Ergebnissen her weniger brauchbar, da eine reine Zufallsverteilung der Antworten vorliegt (jeweils drei Zehntel der Antworten entfallen auf eine Antwortkategorie).

(18) Vgl. Friedeburg/Hübner 1964, S. 10 ff. Danach sind die Elemente dieses Geschichtsbildes: übermächtige Subjekte, personalisierte Kollektiva, stereotype soziale Ordnungsschemata und anthropomorphe Bezugskategorien; vgl. auch Küppers 1961.

Ein weiterer Block von items behandelt die Notwendigkeit von Kritik und Opposition in der Demokratie. Hier wird nur das Statement „Den Bundeskanzler sollte man nicht kritisieren“ mehrheitlich zurückgewiesen; immerhin stimmt aber noch jeder siebte Schüler diesem autoritären Statement zu. Die Daten der beiden übrigen items sind schwer zu interpretieren. Das eine bezieht sich auf den Parteienhader, der von Bürgern einer zurückgebliebenen Nation bei der Einführung der Demokratie ehedem als abschreckend empfunden wurde: „Heftige Auseinandersetzungen zwischen den Parteien schaden nur unserer Demokratie“. Die Zahlen weisen dazu etwas mehr Zustimmung als Ablehnung aus, was jedoch als Zufallsabweichung von der zu erwartenden Gleichverteilung verstanden werden kann; die Interpretation kann dann lauten, daß die Schüler im Grunde keinerlei feste Einstellungen oder Vorstellungen zu diesem Problem haben und eben nicht wissen, ob „Parteienstreit“ der Demokratie schadet (eventuell weil zwei komplexere Begriffe in diesem Statement verwendet wurden).

Noch größere Verständnisschwierigkeiten waren von vornherein bei dem Statement „Die Opposition im Bundestag sollte vor allem die Regierung unterstützen“ zu erwarten. Dazu ergibt sich zwar keine Zufallsverteilung der Antworten, sondern eine hohe Zustimmungsquote; ob aber den Antworten ein angemessenes Verständnis des Wortes „Opposition“ zugrunde liegt, muß doch in Zweifel gezogen werden. Hinzu kommt ein weiterer Fehler des Meßinstrumentes: die items waren sämtlich in Negativform formuliert in einer Weise, daß Befragte mit demokratischer, nicht elitärer Haltung genötigt waren, dreizehnmal mit „falsch“ zu reagieren. Konsequenz ist, daß sie bei unverständlichen items dazu tendieren (wenn sie überhaupt antworten), die Kategorie „richtig“ zu benutzen. Die Meßinstrumente und Daten sind also für den Bereich der politischen und demokratischen Grundeinstellung sehr kritisch zu betrachten. Zu berücksichtigen ist aber, daß uns zur Zeit der Fragebogenkonstruktion keine gesicherten Grundlagen über das begriffliche Instrumentarium bzw. Auffassungsvermögen der Schüler zugänglich waren, so daß speziell die Verwendung des Demokratiebegriffs in Interviews mit 12- bis 14jährigen Schülern einen starken experimentellen Charakter trug. Aus Platzgründen im Fragebogen war es auch nicht möglich, die erforderlichen Zusatzinformationen in der Hauptuntersuchung einzuholen.

5.10 Schriftliche Fragebögen zum Demokratieverständnis

Um zu dieser Problematik gesicherte Grundlagendaten zu gewinnen, wurde der Ausweg beschritten, das Demokratieverständnis in einer begleitenden schriftlichen Befragung zu ermitteln. Der schriftliche Kurzfragebogen hatte Fragen teils projektiven und teils direkten Charakters. In gleicher Weise wie die übrigen schriftlichen Fragebögen richtete er sich a) auf das Begriffsverständnis, b) auf das affektive Verhältnis zum Untersuchungsgegenstand, c) auf die historische Dimension des Untersuchungsgegenstandes und d) auf die Zukunftsdimension. Zwei Einleitungsfragen sollten den Schülern zur Vergegenwärtigung des Untersuchungsgegenstandes dienen. Die Fragen lauteten im einzelnen:

1. Nenne bitte einige Staaten, die demokratisch sind!
2. Nenne bitte einige Staaten, die nicht demokratisch sind!
3. Wodurch unterscheiden sich die demokratischen von den nicht demokratischen Staaten?
4. Wie sahen die Verhältnisse in unserem Land aus, als es noch keine Demokratie gab?
5. Was findest Du gut und was findest Du schlecht an der Demokratie?
6. Meinst Du, daß die Demokratie in unserem Land bedroht und gefährdet ist – wodurch ist sie evtl. bedroht und gefährdet?
7. Muß noch etwas dafür getan werden, daß die Demokratie in unserem Lande ausgebaut wird – was sollte evtl. dafür getan werden?

Der Fragebogen sollte außerdem zur Überprüfung der häufig aufgestellten These dienen, politische Sozialisation vollziehe sich in der Bundesrepublik primär über das Vehikel des Antikommunismus (vgl. Milhoffer 1973, S. 225 f.).[19] Zur Überprüfung dieser Hypothese eignen sich besonders die Fragen drei und sechs. Zunächst aber einige Grunddaten der Untersuchung:

Der Fragebogen, ausgegeben an insgesamt 198 Schüler, wurde von drei Vierteln normal und mit angemessenem Begriffsverständnis beantwortet.[20] Jeder siebte Schüler gab den Fragebogen völlig ohne jede Beantwortung zurück. Sechs

(19) „Wenn auch gegenwärtig noch keine Untersuchungen veröffentlicht wurden, die zur empirischen Absicherung dieser Annahmen dienen könnten, so weist doch die Tatsache, daß die aus der historischen Entwicklung nach dem 2. Weltkrieg im westlichen Teil folgende antikommunistische Propaganda gleichsam das 'Unterrichtsprinzip' politischer Sozialisation war ... " (Milhoffer1973, S. 226, Fußnote 17; ähnlich Bönner 1967, S. 75 ff.).

(20) Die Verschlüsselung der Antworten sowie die weitere Verarbeitung der Daten besorgte der Verfasser.

Prozent gaben zu, daß für sie der Ausdruck Demokratie ein unbekannter Begriff ist, bei weiteren sieben Prozent findet sich ein völlig falsches Begriffsverständnis, meist in Form der Vertauschung von „Demokratie“ und „Kommunismus“, schließlich findet sich bei weiteren zwei Prozent eine teilweise Begriffsverkehrung. Da die letztgenannten Fragebögen nicht in die weitere Analyse aufgenommen wurden, verblieben noch 144 Fragebögen für die Auswertung. Als Hauptergebnis bleibt zunächt festzuhalten, daß Demokratie für den größten Teil der Schüler ein geläufiger Begriff ist, auf den sie mit angemessenem Sinnverständnis reagieren.

Mit dem Ausdruck „demokratische Staaten“ werden primär westeuropäische Staaten mit parlamentarischer Demokratie assoziiert (besonders die Bundesrepublik), danach die USA, dann aber auch Staaten des Warschauer Paktes (besonders die DDR) und westeuropäische konstitutionelle Monarchien (besonders Großbritannien). Nicht demokratische Staaten werden von den Schülern in geringerem Umfang benannt. An der Spitze stehen dabei die Warschauer Pakt-Staaten (besonders die UdSSR), sehr häufig werden aber auch konstitutionelle Monarchien genannt (wiederum besonders Großbritannien). Südeuropäische Diktaturen werden etwa gleich oft benannt wie asiatische Staaten (besonders China). Westeuropäische parlamentarische Demokratien werden bei dieser Frage sehr selten erwähnt. Zu vermerken ist also, daß kein einseitiges Schwarz-Weiß-Denken, hier Demokratie und dort Kommunismus, vorliegt und daß der Ausdruck „nicht demokratische Staaten“ sowohl mit Monarchie wie mit Diktatur wie mit kommunistischer Staatsform assoziiert wird.

Demokratische Staaten unterscheiden sich von nicht demokratischen Staaten dadurch, daß a) das Volk regiert, b) Wahlrecht und Wahlpflicht bestehen, c) Meinungs- und Gesinnungsfreiheit besteht, d) durch Mitsprache und Mitbestimmungsmöglichkeiten, e) durch Bestehen von Freiheit und Selbstbestimmung und f) schließlich dadurch, daß die Regierungsgewalt von Delegierten getragen wird. (Die Aspekte wurden entsprechend der Häufigkeit der Nennungen wiedergegeben.) Grundtenor dieser Äußerungen ist also die Wiedergabe des Verfassungsauftrages; die Verfassungswirklichkeit westlicher Demokratien und damit kritische Aspekte gelangen an dieser Stelle nicht in das Blickfeld der Schüler aufgrund des geforderten Vergleichs mit nicht demokratischen Staaten.

Eine annähernde Umkehrung der Aspekte besteht bei der Frage nach der Kennzeichnung der Verhältnisse in unserem Lande, „als es noch keine Demokratie gab“. Diese Verhältnisse sind gekennzeichnet durch a) Monarchie/Diktatur, b) Unterdrückung und Gehorsamzwang, c) Entscheidungsbeeinflussung von einzelnen anstelle von Mitbestimmung, d) Unterprivilegierung und Rechtlosigkeit, e) unmenschliche Verhältnisse, f) Klassen- und Schichtunterschiede, g) Meinungs- und Gesinnungszwang, h) Krieg und schließlich i) durch Unordnung und verworrene Verhältnisse. Die undemokratischen Verhältnisse früher werden also in vieler Hinsicht als schlecht verdammt, genau wie undemokratische Verhältnisse in anderen Ländern als schlecht dargestellt werden, so daß die gegenwärtigen Verhältnisse in unserem Lande in einem rosigen Licht erscheinen. Tatsächlich dürfte damit auf eine hohe Identifikation mit der Staats- und Gesellschaftsform in der Bundesrepublik geschlossen werden, die sich freilich nicht einseitig am Kommunismus als Antipoden orientiert. Als Gegensatz zur demokratischen Staatsform werden nämlich häufiger a) die Monarchie/der Absolutismus, b) die Diktatur und c) die Person Hitlers explizit erwähnt als der Kommunismus.

Nur sehr wenige Befragte invertieren diese Schwarz-Weiß-Relation und identifizieren sich stärker mit der Vergangenheit als mit den gegenwärtigen Verhältnissen. Dieses zunächst interpretativ erschlossene Resultat wird durch die Daten zur Frage nach den guten und den schlechten Seiten der Demokratie bestätigt. Die Mehrzahl nennt nämlich ausschließlich positive Aspekte, ein Teil sagt sogar ausdrücklich, es gäbe nichts Schlechtes an der Demokratie; sehr wenige Schüler erwähnen nur negative Punkte. Positiv werden besonders die Meinungs- und Gesinnungsfreiheit hervorgehoben, dann aber auch das Prinzip der Freiheit und der Selbstbestimmung, die Möglichkeiten von Mitsprache und Mitbestimmung sowie das Wahlrecht. Bei den negativen Aspekten von Demokratie überwiegen gesellschaftskritische Momente, die die Forderung nach mehr Demokratie implizieren. Der Ruf nach Ordnung oder die Klage über umständliche institutionelle Verfahrensregeln sind demgegenüber in der Minderzahl. Demzufolge wird auch die Frage nach dem Ausbau der Demokratie überwiegend positiv beantwortet, wenn dabei auch die hohe Nichtbeantwortungsquote beachtlich ist, die sicherlich dadurch bedingt ist, daß einem größeren Teil der Schüler dazu konkrete Vorstellungen ermangeln. Die Aufzählung der dennoch genannten Möglichkeiten scheint hier nicht lohnend, weil auf keine der Antwortkategorien eine erhebliche Zahl von Nennungen entfällt.

Die gleiche Problematik gilt für die Frage nach einer möglichen Gefährdung der Demokratie, die von einem großen Schüleranteil nicht beantwortet wird (da diese Fragen am Ende des Fragebogens positioniert waren, drückt sich in den Zahlen auch die zeitliche Überforderung aus). Häufig wird von den Schülern eine Gefährdung der Demokratie befürchtet, und bei den genannten Faktoren sind sowohl außen- wie innenpolitische und gesellschaftspolitische Probleme gleichrangig vertreten. Gemessen an den Schüleräußerungen ist der Kommunismus zwar noch der Hauptfeind der Demokratie, aber eben nur einer unter mehreren anderen. Daneben werden nämlich innenpolitische Faktoren und wirtschaftliche Faktoren erwähnt, auch die Angst vor Gewalt und Krieg, vor Streit und Machtkampf.

Um quantitative Vergleichsdaten einer vollstandardisierten Befragung zur Verfügung zu haben, wurden die von den Schülern in der schriftlichen Befragung spontan gewählten Kategorien dazu benutzt, für eine weitere schriftliche Befragung, die sich allerdings schwerpunktmäßig auf Einstellungen zu Interaktionsproblemen bezog (schriftliche Ergänzungsbefragung, Unterrichtsbeobachtung), Antwortvorgaben zu entwickeln. Da diese Stichprobe (n = 452) in wichtigen Strukturdaten mit der Schülerhauptbefragung übereinstimmt[21], können die Ergebnisse ebenfalls als annähernd repräsentativ für Schüler der 7. und 9. Klasse in Niedersachsen betrachtet werden.

Die „besonderen Kennzeichen unserer Demokratie" sind danach:

- gleiche Rechte für sozial Schwache,
- Mitbestimmungsrechte für alle Menschen,
- gutes Verhältnis zu den Nachbarstaaten und
- Gleichberechtigung auch für Frauen und Jugendliche.

Daß „unsere Demokratie" also als Sozialstaat begriffen wird, dessen Aufgabe nicht primär die Erhaltung eines hohen Lebensstandards („hohes Einkommen für alle") ist, sondern der Abbau sozialer Ungleichheit, zeigen noch stärker die Ergebnisse zur Frage, auf welche Weise die Demokratie bei uns ausgebaut werden sollte:

(21) Allerdings sind keine Gymnasiasten vertreten, sondern nur Hauptschüler und Realschüler der Regionen Oldenburg, Delmenhorst, Papenburg und Wittmund.

– mehr Rechte für sozial Schwache,
– mehr Gleichberechtigung für Frauen und Jugendliche und
– bessere Startchancen für Schule und Beruf

sind die wichtigsten Punkte (neben dem Abbau von Gewalt und Kriminalität), hinsichtlich derer ein Ausbau der Demokratie empfohlen wird. Die Erfüllung sozialstaatlicher Prinzipien ist dabei den Schülern wichtiger als die Mitbestimmungsforderung. Die Identifikation mit der Staatsform der Bundesrepublik läuft demnach weder primär über das Vehikel des Antikommunismus noch über das Vehikel der wirtschaftlichen Prosperität (letzteres ist eine oft geäußerte Vermutung)[22]; statt dessen stehen das Sozialstaatsprinzip und die Versorgung der ökonomisch Unterpriviligierten im Vordergrund.

Der Vergleich mit der Lehrer- und Elternstichprobe ist wieder wegen unterschiedlicher Meßinstrumente schwierig, auch dadurch, daß sich diese Befragtengruppen auf unverbindliche Gemeinplätze zurückziehen. So finden Statements wie „Grundrechte werden gewahrt" oder „Der Volkswille ist entscheidend" den größten Anklang. Eine gerechte Verteilung des Volkseinkommens ist für diese Befragtengruppe für eine Demokratie eher zweitrangig. Statt dessen werden legalistische Positionen im Zusammenhang mit einer Gemeinschaftsideologie vorgetragen, die die Notwendigkeit politischer Auseinandersetzung und politischen Kampfes geringschätzt (Lehrerfragebogen, Frage 94; Elternfragebogen, Frage 83).

5.11 Allgemeine Interessen und der Stellenwert des politischen Interesses[23]

Während in einem vorangegangenen Abschnitt schulische Lernziele und schulbezogene Interessen der Schüler behandelt wurden, geht es nunmehr um allgemeine Interessen, speziell um den Stellenwert des politischen Interesses im Rahmen des gesamten Interessen-und Motivationsspektrums. Wiederum wurde dabei mit Mehrfach-Auswahlfragen und zehn vorgegebenen Kategorien gearbeitet. Zur Absicherung der Ergebnisse wurde die Frage nach den allgemeinen Interessen einmal in der positiven Variante – drei Dinge, die

(22) So schreibt z. B. Vonderach: „Drittens kann die Zustimmung zum bestehenden politischen System eine durchaus oberflächliche sein, ein Konformismus mit einem System, mit dem sich leben läßt, solange die Wirtschaft funktioniert". (1972, S. 3).
(23) Kommentiert werden die Daten zu den Fragen 10, 11, 17, 18, 19, 50, 12, 61.

besonders interessieren – und in der negativen Variante– drei Dinge, die am wenigsten interessieren – gestellt. Um den Überblick zu erleichtern, werden beide Fragen sogleich zu einem einfachen Index verarbeitet (Anteil der positiven Wahlen pro Kategorie minus Anteil der negativen Wahlen, wobei der Indexdurchschnitt über Null im positiven Bereich liegt, weil mehr positive als negative Punkte gewählt wurden). Die resultierende Rangfolge der Interessen lautet wie folgt:

Sport	+ 51
Berufswahl/Berufsausbildung	+ 25
Erzählungen/Filme	+ 24
Fremdsprachen	+ 14
Geschichte	+ 12
Naturwissenschaft, Technik	+ 7
Kindererziehung/Haushaltsführung	– 3
Sexualkunde	– 6
Wirtschaft	– 31
Politik	– 53

Zur Interpretation dieser Skala ist zu berücksichtigen, daß das Antwortverhalten wie sonst bei keiner anderen Frage in sehr starkem Maße geschlechtsspezifisch variiert. Die Extreme dieser Skala sind daher von Kategorien besetzt, hinsichtlich derer eine weitgehende Übereinstimmung zwischen Schülern und Schülerinnen besteht. Umgekehrt befinden sich die typischen geschlechtsspezifischen Kategorien (Technik und Kindererziehung) in der Nähe des Nullpunktes der Skala. Dennoch kann gesagt werden, daß diese Skala ausgezeichnet differenziert und größtenteils die bereits früher dargestellten Ergebnisse bestätigt.

Sport ist der bei weitem interessanteste Punkt für die Schüler, erst danach folgt die berufliche Bildung, in deren unmittelbarer Nähe wiederum passiv-rezeptives Freizeitverhalten (Erzählungen, Filme) angesiedelt ist. Auch im mittleren Teil der Skala mischen sich berufsrelevante mit berufsunspezifischen Interessen (Fremdsprachen und Geschichte, Naturwissenschaft/Technik und Kindererziehung/Haushaltsführung). Die Sexualkunde wird, als tendenzielles Tabu-Thema, sehr selten bei den positiven Punkten und ebenfalls selten bei den negativen Punkten erwähnt und liegt daher notwendigerweise in der Nähe des Nullpunktes der Skala. Die Wirtschaft zieht nicht so viele negative Wahlen auf sich und rangiert daher noch vor der Politik, die klar und eindeutig als aktuell am uninteressantesten zurückgewiesen wird. Was bei den schulischen Lernzielen in der

Rangreihe die Kooperation gewesen ist, wird hier durch den Sport ersetzt, die Struktur der Präferenzreihen, insbesondere hinsichtlich der Stellung der beruflichen Bildung und der Politik, scheint jedoch weitgehend ähnlich zu sein.

Durch eine Reihe von Anschlußfragen wurde versucht, die Erwartungen einzugrenzen, die von seiten der Bezugsgruppen und Bezugspersonen auf die Interessen und Aktivitäten der Jugendlichen einwirken. Erhoben wurden wiederum die Erwartungen der Lehrer, der Eltern und der Gleichaltrigengruppe. Die Fragenstruktur wurde insofern variiert, als es nunmehr darum ging festzustellen, worüber der Befragte nach Ansicht der Bezugspersonen „Bescheid wissen" solle, eine Formulierung, mit der zugleich der Kenntnis- und der Motivationsaspekt assoziiert werden sollte.

Zusammenfassend kann gesagt werden, daß die Erwartungen, die die Jugendlichen von seiten der Lehrer und der Eltern an sich gerichtet fühlen, strukturell etwa gleich sind. Abweichungen sind darin zu sehen, daß die Eltern mehr Wert auf das berufliche Interesse legen, während Lehrer etwas mehr für Sexualkunde und Politik eine Sozialisationsfunktion haben, wobei hier mit Sexualkunde sicherlich mehr die biologische als die psychische Ebene assoziiert wird – die später dargestellte psychische Distanz zum Lehrer wird diesen Verdacht erhärten. Von seiten beider Bezugsgruppen überwiegen Anforderungen der beruflichen Bildung und Anforderungen, die auf praktische Lebensbewältigung gerichtet sind (Kindererziehung, Haushaltsführung, Fremdsprachen). Die die Schüler selbst am meisten interessierenden Themen des Sports und der Unterhaltung werden nicht als propagierte Erziehungsziele der Sozialisatoren wahrgenommen, da eine Verstärkung dieser Eigeninteressen augenscheinlich nicht erforderlich ist. Von seiten der Gleichaltrigengruppe ergibt sich eine deutlich veränderte Erwartungsstruktur. Völlig unerwartet stehen hier sexualkundliche Kenntnisse an erster Stelle, und man ist geneigt, dies als Projektion eigener Interessen zu interpretieren, nachdem der Punkt „Sexualkunde" bei der Nennung eigener Interessen sorgsam ausgespart worden war, sowohl bei den positiven wie den negativen Wahlen. Sport und Unterhaltung nehmen ebenfalls einen etwas höheren Stellenwert ein und gleichen sich damit stärker den eigenen Motivationen der Jugendlichen an. Qualifikationen beruflicher Art und solche der allgemeinen Lebensbewältigung haben als Erwartungen der peers dagegen einen verringerten Stellenwert. Insgesamt gleichen die Interessenhaltungen der Jugendlichen stärker den Erwartungen der Gleichaltrigen als den Erwartungen der Lehrer und Eltern. Daraus den Schluß auf eine dominante Gleichaltrigen-Orientierung zu ziehen oder gar auf eine jugendliche Subkultur mit eigenen normativen Regeln, wäre anhand der Daten keineswegs gerechtfertigt. Im Spannungsfeld verschiedener normativer Erwartungen setzen sich beim Jugendlichen seine altersspezifischen psychophysischen Interessen stärker durch als die auf Lebens- und Berufstüchtigkeit gerichteten Erwartungen der Sozialisatoren.

„Unterhaltung" (bzw. „Erzählungen und Filme") als eines der Hauptinteressengebiete bedarf der weiteren Spezifikation; dazu wurden als vermutlich sehr wichtiger Einflußfaktor der politischen Sozialisation die Fernsehgewohnheiten thematisiert. Ergebnis ist, daß sich bei den Fernsehgewohnheiten die persönlichen Interessenrichtungen der Schüler nur mittelbar durchsetzen. Zunächst hat dabei erwartungsgemäß die Kategorie „Filme" die höchste Priorität, dann ist die Kategorie „Sport" auf dem zweiten Rangplatz zu verzeichnen. Überraschend an dritter Stelle steht (vielleicht mangels anderer relevanter Kategorien) das Thema Politik: gut ein Drittel der Schüler gibt an, in der letzten Zeit viele politische Sendungen gesehen zu haben. Von den betreffenden Befragten nennen immerhin gut vier Zehntel politische Magazinsendungen, die neben den aktuellen politischen Nachrichten einen wichten Stellenwert haben. Das Fernsehen scheint also eine wichtige Agentur der *manifesten* politischen Sozialisation zu sein, eventuell bedeutender als das Elternhaus und die Schule. Diese Problematik kann aber an dieser Stelle nicht vertieft werden.

Die letzte Frage, die mit Hilfe des Standardrasters der diskutierten zehn Kategorien arbeitet, bezog sich auf die Themen, die zur späteren Lebensbewältigung wichtig sind: „Gibt es auf dieser Liste Dinge, über die Du später Bescheid wissen mußt? Welche davon sind die wichtigsten? " Diese Frage ergibt nun überraschenderweise im Vergleich zu den Fragen nach den aktuellen-persönlichen Interessen nahezu eine Umkehrung: aktuelle und künftige Interessen sind nicht kongruent, und mit Ausnahme des Stellenwertes von Berufswahl und Berufsbildung ergeben sich gravierende Verschiebungen, von denen die brisanteste die Verkehrung des Stellenwertes von Sport und Politik ist. Sport und Unterhaltung („Geschichte" hat in diesem Sinne ebenfalls Unterhaltungswert bei Schülern) werden völlig nebensächlich, Politik ist nach der Berufsbildung und den familialen Verpflichtungen der drittwichtigste Punkt antizipierter Informationsbedürfnisse, er rangiert noch vor dem berufsrelevanten Interesse an „Naturwissenschaft und Technik".

Antizipierte zukünftige Interessen ähneln daher sehr viel mehr den normativen Anforderungen von seiten der Lehrer und Eltern als den aktuellen Interessen, ja die Daten deuten auf eine starke Internalisierung der schulischen und familiären Anforderungen, deren Einhaltung aufgrund des halb-infantilisierten Status der Schüler und ihrer aktuellen psychophysischen Interessen nur aufgeschoben ist. Die soziale Anpassung ist also im jugendlichen Freiraum nur aufgeschoben, nicht aber aufgehoben. Die direkte Nachfrage nach der Relevanz einer künftigen Interessenausrichtung auf die Politik bestätigt den dargestellten Trend nur teilweise und relativiert damit die Interpretation auf die zuvor implizierte normative Komponente. Die normative Komponente nämlich ist bei dieser folgenden Frage ausgeschaltet und die Komponente faktischer Handlungsorientierung stärker betont: „Wird es für Dich später einmal sehr wichtig, ziemlich wichtig oder weniger wichtig sein, daß Du Dich mit Politik beschäftigst? " Danach wird es für sechs Zehntel weniger wichtig, für drei Zehntel ziemlich und für ein Zwanzigstel sehr wichtig sein, sich später mit Politik zu beschäftigen. Über Politik „Bescheid wissen" oder sich mit Politik zu „beschäftigen" sind demnach zwei recht unterschiedliche Anforderungen, und das aktive Interesse ist „weniger wichtig" als das passive. Nach wie vor überwiegt also eine „passive Interessiertheit", die sich auf politische Information, nicht aber auf politische Einflußnahme richtet (vgl. Vonderach 1972, S. 7).

Diejenigen, die eine künftige Beschäftigung mit Politik für wichtig erachten, führen vorrangig ein allgemeines Bedürfnis nach Information und Bildung als Begründung ins Feld, sodann ein unspezifisches Bedürfnis, in politischen Fragen mitreden zu können. Von wenigen Befragten wird auf die Beteiligung an Wahlen hingewiesen, auf Bedürfnis und Notwendigkeit zu aktiver Beteiligung und auf die Bedeutung, die politische Information für den Beruf hat. Noch weniger Befragte weisen auf die Bedeutung der Politik für den einzelnen und die Gesellschaft hin, eine noch kleinere Restgruppe auf ihr politisches Interesse. Bei den Begründungen für die erwartete Irrelevanz einer künftigen Beschäftigung mit Politik wird, neben allgemeinem unspezifischen Desinteresse, am häufigsten vermerkt, die Beschäftigung mit der Politik habe keine Bedeutung für den Beruf (von einem Fünftel der Befragten). Andere Antworttypen sind dagegen von sehr geringer Bedeutung, da der Verweis auf Haushalt und Familie prinzipiell das gleiche meint wie der auf den fehlenden beruflichen Bezug.

Während bei den Begründungen für geplante (informative) politische Beteiligung unspezifische Hinweise auf Informations- und Bildungsbedürfnisse sowie der Wunsch nach Beteiligung am informellen politischen Gespräch dominieren, fällt bei den Begründungen für politische Abstinenz das Argument überaus stark ins Gewicht, die Beschäftigung mit Politik sei für die Berufsrolle und die familiale Rolle irrelevant. Eine These, die an früherer Stelle bereits genannt worden war, wird durch diese Antwortstrukturen erhärtet: die These nämlich, daß für Schüler die Berufsrollen-Sozialisation einen zentralen Stellenwert hat und politisches Desinteresse aufgrund des Fehlens vorstrukturierter, erlernbarer und verpflichtender Zwangsrollen besteht.

Die Kritik des unpolitischen Schülerbewußtseins wird damit an die Kritik der politischen Struktur der Gesellschaft weiterverwiesen. Solange die Gesellschaft nicht in ausreichender Zahl politische Rollen für eine massive demokratische Beteiligung bereitstellt, wird das politische Desinteresse der Sozialisanden weiter bestehenbleiben, da bereits die Motivation zur Aufnahme politischer Information fehlt und eben nur verwertbare Informationen gezielt aufgenommen und verarbeitet werden. Entsprechend bleibt auch das erzieherische Bemühen in Richtung auf Weckung und Erhaltung politischen Interesses so lange erfolglos, wie nicht politische Rollen in ausreichender Zahl zur Verfügung gestellt werden.

5.12 Kommunikationsgewohnheiten[24]

Die Kommunikationsgewohnheiten mit einzelnen Bezugspersonen bzw. Bezugsgruppen entsprechen weitgehend jenen Aspekten, die als normative Erwartungen an die Schüler wahrgenommen werden. So sprechen die Schüler über Sport eher mit ihren Altersgenossen als mit Eltern oder Lehrern, über berufliche Fragen sprechen sie eher mit den Eltern als mit den Lehrern oder den Gleichaltrigen, über Politik sprechen sie mehr mit den Lehrern als mit

(24) Kommentiert werden die Daten zu den Fragen 22, 23, 24, 21.

den Eltern oder Gleichaltrigen, und über Unterhaltungssendungen sprechen sie eher mit ihren Altesgenossen als mit Eltern oder Lehrern. Dies ist das Hauptergebnis einer Fragenbatterie, die im Vergleich zu den vorher diskutierten Fragenkomplexen mit leicht veränderten, aber wieder den Befragten vorgegebenen Antwortkategorien arbeitet.

So ergeben nur die neu hinzugenommenen Kategorien einen neuen Informationswert.

Schulprobleme werden am meisten mit den Lehrern, sehr häufig aber auch mit den Altersgenossen und den Eltern diskutiert, Probleme zwischen Eltern und Jugendlichen diskutiert man sowohl zu Hause wie im Freundeskreis, weniger mit den Lehrern; Beziehungen zum anderen Geschlecht diskutiert man im Freundeskreis, seltener im Elternhaus, noch viel seltener mit dem Lehrer. So wird zwar, wie die Ergebnisse des vorigen Kapitels zeigen, die Sexualkunde an die Lehrer verwiesen, die Diskussion von Beziehungen zwischen Jungen und Mädchen wird jedoch weiterhin ausschließlich im Privatbereich geführt. Schule wird von den Schülern wie es scheint als öffentliche Institution begriffen, die vor privaten Problemen abgeschirmt bzw. abzuschirmen ist. In der geringen Neigung der Schüler, ihre Freizeit zusammen mit Lehrern zu verbringen, bestätigt sich diese Tendenz, zu der noch ein weiteres Indiz genannt werden kann.

Der Vortest hat ergeben, daß die Lehrer als Diskussionspartner für persönliche Probleme kaum in Frage kommen. Man spricht sich also nicht bei Lehrern aus, sondern bei der Mutter, eventuell auch beim Vater oder bei Gleichaltrigen. Aufgrund dieses Vortestergebnisses war auch der gesamte Fragenkomplex neu gefaßt worden in der eben dargestellten Form. Die Vortestfrage lautete: „Wenn Du einmal ein persönliches Problem hast, das Du mit jemandem besprechen möchtest, an wen würdest Du Dich dann wenden?“ Von den 88 Befragten hatten dabei nur drei die Lehrer genannt. Die Lehrer/Schüler-Beziehung trägt demnach deutlich universalistischen und nicht familistischen Charakter. Kommunikationsbeziehungen in der Gleichaltrigengruppe tragen dagegen einen stärker familistischen Charakter als die Familienbeziehungen selber, zwischenmenschliche Probleme werden dort häufiger diskutiert als im Elternhaus, wo immerhin nach den Angaben von vier Zehnteln der Schüler die Diskussion der Beziehungen zwischen Jungen und Mädchen völlig ausgespart bleibt.

Erinnert sei jedoch daran, daß die Gleichaltrigengruppe häufig eine gleichgeschlechtliche Zweierbeziehung ist und von daher leichter zur Intimität neigt als die Familie selber.

Im Bewußtsein der Schüler ist demnach die Schule primär eine öffentlich-gesellschaftliche Institution, das Elternhaus ist eine Sozialisationsinstanz, die auf Funktionstüchtigkeit in Schule und Beruf zielt, und die Gleichaltrigenbeziehung hat psychische Komplementärfunktionen durch die prinzipielle Offenheit der Kommunikation und durch die Entlastung von Anpassungszwängen aller Art.

5.13 Gesellschaftsbild[25]

Das Thema Gesellschaftsbild wird in diesem Abschnitt primär betrachtet unter dem Aspekt der Verteilung von Macht und Einfluß in unserer Gesellschaft. Zu diesem Aspekt existieren ausreichende Frageninstrumente in allen Hauptbefragungen des Projekts sowie zusätzlich eine begleitende qualitativ-schriftliche Schülerbefragung. In der Schülerhauptbefragung wurden dazu drei Komplexe behandelt, nämlich 1. die Frage der faktischen Machtverteilung in der Gesellschaft, 2. die Frage nach unerwünschter Machtkonzentration und 3. die Frage nach erwünschter Machtumverteilung. Als Frageform wurde wiederum die Mehrfach -Auswahlfrage mit zehn Antwortkategorien gewählt. Die Frageninstrumente lauteten:
„Welche drei von diesen Gruppen hier haben in unserem Land am meisten Macht? “ „Nenne bitte die drei Gruppen, die nach Deiner Meinung bei uns zuviel Macht haben!“ „Und welche haben zuwenig Macht? “ (Der Ausdruck „Gruppe“ meinte hier also „Institutionen“, und „Gesellschaft der Bundesrepublik“ war übersetzt mit „unser Land“.)

Die Macht konzentriert sich nach Ansicht der Schüler in den Verfassungsorganen Regierung, Parteien und Parlament (in dieser Reihenfolge). Auch den Organen des Pressewesens kommt danach eine beachtliche Macht zu, sie haben mehr Macht als die Gewerkschaften, welche wiederum mehr Macht als die Arbeitgeberverbände auf sich vereinigen. Bundeswehr, Kirchen und Bürgerinitiativen sind von ihrer Machtbefugnis her gleichfalls nebengeordnet. „Macht“ wird also von den Schülern hier als rein politi-

(25) Kommentiert werden die Daten zu den Fragen 33, 34, 35, 63, 64; ferner die offenen Fragen eines der schriftlichen Schülerfragebögen.

sche Macht verstanden, für die man sich alternative Konstellationen kaum vorzustellen vermag, ist doch bereits das Verständnis der politischen Institutionen sehr schwierig. Die Reaktion auf die beiden folgenden Fragen muten folglich wie Verlegenheitslösungen an.

Bei der Frage nach den Gruppen mit zuviel Macht schälen sich keinerlei prägnante Schwerpunkte heraus, und die Zahlen tragen den Charakter einer Zufallsverteilung. Zwar werden Regierung und Parteien wiederum am häufigsten genannt, jedoch ist dies der Zwang der Logik: Wenn zuvor Regierung und Parteien als Institutionen mit stärkster Machtposition genannt worden waren, kann danach schwerlich von den übrigen relativ machtlosen Gruppen gesagt werden, sie besäßen zuviel Macht.

Kurios und eben als Zeichen von Verlegenheitswahlen erscheinen die Antworten zur Frage nach jenen Institutionen, denen mehr Machtbefugnis zukommen sollte. „Sonstige Verbände“, Bürgerinitiativen und Kirchen führen hierbei die Rangreihe an. Da der Ausdruck „sonstige Verbände“ bereits Machtlosigkeit suggeriert, wäre eine Interpretation sicher fehlgeleitet, die den als Beispiel angegebenen Verbänden (Bauern- und Vertriebenenverbände) einen von Schülern erwünschten Machtzuwachs zuschriebe; hier liegt sicherlich eher eine Schwäche des Instruments vor. Plausibler und eindeutiger interpretierbar sind dagegen die häufigen Optionen für einen Machtzuwachs der Bürgerinitiativen. Wie die qualitative Studie zum Demokratieverständnis gezeigt hat, stößt ja die Forderung nach mehr Demokratie und mehr Mitbestimmung durchaus auf positive Resonanz bei den Schülern, weil sie ihrem Demokratieverständnis entspricht. „Bürgerinitiativen“ sind also hier das Symbol für – augenscheinlich recht hilflose – Demokratisierungsforderungen.

Ein weiteres Detail verdient festgehalten zu werden: wirtschaftliche Institutionen vereinen bei keiner der drei Fragen einen bemerkenswerten Prozentanteil der Nennungen auf sich, zudem sind die entsprechenden Anteile bei allen drei Fragen etwa gleich (bis auf Zufallsschwankungen). Daraus muß nach unserer Ansicht abgeleitet werden, daß wirtschaftliche Macht einen weißen Fleck auf der Landkarte des politischen Schülerbewußtseins darstellt.

Während die politische Institutionenkunde in den Schulen zumindest insoweit erfolgreich ist, daß sie die Grundprinzipien der politischen Instanzen und Verfahren vermittelt, fehlt das didaktische Pendant für die wirtschaftlichen Machtblöcke. Im Falle der politischen Bildung reagieren die Schüler mit bewußtem, demonstrativen Desinteresse, wie die Frage nach den unwichtigsten Interessengebieten zeigt; im Falle der wirtschaftlichen Fragen scheint ein eher passives Desinteresse aus Uninformiertheit heraus zu entstehen. Die Wirtschaft wäre danach eben ein Bereich, der für Spezialisten interessant ist und für den keine zusätzliche affektive Abwehr erforderlich ist, weil von keiner Seite Erwartungen in Richtung auf Information, Interesse und Beteiligung erhoben werden.

Die soeben referierten Ergebnisse der Schülerhauptbefragung werden bestätigt durch die ergänzende schriftliche Befragung zum Thema „Macht und Einfluß“, deren Einzelfragen lauteten:
1. „Welche Personen oder Gruppen haben in unserem Land am meisten Macht und Einfluß ?“
2. „Auf welche Weise beeinflussen sie das Leben der Menschen in unserem Land ?“
3. „Was findest Du gut, und was findest Du schlecht daran, daß diese Personen oder Gruppen in unserem Land Macht und Einfluß haben ?“
4. „Gibt es Personen oder Gruppen in unserem Land, die mehr Macht und Einfluß haben sollten – welche Personen oder Gruppen sind das, und warum sollten sie mehr Macht und Einfluß haben ?“

Diese – in der Diplomarbeit von Helga Helmers (1974, S. 73 - 92) ausgewerteten – Fragen ergeben ein starkes Übergewicht bei prominenten politischen Persönlichkeiten, auch werden Parteien noch häufig als Machtträger benannt. Wirtschaftlicher Einfluß wird relativ selten und nur in Form des Hinweises auf wirtschaftliche Interessenverbände erwähnt. Auch bei der zweiten Frage stehen Faktoren politischer Beeinflussung gegenüber wirtschaftlichen Faktoren im Vordergrund, jedoch werden daneben auch Machtmittel der psychologischen Beeinflussung erwähnt (Werbung, Versprechungen usw.). In der Bewertung zu Frage drei stehen positive und negative Aspekte etwa gleichgewichtig nebeneinander, Macht wird weder durchgängig positiv noch durchgängig negativ gesehen. Mehr Macht und Einfluß sollten nach Ansicht der Schüler die unterprivilegierten Gruppen und Schichten haben (Jugendliche, Gastarbeiter, das Volk, der „kleine Mann“), aber auch in der Opposition befindliche Parteien. So drückt sich sowohl in der offenen wie in der geschlossenen Frage nach der Machtveränderung eine deutliche Demokratisierungsforderung und die Forderung nach Abbau von Unterprivilegierung aus.

Die Forderung nach Dezentralisierung und Demokratisierung ist, wie anhand der Parallelfragen im Lehrer- und Elternfragebogen ersichtlich, kein Spezifikum der Schülereinstellungen. Allerdings ergeben sich im Bereich der Kritik vorhandener Machtkonstellationen durchaus Unterschiede zwischen den drei Zielgruppen. Während die Schüler die Machtfrage im Hinblick auf die politischen Institutionen bewerten, stehen bei den Lehrern die Massenkommunikationsmittel, die Arbeitgeberverbände und die Kirchen im Zentrum der Kritik, wohingegen von seiten der Eltern besonders die Macht der Gewerkschaften und Parteien negativ hervorgehoben wird (Elternfragebogen, Frage 85; Lehrerfragebogen, Frage 56).

Die Machtfrage wird also von allen drei Zielgruppen aus einer unterschiedlichen Perspektive betrachtet. Schüler urteilen (mangels eines weiteren Kenntnis- und Erfahrungshorizonts) auf der Basis politischer Institutionenkunde, die Eltern stärker aus wirtschaftspolitischen Interessen heraus und die Lehrer aus kulturpolitischen Interessen. Dagegen läßt sich die positiv gewendete Kritik an den Machtverhältnissen bei allen drei Zielgruppen auf den gemeinsamen Nenner von Demokratisierung und Dezentralisierung bringen.

Zum Thema des Gesellschaftsbildes im engeren Sinne wurde eine Standardfrage aus anderen Untersuchungen verwendet. Bei den Schülern stellt sich dabei eine leichte Präferenz von einem Drittel für das Modell der Mittelstandsgesellschaft heraus, nach dem eine breite gesellschaftliche Mitte von einer kleinen Gruppe unten und einer ebenfalls kleinen Gruppe oben eingegrenzt ist. Kaum weniger Schüler vertreten ein pluralistisches Harmoniemodell, nach dem es viele Gruppen gibt, die sich gut ergänzen. Sodann wird das Modell der Zweiklassengesellschaft, bei dem zwei Klassen existieren, „die in scharfem Gegensatz zueinander stehen", von jedem sechsten Schüler vertreten, in gleicher Häufigkeit wird schließlich ein Elitemodell (breite Masse und einige wenige oben) vertreten. Diese Zahlen sind recht schwierig zu interpretieren, weil die Basis fragebogeninterner Vergleichsfragen fehlt, mit Hilfe derer die Strukturiertheit und Konsistenz der Antworten hätten geprüft werden können.

Der Vergleich mit den entsprechenden Lehrer- und Elternreaktionen legt die Vermutung nahe, daß bei den Schülern eine Reihe zufälliger Antworten zu verzeichnen sind, denn bei Lehrern und Eltern ergibt sich eine klare Präferenz von jeweils mehr als der Hälfte der Nennungen für das Modell der Mittelstandsgesellschaft (Lehrerfragebogen, Frage 93; Elternfragebogen, Frage 89). Das gleiche Problem ergibt die Frage nach der Gerechtigkeit oder Ungerechtigkeit von Einkommensunterschieden in unserer Gesellschaft, die primär zu Zwecken des Vergleichs mit den anderen Hauptstudien des Projekts in den Schülerfragebogen aufgenommen wurde; auch hier fehlt die fragebogeninterne Vergleichsmöglichkeit. Dennoch seien hier kurz die Ergebnisse wiedergegeben. Die Frage lautete „Es gibt trotz aller Verbesserungen bei uns noch große Einkommensunterschiede. Hältst Du die Unterschiede für gerechtfertigt oder nicht für gerechtfertigt?“ Danach halten fünf Zehntel die bestehenden Einkommensunterschiede für ungerecht, vier Zehntel halten sie für gerecht. Bei den Lehrern und Eltern ergibt sich vergleichsweise eine schärfere Kritik an der Einkommensverteilung, weil der Anteil unreflektierter Zustimmung erheblich geringer ist (Lehrerfragebogen, Frage 90; Elternfragebogen, Frage 81). Wenn bei der zuletzt behandelten Interviewfrage trotz der suggestiven Formulierung ein großer Teil die Ansicht vertritt, die Einkommensunterschiede seien gerecht, so ist dies möglicherweise auf die unkritische Übernahme der Ideologie der Leistungsgesellschaft zurückzuführen. Da nach diesem Modell die Leistung zum Erfolg führt, auch zum finanziellen Erfolg, wären danach Einkommensunterschiede Symptom einer gesunden und funktionierenden Gesellschaft. Wir können damit überleiten zu den Problemen von Leistung und gesellschaftlicher Gratifikation.

Festzuhalten bleibt, daß Vorstellungen von der Gesellschaft als ganzer von den Schülern unserer Altersgruppen zwar geäußert werden, „Gesellschaftsbilder“ aber nur in unscharfer und verschwommener Form vorhanden sind. Strukturvorstellungen von Gesellschaft sind – anders übrigens als Legitimationsaspekte – nur rudimentär vorhanden.

(26) Kommentiert werden die Daten zu den Fragen 9, 13, 16, 14, 48, 15.

5.14 Erfolgsorientierung und Leistungsgesellschaft[26]

Eine Fragenbatterie zur Aufstiegsorientierung ist im Fragebogen nicht verfügbar, jedoch gibt es einige Indikatoren, die zur Schätzung der Aufstiegsorientierung verwendet werden können, wie die Frage nach dem erwünschten Schulbesuch oder Fragen zur Berufswahl. Danach würde ein hoher Anteil der Haupt- und der Realschüler gern das Gymnasium besuchen (bzw. Hauptschüler auch die Realschule), wobei sich die häufigsten Begründungen für diesen Wunsch auf die Aufstiegschancen und die Möglichkeiten der Weiterqualifizierung beziehen. Gleiches gilt für Gymnasiasten und ihre Begründung, warum sie auf dem Gymnasium bleiben möchten.

Bei den Aussagen über den angestrebten Beruf gibt es zwei Schwerpunkte, nämlich technische Berufe und technisch-handwerkliche Berufe sowie erzieherisch-soziale Tätigkeiten. Größtenteils werden qualifizierte Berufe erstrebt, die bei drei Zehnteln der Befragten mehr als die abgeschlossene Lehre als Qualifikation erfordern. Anlernberufe werden nur von wenigen angestrebt. Die Motivation zur Wahl eines bestimmten Berufes speist sich sehr häufig aus unspezifischen Interessen am Beruf selber, auch wird die soziale Neigung und Eignung des Befragten häufig erwähnt. Dagegen werden die beruflichen Möglichkeiten wie Aufstieg, Einkommen und Arbeitsplatzsicherheit selten genannt, so daß sich an dieser Stelle nur wenig Aufstiegsorientierung ausdrückt. Tätigkeitsmerkmale des Berufes werden ebenfalls selten erwähnt.

Der Wunsch nach sozialem Aufstieg ist also zwar vorhanden, wird aber von anderen Motiven überlagert. Der wichtigste einschränkende Motivationsfaktor ist die familistische Orientierung. Vor die Alternative gestellt, ob später die Zufriedenheit in der Familie oder der Erfolg im Beruf wichtiger sein wird, entschieden sich zwei Drittel für die Familie, kaum mehr als ein Zehntel für den Berufserfolg, und zwei Zehntel halten beides für gleich wichtig; diese Präferenz gilt, obwohl der Erfolg im Beruf als überwiegend von persönlichen Leistungsfaktoren abhängig gesehen wird, wie gleich zu zeigen sein wird. Umgekehrt braucht aber das Leistungsversagen und die unzulängliche Qualifizierung nicht als Makel empfunden zu werden, wenn von vornherein die familistische Orientierung bevorzugt wird.

Das Versprechen der Leistungsgesellschaft ist (nach Offe) bedeutendster Stabilisierungsfaktor der spätkapitalistischen Gesellschaft. Die Leistungsideologie legitimiert soziale Ungleichheit. Sie besagt, daß der Aufstieg in eine höhere Berufsposition durch Leistungsstreben und nur durch Leistungsstreben allein erlangt werden kann.[27]

Parsons nennt dies im Unterschied zum sogenannten Zuschreibungsmuster traditioneller Gesellschaften „Leistungsmuster"[28], bei Merton gehört die subjektive Seite dieses Leistungsmusters, die Erfolgsorientierung bei abwesenden Kanälen der Erfolgsrealisierung, zu den strukturellen Determinanten gesellschaftlicher Konflikte bzw. einer anomischen gesellschaftlichen Situation. Wir können uns hier nur darauf beschränken, zu überprüfen, ob die Leistungsgesellschaft von den Schülern als Fiktion oder als Realität verstanden wird. Die ideologischen und realistischen Komponenten des Leistungs- und Erfolgsversprechens herauszuarbeiten, halten wir für ein wissenschaftlich bisher auch nicht annähernd gelöstes Problem.[29] Hier dagegen sind nur die Konsequenzen der Versprechungen der Leistungsgesellschaft von Belang. Wird nämlich dieses Versprechen unbesehen als Realität eingeschätzt, so wird berufliche Deprivation dem Individuum als allein Verantwortlichem zugeschoben. Es muß das Ausbleiben des Erfolgs auf das eigene Leistungsversagen zurückführen.

Damit ist, wenn die Frustation nicht die Toleranzschwelle überschreitet, unmittelbar ein Beitrag zur Lösung des Legitimationsproblems der Gesellschaft erbracht.[30] Die Konsequenzen der Erfolgsversagung werden dann als richtig und gerecht akzeptiert. Für die Schüleruntersuchung wurde diese Problematik in Form der Mehrfach-Auswahlfragen mit maximal zwei Auswahlmöglichkeiten instrumentalisiert. Die Resultate spiegeln das Bild einer funktionierenden

(27) „Immer wenn und nur wenn nach einem objektiven (von der Person unabhängigen) Kriterium bestimmte 'Leistungsstandards' von einem Individuum erfüllt werden, erfolgt eine formale Zulassung zu einer Berufsposition und/oder eine Veränderung seines Arbeitseinkommens und/oder eine Veränderung der Arbeitsaufgabe innerhalb derselben Organisation und/oder die Zuweisung formaler Autorität" (Offe 1970, S. 45).
(28) „Leistungsorientierte Rollen sind solche, die den Akzent auf die Sachleistung des Rolleninhabers legen, zugeschriebene Rollen solche, die den Akzent auf seine Qualitäten oder Eigenschaften legen, unabhängig von spezifischen erwarteten Sachleistungen" (Parsons 1964, S. 64).
(29) Offe (1970) leistet dafür nur erste Ansätze. Seine Argumentation ist im wesentlichen historisch und stützt sich auf amerikanische empirische Arbeiten. In beiden Fällen ist seine Datenbasis problematisch. Auch scheint das von ihm skizzierte Modell einer Leistungsgesellschaft zu stark überzeichnet.
(30) Zum Begriff des Legitimationsproblems vgl. besonders Habermas 1973, S. 131 ff.

Leistungsgesellschaft. Danach sind persönlicher Fleiß und Begabung/Intelligenz die mit Abstand wichtigsten Erfolgsfaktoren.

Nimmt man noch den nächstwichtigen Punkt, die eigene Schulbildung, hinzu, so zeigt sich sehr deutlich, daß persönliche Leistungsfaktoren für Erfolg und Mißerfolg im Berufsleben verantwortlich gemacht werden. Gegenüber den Persönlichkeitsfaktoren hat das soziale Wohlverhalten und die Loyalität (instrumentalisiert als „Einordnung und gutes Benehmen") deutlich geringere Bedeutung. Auch die soziale Herkunft und das Milieu trägt nach Ansicht der Schüler wenig zum Berufserfolg bei, und die Behauptungen, das Wohlwollen der Vorgesetzten und Glück/Zufall trügen kaum etwas zum Erfolg bei, runden das Bild einer gerechten Gesellschaft ab. Die Sozialisationsinstanzen vermitteln also jene Erfolgsideologie, die als Motivationsspritze das Leistungsverhalten des einzelnen in Gang hält.

Die Schule erscheint den Schülern als Leistungsschule, als genaues Abbild der gesamtgesellschaftlichen Aufstiegsmechanismen. Ob man in der Schule gute Zensuren erhält oder im Berufsleben Erfolg hat, beides wird vom individuellen Leistungsstreben gesteuert. Hier wie dort spielt die Loyalität eine geringe Rolle, ebenso die soziale Herkunft. Allenfalls das „Wohlwollen der Lehrer" wird als Erfolgsfaktor etwas häufiger genannt als das „Wohlwollen der Vorgesetzten", auch sind Glück und Zufall ausgeschaltet. Die Schule ist also genau wie die Gesellschaft, in die die Schüler bald entlassen werden, eine gerechte Ordnung, in der nicht die Macht entscheidet, sondern allein die Leistung.

Was sich bei dem Problembereich von Macht und Einfluß bereits andeutete, findet sich hier wieder, nämlich das Fehlen jeglicher Sensibilisierung für Fragen der Macht. Macht wird – bei den Schülern unserer Altersstufe – als legitime institutionelle Macht erlebt, die wegen ihrer Leistungsfundierung nicht in Frage gestellt werden kann. Die Abhängigkeit von Macht und von Mächtigen, doch täglich neu erfahren, aktiviert nicht Tendenzen ich-autonomen Widerstandes, sondern eine loyale Haltung gegenüber den Macht repräsentierenden Personen. Daß die Schüler den Versprechungen der Leistungsideologie vertrauen, hängt damit zusammen, daß in den Sozialisationsinstanzen Elternhaus und Schule permanent das Modell der Leistungsgesellschaft vertreten wird. Die Schülereinstellungen sind hier der unkritische Reflex dominanter Orientierungen in der erwachsenen Bevölkerung. Identische Vergleichsfragen in den Parallelfragebögen zeigen eindeutig das Vorherrschen der Leistungsideologie in der ganzen Gesellschaft; bis auf geringe Abweichungen gleichen sich die Schülereinstellungen den Erwachsenen an (Elterfragebogen, Frage 62 und Frage 42; Lehrerfragebogen, Frage 88). Trotz des Fehlens von Gesellschaftsbildern wissen die Schüler demnach, wie sie sich in der unbekannten Gesellschaftsstruktur zum Zwecke sozialen Aufstiegs zu bewegen haben. Ziele einer verbesserten materiellen Existenz und ein unspezifischer Aufstieg stehen dabei gleichgewichtig nebeneinander, wie die letzte jetzt vorzustellende Frage zeigen wird.

In der Schule bedeutet Erfolg den Erhalt einer guten Note; was aber bedeutet Erfolg im Beruf, was heißt es, im Berufsleben erfolgreich zu sein? Primär um Mizruchis These einer Unterschicht-Erfolgsorientierung zu überprüfen (1964, S. 72)[31], wurde eine Reihe möglicher Erfolgssymbole instrumentalisiert. Die Zahlenverteilung zeigt zunächst den hohen Rangwert und die Gleichgewichtigkeit von Arbeitszufriedenheit mit dem beruflichen Aufstieg als Erfolgsmerkmal; berufliche Selbständigkeit und Geldverdienst fallen demgegenüber an Bedeutung ab, noch stärker die wirtschaftliche Sicherheit. Nahezu keine Bedeutung als Erfolgsmerkmal haben das Sozialprestige und „Macht und Einfluß". Wieder werden individuelle Erlebnisqualitäten hervorgehoben und soziale Faktoren vernachlässigt. Macht und beruflicher Aufstieg werden als getrennte Aspekte gesehen, weil das Problem der auf den Hierarchiestufen steigenden Verfügungsgewalt nicht erkannt wird.

Mizruchis Differenzierung schichtspezifischer Aufstiegsziele (herausgearbeitet an einer amerikanischen Erwachsenenstichprobe) findet an unserer Schülerstichprobe keine Bestätigung. Allenfalls weisen Tendenzen in diese Richtung: eine dominante finanzielle Erfolgsorientierung der Arbeiterschaft läßt sich (wie auch die Aufgliederung nach dem Beruf des Vaters erkennen läßt) jedoch nicht ausmachen.

(31) Danach orientiert sich die Arbeiterschicht an materiellen Leistungssymbolen (Arbeitsplatzsicherheit, Hausbesitz, Geld usw.), die Mittelschicht am immateriellen Leistungsvollzug.

6 Ergebnisse: Formen politischer Handlungsorientierung

6.1 Faktorenanalyse der Einstellungsindikatoren

Für die nachfolgenden Analysenschritte ist eine sorgfältige Dokumentation der benutzten Indikatoren äußerst wichtig. Grenzt doch für den in der Interpretation faktorenanalytisch gewonnener Ergebnisse ungeübten Leser die Faktorenanalyse an ein methodisches Wunderwerk, bei dessen Nachvollzug oft die Ausgangsbasis der verwendeten Variablen aus dem Blickfeld gerät. So gilt es auf allen Stufen der Interpretation, auch bei Verschwinden bzw. Nichtauftreten erwarteter Faktoren, die gemeinten Ausgangsvariablen zu benennen. Jaide gibt dafür ein gutes Beispiel, wenn er im Anschluß an seine These, es lasse sich bei den von ihm untersuchten Jugendlichen kein „Linksfaktor" herauskristallisieren, jene Variablen aufführt, die einen Linksfaktor hätten konstituieren können (1971, S. 38 f.).

Wir berühren damit die Problematik der Hypothesenbildung bei Verwendung faktorenanalytischer Verfahren. Erinnert sei dabei an die Thesen von Überla, wonach in der Faktorenanalyse nicht in erster Linie eine Hypothese getestet, sondern eine Hypothese gesucht und gebildet wird. Danach ist die Faktorenanalyse eines der wenigen Verfahren, das die Bildung einer Hypothese aufgrund einer umfangreichen Datensammlung ermöglicht (vgl. Überla 1971, S. 90). Die gesuchte Hypothese bezieht sich auf hypothetische Grunddimensionen zur Reduktion des Variablenraumes.

Die verwendeten Schüler-Einstellungsindikatoren beziehen sich auf sechs globale Inhaltsbereiche, nämlich:
- Interessenausrichtung (generell und situativ),
- Politische Handlungsorientierung (generell und situativ),
- Politische Grundeinstellung (generell und situativ),
- Schulische Lernzielorientierung,
- Orientierung bezüglich schulischer Strukturkonflikte und
- Gesellschaftsverständnis.

Für die ersten drei Inhaltsbereiche werden jeweils Indikatoren der generellen und situativen Orientierung gebildet, wobei mit „generell" abstrakte gesellschaftsbezogene Orientierungen gemeint sind und mit „situativ" konkrete Einstellungen z.B. gegenüber der Institution Schule. Auf eine Kommentierung der Einzelindikatoren kann verzichtet werden, weil der verwendete Indikatorname den Inhalt der neuen Variablen bereits zusammenfassen soll.

Zusammen mit einer Kurzbezeichnung des Indikators und der empirischen Zahlenwertbesetzung sind die Indikatoren und die zugrundeliegenden Fragen und Antwortkategorien im Dokumentationsteil der Dissertation verzeichnet.

Um zu kennzeichnen, ob eine begrifflich unipolare oder bipolare Skalierung vorliegt, wird bereits an dieser Stelle die Regelung eingeführt, die sich bei der Interpretation der Faktoren als besonders nützlich erweisen wird, nämlich bipolare Skalen, bei denen beide Extrempole begrifflich-inhaltlich durch die items beschreibbar sind, anhand beider Pole unter Verwendung des Verbindungsworts „versus" zu kennzeichnen. Bei unipolaren Indizes wird nur der begrifflich erfaßte eine Pol gekennzeichnet, da der Gegenpol empirisch zunächst indeterminiert ist. In der folgenden Übersicht beziehen sich die Kommunalitäten auf die nachfolgende Faktorenanalyse.

Gliederung der Einstellungsindikatoren nach Inhaltsbereichen (inclusive der Kommunalitäten):

		Kommunalität (O = oberes Quartil, U = unteres Quartil):
1	*Interessenausrichtung*	
1.1	*Generelle, antizipierte Orientierung*	
1.1.1	familistisch	.481
1.1.2	beruflich	.570
1.1.3	politisch	.201 U
1.2	*hohe versus niedrige Relevanz künftigen politischen Interesses*	.451
1.3	*Interesse an Wirtschaft*	.088 U
1.4	*Situative Orientierung:*	
1.4.1	familistisch	.317
1.4.2	beruflich	.103 U
1.4.3	politisch	.433
1.5	*Interesse am Sozialkundeunterricht*	.224
2	*Politische Handlungsorientierung*	
2.1	*Generell:*	
2.1.1	apolitisch	.305
2.1.2	konformistisch-legitimistisch	.435
2.1.3	interessenorientiert	.608 O
2.2	*Situativ*	
2,2.1	harmonistisch-unpolitisch	.750 O
2.2.2	überkonform-unpolitisch	.757 O
2.2.3	interessenorientiert	.563
2.2.4	aktiv-kritisch	.659 O
3	*Politische Grundeinstellung*	
3.1	*Generell:*	
3.1.1	umfassender versus restriktiver Politikbegriff	.479
3.1.2	autoritär-elitäres Politikverständnis	.483

3.1.3	autoritär-harmonistisches Politikverständnis	.344
3.1.4	antidemokratisch	.445
3.2	*Situativ:*	
3.2.1	aktiv-demokratisch	.573
3.2.2	viele versus wenige Bereiche für Schülermitbestimmung	.373
3.2.3	für versus gegen politische Stellungnahmen des Lehrers	.055 U
4	*Schulische Lernzielorientierung*	
4.1	*emanzipatorisch*	.803 O
4.2	*konventionell*	.657 O
4.3	*hohe versus niedrige Relevanz von Schulnoten*	.117 U
5	*Orientierung bzgl. schulischer Strukturkonflikte*	
5.1	*Kritik:*	
5.1.1	Kritik versus Übereinstimmung mit Lernzielen	.079 U
5.1.2	despektierliche Kritik an Schule und Lehrer	.310
5.2	*Reaktionstendenz:*	
5.2.1	überangepaßt	.559
5.2.2	ritualisiert-angepaßt	.616 O
5.2.3	ritualisiert-resignativ	.220
5.2.4	widerständig-interessenorientiert	.882 O
6	*Gesellschaftsverständnis*	
6.1	*harmonistisches versus dichotomisches Gesellschaftsbild*	.104 U
6.2	*ungerechte versus gerechte Einkommensunterschiede*	.066 U
6.3	*Erfolgsfaktoren*	
6.3.1	persönliche Leistung	.629 O
6.3.2	Begabung und Intelligenz	.522
6.3.3	soziale Bedingungen	.653 O
6.4	*Verhältnis zu Machtstrukturen*	
6.4.1	ignorant	.333
6.4.2	parlamentarismuskonform	.322
6.4.3	gewerkschaftsfreundlich	.023 U
6.4.4	dezentralistisch	.197 U

Die Faktorenanalyse der insgesamt 41 Einstellungsindikatoren soll zeigen, auf welche Hauptfaktoren die Indikatoren reduziert werden können. Insgesamt wurden 16 Faktoren extrahiert, die 62 Prozent der Gesamtvarianz erklären. Die von Überla (1971, S. 127 f.)[1] empfohlene Auflistung der Eigenwerte ergibt für unsere Daten folgendes Zahlenbild:

Faktor	*Eigenwert*	*Prozent Varianz*	*Kum. Prozent*
1	4,54	11.1	11.1
2	2.22	5.4	16.5
3	2.09	5.1	21.6
4	1.75	4.3	25.9
5	1.58	3.9	29.8
6	1.46	3.6	33.3

(1) Der sogenannte Scree-Test zeigt dann die Abweichungen „signifikanter" Faktoren von der zufallsmäßig zu erwartenden leicht ansteigenden Geraden der Eigenwerte.

Faktor	Eigenwert	Prozent Varianz	Kum.Prozent
7	1.39	3.4	36.7
8	1.34	3.3	40.0
9	1.23	3.0	43.0
10	1.21	3.0	46.0
11	1.16	2.8	48.8
12	1.13	2.8	51.6
13	1.08	2.7	54.2
14	1.03	2.5	56.8
15	1.02	2.5	59.3
16	1.01	2.5	61.7

Diese Zahlenverteilung hätte es unter dem Aspekt der Variablenreduktion geraten erscheinen lassen, nicht mehr als etwa 9 Faktoren zu extrahieren und zu kommentieren. Da jedoch diese Faktorenanalyse einen Zwischenschritt für weitere Analyseverfahren darstellt (Faktorenanalyse zweiter Ordnung und Regressionsrechnung), haben wir es bei dem oben genannten Abbruchkriterium belassen. Die Faktoren werden nun im einzelnen dargestellt und diskutiert; wieder im Dokumentationsteil der Dissertation sind dazu die Variablen mit den höchsten Ladungen entsprechend der Höhe der Korrelation mit dem jeweiligen Faktor präsentiert, und zwar alle Ladungen über ± .199. Dieses Kriterium wurde willkürlich gewählt, unabhängig von dem Eigenwertanteil, der auf die übrigen Variablen entfällt, um die Übersicht zu erleichtern. Für die Faktoreninterpretation scheint dieser Darstellungsmodus jedoch ausreichend. Auf die Präsentation der vollständigen Faktorstrukturmatrix wird aus Platzgründen verzichtet.

Faktor 01: Interessenbezogen-oppositionelle versus unpolitische situative Handlungsorientierung

Dieser Faktor mit dem weitaus höchsten Eigenwert repräsentiert primär eine situative Handlungsorientierung. Positiv ist sie auf die Durchsetzung eigener Interessen bezogen, negativ weist sie einen harmonistisch-unpolitischen Habitus zurück. Konstitutiv sind zudem eine Orientierung an emanzipatorischen schulischen Lernzielen, ein umfassendes Politikverständnis und das Plädoyer für die Demokratisierung in möglichst vielen schulischen Problembereichen. Nur zwei konträre Variablen laden stark negativ; sie drücken beide eine konformistisch-unpolitische Tendenz aus. Die interessenbezogen-oppositionelle situative Orientierung setzt sich also bewußt von unpolitischen Tendenzen ab. Der Faktor mit dem höchsten Varianzanteil bezieht sich also letztlich auf die interessenreflektierte

Durchsetzung emanzipatorischer Ziele, besonders von emanzipatorischen Lernzielen in der Schule.

Faktor 02: Generelles, antilegitimistisches politisches Desinteresse

Dieser Faktor, der die höchsten Ladungen in Variablen des politischen Interesses bzw. Desinteresses aufweist, läßt zunächst keinen begrifflichen Antipoden für hohes politisches Desinteresse ersichtlich werden, keinen Kontrast, an dem sich das Desinteresse „positiv" orientiert. Konstitutiv sind sowohl Variablen des generellen, antizipierten politischen Desinteresses (1.2/1.1.3/1.3) wie Variablen des situativen politischen Desinteresses (1.4.3/1.5). Verwirrend ist zunächst die hohe negative Ladung im Indikator für generelle konformistisch-legitimistische Handlungsorientierung. Zur Interpretation ist es nützlich, sich den genaueren Inhalt dieser Variablen zu vergegenwärtigen: sie mißt nämlich die Befürwortung der Wahrnehmung staatsbürgerlicher Rechte und Pflichten sowie die Befürwortung politischer Information und einer Beteiligung an Wahlen. Rückbezogen auf den Faktor 02 ist zu konstatieren, daß damit ein politisches Desinteresse gemessen wird, das sich nicht einmal den einfachsten demokratischen Rechten und Pflichten verbunden weiß. Ein Interesse an beruflichen oder familiären Problemen kristallisiert sich nicht als Antipode heraus, so daß ein spezifisch politisches Desinteresse konstatiert werden muß.

Faktor 03: Konventionell-überangepaßte versus emanzipatorisch-interessenbezogene schulische Lernzielorientierung

Im Faktor 03, der eine leicht interpretierbare Struktur aufweist, sind wieder zwei begriffliche Pole des Einstellungskomplexes deutlich ersichtlich, nämlich die konventionelle und die emanzipatorische Lernzielausrichtung. Die hier dominierende konventionelle Variante korreliert mit einer überangepaßten Reaktionstendenz bei Schulkonflikten und mit einer hohen Relevanzattribution von Schulnoten. Negativ korreliert sie mit emanzipatorischen Intentionen und mit interessenorientiert politischer Handlungsintention, so daß wieder ein von den Befragten zurückgewiesener Meinungsaspekt erkennbar ist. Umgekehrt läßt sich sagen, daß eine konventionelle Lernzielorientierung mit der Akzeptierung traditionell-konventioneller Verhaltensvorschriften einhergeht. Interessant ist an diesem Beispiel zu sehen, wie die statistische Abhängigkeit zweier Indikatoren (in 4.1 und 4.2 ist die gleiche MfA-Frage mit drei Antwortmöglichkeiten bei zehn vorgegebenen Kategorien benutzt) die Extraktion eines Faktors mit relativ einfacher Struktur unterstützt.

Faktor 04: Autoritär-unpolitische Grundeinstellung versus aktives politisches Interesse

Dieser Faktor lädt in allen drei Indikatoren beachtlich hoch, die anhand der Test-items mit drei Antwortmöglichkeiten gebildet wurden, jedoch zusätzlich in einer Reihe weiterer Variablen. Er drückt, in positiver Kennzeichnung, gleichermaßen autoritäre, wie antidemokratische, wie unpolitische, wie überkonforme und konventionelle Orientierungen aus, so daß er als reiner Autoritarismusfaktor interpretiert werden kann. Interessant ist der empirische Antipode dieses autoritären Syndroms, der sich primär gegen aktuelles politisches Interesse richtet und erst in zweiter Linie (wie die nicht ausgewiesenen weiteren signifikanten Ladungen zeigen) gegen interessegeleitete situative Mitbestimmungsintentionen. Die positiv definierten Gegenbilder gegen die apolitische Grundhaltung sind hier deutlich als autoritär-elitäre ausgewiesen.

Faktor 05: Familistisch-emanzipatorische versus generelle berufliche Orientierung

Dieser Faktor, der nur sehr wenige hohe Ladungen aufweist, ist leicht interpretierbar. Die unerwartete Kovariation mit emanzipatorischer Lernzielorientierung ist konstitutiv für Faktor 05, wie sich anhand weiterer signifikanter Ladungen leicht zeigen läßt: Situatives politisches Interesse, situative Demokratisierungsbereitschaft, interessengeleitete generelle politische Handlungsorientierung kovariieren positiv mit diesem Faktor, während autoritäre und konformistische Haltungen negative Ladungen aufweisen. Eine familistische, sich gegen die Priorität beruflicher Erfolgsbestrebungen absetzende Orientierung ist damit bei den Schülern nicht zwangsläufig konventionell-unpolitisch; statt dessen lassen sich unterschiedliche Typen familistischer Orientierung unterscheiden, nämlich eine emanzipatorische (wie in diesem Faktor 05) und eine konventionelle Variante. Faktor 13 wird dazu weitere Hinweise geben.

Faktor 06: Unpolitisch-überkonforme versus demokratisch-interessegeleitete situative Handlungsorientierung

Dieser Faktor ist wiederum auf der einen Seite durch unpolitische Überanpassung, auf der anderen Seite durch Stellungnahme gegen demokratisch legitimierte Opposition gekennzeichnet; er bezieht sich jedoch nahezu ausschließlich auf das Verhältnis zu Problemen der Institution Schule, so daß man ihn auch als schulisch-konformen Beschwichtigungsfaktor bezeichnen könnte, weil er sich demonstrativ von Demokratisierung und Interessendurchsetzung abhebt. Er repräsentiert somit das Gegenteil von Faktor 01, wobei in Faktor 06 die unpolitische Komponente stark harmonisierend-beschwichtigende Züge trägt. Andererseits schwingen aber auch hier die unpolitischen Tendenzen mit; die Überkonformität geht mit einer unpolitischen Grundtendenz einher, da das politische Verhalten als nonkonform aufgefaßt wird.

Faktor 07: Leistung versus soziale Bedingungen als Erfolgsfaktoren

Dies ist einer von nicht mehr als drei bis vier Faktoren, die sich auf das Gesellschaftsverständnis der Schüler beziehen; die Faktoren 07 und 08 betreffen ausschließlich die Einstellungen zu den ausschlaggebenden Faktoren für Erfolg in Beruf und Schule. In beiden Faktoren treten nahezu ausschließlich jene Indikatoren in Erscheinung, die sich auf das Bild von Leistung und Erfolg beziehen; dies bedeutet andererseits, daß diese Aspekte des Gesellschaftsbildes bei den Schülern einen unverbundenen, quasi isolierten Bestandteil des politischen Bewußtseins ausmachen, der nicht konstitutiv für den politischen Habitus zu sein scheint. In Faktor 07 wird die persönliche Leistung als Bedingungsfaktor beruflichen und schulischen Erfolges hervorgehoben und gegen den Einfluß von Schicht und sozialer Herkunft abgehoben.

Faktor 08: Leistung versus Begabung als Erfolgsfaktor

Ebenso wie Faktor 07 repräsentiert Faktor 08 die Dominanz der Leistungsideologie in unserer Schüler-Population, Faktor 08 unterscheidet sich von Faktor 07 lediglich dadurch, daß hier Persönlichkeitsfaktoren, nämlich Begabung und Intelligenz, anstelle sozialer Bedingungen als Antipoden des Erfolgsfaktors „Leistung" in Erscheinung treten. Die faktorielle Einfachstruktur ist jedoch in beiden Fällen auffällig und für unsere Daten relativ ungewöhnlich. Erstaunlich ist ebenfalls, daß zu diesem Bereich zwei unterschiedliche Faktoren errechnet wurden (die aber beide in der Faktorenanalyse zweiter Ordnung wieder verschwinden werden).

Faktor 09: Kritisch-aktivistische versus überangepaßte situative Handlungsorientierung

Faktor 09 ist wieder ein reiner Faktor der situativen Handlungsorientierung. Im Gegensatz zu Faktor 01 und Faktor 06 kommt bei Faktor 09 eine autonome kritisch-aktivistische Komponente stärker zum Ausdruck. Die in den theoretischen Vorüberlegungen unseres Projekts als zentraler Bezugspunkt vorgeschlagene Dichotomie und Kritik und Affirmation scheint hier, bezogen auf situativ-schulische Verhältnisse, ihre empirisch nachweisbare Konkretion gefunden zu haben (vgl. Zwischenbericht 1973, S. 19 f.). „Aktiv-kritisch" meint hier die Mitarbeitsbereitschaft für die Schülermitverwaltung, die Befürwortung des Streikrechts für Schüler, die Befürwortung auch persönlicher Kritik am Lehrer, besonders aber die Unterstützung einer offenen Auseinandersetzung zwischen Schule und Schülern im Konfliktfall.[2] Gepaart ist dieses Meinungsbild mit der generellen Befürwortung von Demokratisierungsbestrebungen für die Schule.

Faktor 10: Ignorant parlamentarismuskonformes versus dezentralistisches Bewußtsein von Machtstrukturen

Dies ist der dritte sich auf das Gesellschaftsbild der Befragten beziehende Faktor. Er lädt am höchsten in jener Variablen, die die völlige Unfähigkeit zur Einschätzung von Machtstrukturen in der Bundesrepublik beinhaltet. Nahezu ebenso hoch lädt er in einem Indikator, der als naiv-parlamentarismuskonform bezeichnet werden kann, weil die Macht von Regierung, Parlament und Parteien als zu gering eingestuft wird. Im negativen Korrelationsbereich ist dieser Faktor durch die Zurückweisung dezentralistisch-demokratischer Vorstellungen gekennzeichnet. Ferner korreliert ein restriktiver Politikbegriff positiv mit diesem Faktor. Anders als bei den beiden zuvor behandelten Gesellschaftsbild-Faktoren treten hier weitere signifikante Ladungen auf, die in eine undemokratische und unpolitische

(2) Die absolute Höhe der Ladungen ist hier sicherlich überzeichnet, da wieder voneinander „abhängige" Variablen in die für den Faktor wichtigsten Indikatoren eingingen.

Richtung weisen. Die Tatsache, daß sich zum Bereich gesellschaftlicher Machtkonstellationen nur ein einziger Faktor herauskristallisiert hat (obwohl vier Indikatoren benutzt wurden und obwohl bei den Fragen zum Leistungsbild bei drei Indikatoren zwei Faktoren extrahiert wurden), bestätigt die These, daß politisch-wirtschaftliche Macht nicht zum Gesellschaftsbild der Schüler gehört.

Faktor 11: Restringiert antidemokratisches Bewußtsein

Faktor 11 lädt in Variablen hoch negativ, die sich auf eine aktiv-kritische Demokratisierung der Schule beziehen, ferner in Variablen, die die Enge bzw. Weite von Begriffsvorstellungen messen; so werden nur wenige Anwendungsbereiche für Schülermitbestimmung genannt, und der Politikbegriff wird ebenfalls nur für sehr wenige der den Befragten präsentierten Probleme akzeptiert. Daß dieser Faktor nicht etwa nur die Bequemlichkeit im Antwortverhalten der Schüler mißt, sondern eine faktische Beschränktheit des politischen Bewußtseins und der politischen Handlungsorientierung, beweisen die übrigen beachtlichen Faktorenladungen. Das ersichtliche Desinteresse am Sozialkundeunterricht weist in die gleiche Richtung einer eingeschränkten begrifflichen und politischen Perspektive.

Faktor 12: Konventionalistisch-überangepaßte versus demokratisch-situative Handlungsorientierung

Dieser Faktor ähnelt Faktor 06 sehr stark (und damit der Umkehrung von Faktor 01), so daß es schwierig ist, unterschiedliche Komponenten herauszuarbeiten. Im Faktor 12 scheint uns die Opposition gegen Demokratisierung dominant zu sein, während in Faktor 06 eine apolitisch-harmonistische Orientierung stärker ausgeprägt ist. Konzeptueller Gegenpol ist in beiden Faktoren das interessegeleitet-widerständige aktuelle Verhalten, das für den positiven Aspekt von Faktor 01 bestimmend war. In beiden Faktoren ist aber eine Affinität zu antidemokratischen Vorstellungen ersichtlich, deren autoritär-elitäre Komponente in Faktor 12 deutlich hervortritt.

Faktor 13: Konventionelle familistische Orientierung

Obwohl dieser Faktor im Indikator für aktuell-situatives politisches Interesse eine beachtliche negative Ladung aufweist, läßt sich bei Hinzunahme der übrigen (nicht ausgewiesenen) signifikanten Ladungen kein ausgeprägtes Gegenbild der ermittelten generellen sowie aktuellen familistischen Orientierung erkennen, da z.B. eine – wenn auch sehr schwache – Demokratisierungsbereitschaft erkennbar ist. Auch die dritthöchste Variablenladung dieses Faktors, nämlich im aktuellen beruflichen Interesse, bringt dazu keine Problemlösung, sie scheint mehr die Rangfolge innerhalb des konventionellen Familismus zu spiegeln. Danach geht der konventionelle Familismus in der Schüler-Population mit leichtem beruflichen Interesse und leichtem politischen Desinteresse einher. Faktor 13 spiegelt also wieder die traditionelle Interessenausprägung in der Reihenfolge: Familie – Beruf – Politik.

Faktor 14: Restringiert konventionalistisch-unpolitische Apologetik

In diesen Faktor gehen relativ heterogene Variablen ein; gemessen an der Höhe der Ladungen liegt zudem die am wenigsten ausgeprägte Faktorenstruktur vor. Die höchste Ladung bezeichnet ein sehr eingeschränktes Verständnis des Politikbegriffs, sodann ist ein aktuelles und generelles politisches Desinteresse von Belang, eine unkritische Bejahung der vorgegebenen schulischen Lernziele, schließlich eine Ablehnung aktiv-widerständigen Verhaltens in der Schule. Faktor 14 ist ein konventioneller Negationsfaktor, man denkt unwillkürlich bei diesem Erscheinungsbild an politische Slogans der Art „Was wollt ihr denn, es geht uns doch gut", da ein begriffliches Gegenbild nicht gezeichnet ist.

Faktor 15: Harmonistisch-affirmatives Gesellschaftsverständnis versus kritische situative Orientierung

Eine ähnliche Struktur zeigt sich bei Faktor 15, mit dem Unterschied, daß hier kein naiv-restringiertes Bewußtsein in Erscheinung tritt, sondern ein reflektiert-harmonistisches, das gegenüber aktuellen Demokratisierungsbestrebungen apologetische Funktionen hat. So wird keine Kritik an Schule und Lehrer geübt, aktiv-demokratisches Verhalten in der Schule wird zurückgewiesen, und es werden nur wenige Aspekte der Institution Schule als demokratisierungsfähig betrachtet. Die übrigen nicht aufgeführten signifikanten Ladungen bestätigen diese Tendenz. Faktor 15 weist somit ein sehr interessantes Erscheinungsbild auf, da er eine für die 16 extrahierten Faktoren einmalige Verquickung gesellschaftspolitischer und situativer Orientierungen beinhaltet. Andererseits muß zugestanden werden, daß eine solche faktorielle Struktur von uns häufiger erwartet wurde, als die Faktoren tatsächlich ausweisen. Umgekehrt gehört die überwiegende Unverbundenheit des Gesellschaftsverständnisses einerseits und der politischen Handlungsorientierung andererseits zu den Grundbefunden dieser Faktorenanalyse. Das politische Bewußtsein, die Interessenorientierung und die politische Verhaltensorientierung zerfallen demnach in eher unverbundene Teilbereiche; darauf wird im nächsten Abschnitt noch näher einzugehen sein.

Faktor 16: Ritualisiert-resignative versus oppositionelle situative Handlungsorientierung

Faktor 16 weist die einfachste Struktur überhaupt auf, denn es spielen nur zwei Indikatoren eine wichtige Rolle. Beide beziehen sich auf Reaktionstendenzen bei schulischen strukturellen Problemen. Dominant ist die ritualisiert-resignative Tendenz, die sich sowohl von Intentionen der konformistischen Überanpassung als auch der interessegeleiteten Opposition distanziert. Auffällig ist wiederum die relative Isoliertheit der Zentralvariablen dieses Faktors von den übrigen in die Faktorenanalyse einbezogenen Einstellungsbereichen.

Um die Diskussion der Ergebnisse der Faktorenanalyse zu erleichtern, ist es nützlich, die Faktoren mit den Faktorenbenennungen in einer Tabelle zusammenzustellen:

Übersicht über die extrahierten Einstellungsfaktoren

Faktor 01: Interessenbezogen-oppositionelle versus unpolitische situative Handlungsorientierung
Faktor 02: Generelles, antilegitimistisches politisches Desinteresse
Faktor 03: Konventionell-überangepaßte versus emanzipatorisch-interessenbezogene schulische Lernzielorientierung
Faktor 04: Autoritär-unpolitische Grundeinstellung versus aktives politisches Interesse
Faktor 05: Familistisch-emanzipatorische versus generelle berufliche Orientierung
Faktor 06: Unpolitisch-überkonforme versus demokratisch-interessegeleitete situative Handlungsorientierung
Faktor 07: Leistung versus soziale Bedingungen als Erfolgsfaktoren
Faktor 08: Leistung versus Begabung als Erfolgsfaktor
Faktor 09: Kritisch-aktivistische versus überangepaßte situative Handlungsorientierung
Faktor 10: Ignorant parlamentarismuskonformes versus dezentralistisches Bewußtsein von Machtstrukturen
Faktor 11: Restringiert antidemokratisches Bewußtsein
Faktor 12: Konventionalistisch-überangepaßte versus demokratisch-situative Handlungsorientierung

Faktor 13: Konventionelle familistische Orientierung
Faktor 14: Restringiert konventionalistisch-unpolitische Apologetik
Faktor 15: Harmonistisch-affirmatives Gesellschaftsverständnis versus kritische situative Orientierung
Faktor 16: Ritualisiert-resignative versus oppositionelle situative Handlungsorientierung

Vor einer weiteren Analyse der extrahierten Faktoren ist es aufschlußreich, die Kommunalitäten der Einstellungsindikatoren genauer zu betrachten. Kommunalität ist der Anteil an der Varianz einer Variablen, der durch die gemeinsamen Faktoren aufgeschlüsselt wird (vgl. Jahn/Vahle 1970, S. 61).[3] Die Kommunalität kann somit als Gradmesser für das Ausmaß korrelativer Beziehungen zu anderen Variablen innerhalb der Faktorenanalyse benutzt werden. Variablen mit hoher Kommunalität korrelieren hoch mit anderen Faktoren und stehen also in enger inhaltlicher Beziehung zu anderen Einstellungskomplexen, während Variablen mit niedriger Kommunalität innerhalb des ausgewählten Variablenpools einen eher unverbundenen und isolierten Status einnehmen. Da in unserem Indikatorenpool eine hohe Anzahl von 41 Variablen enthalten ist, die wiederum auf einer Vielzahl von Urvariablen basieren, ist eine Interpretation angemessen, die die geringe Kommunalität eines Indikators in unserer Faktorenanalyse auf einen faktisch innerhalb der Gesamtuntersuchung isoliert-unverbundenen Status zurückführt, anstatt auf die Willkür der Variablenauswahl.

Wenn demzufolge hier eine niedrige Kommunalität als Indikator für zufälliges Antwortverhalten der befragten Schüler interpretiert wird, so liegt dem die Vermutung zugrunde, daß eine veränderte Variablenzusammenstellung ebenfalls keine höheren Kommunalitäten der betreffenden Variablen ergeben hätte und daß auch durch andere, in unserer Untersuchung nicht verwendete Variablen die Varianz der betreffenden Indikatoren nicht erheblich besser erklärt worden wäre. Sicherlich darf man annehmen, daß niedrige Kommunalitäten im Rahmen dieser Studie auf zufälliges Antwortverhalten und unstrukturierte Einstellungen schließen lassen. Die Kommunalitäten der Einzelindikatoren wurden in Quartile unterteilt; zufälliges und unstrukturiertes Antwortverhalten drückt sich demnach in folgenden Indikatoren aus (in aufsteigender Reihenfolge geordnet, begonnen mit der Variablen mit der geringsten Kommunalität):

(3) „Die Kommunalität repräsentiert den Teil der Einheitsvarianz einer Variablen, der mit den gemeinsamen Faktoren geteilt wird. Sie ist das Bestimmtheitsmaß in der multiplen Regression der gemeinsamen Faktoren auf eine Variable" (Überla 1971, S. 57).

6.4.3 Verhältnis zu Machtstrukturen: gewerkschaftsfreundlich
3.2.3 Politische Grundeinstellung, situativ: für versus gegen politische Stellungnahme des Lehrers im Unterricht
6.2 Gesellschaftsverständnis: ungerechte versus gerechte Einkommensunterschiede
5.1.1 Orientierung bezüglich schulischer Strukturkonflikte: Kritik versus Übereinstimmung mit Lernzielen
1.3. Interessenausrichtung, generell: Interesse an Wirtschaft
1.4.2 Interessenausrichtung, situativ: beruflich
6.1 Gesellschaftsverständnis: harmonistisches versus dichotomisches Gesellschaftsbild
4.3 Schulische Lernzielorientierung: hohe versus niedrige Relevanz von Schulnoten
6.4.4 Gesellschaftsverständnis, Verhältnis zu Machtstrukturen: dezentralistisch
1.1.3 Interessenausrichtung, generell: politisch

Diese Übersicht überrascht doch in einigen Aspekten, in anderen entspricht sie jedoch genau den Vermutungen, die anläßlich der Kommentierung der Urdaten geäußert worden waren. So scheint die Frage nach der politischen Stellungnahme des Lehrers im Unterricht tatsächlich keinerlei inhaltlich-relevante Einstellung zu messen, ebensowenig die Frage nach der Gerechtigkeit oder Ungerechtigkeit bestehender Einkommenunterschiede, schließlich auch die Frage nach dem Gesellschaftsbild, was in letzterem Falle sicherlich teilweise zu Lasten des Skalierungsmodus geht.

Andere Indikatoren treten für den Verfasser unerwartet in dieser Übersicht auf, so die gewerkschafts- und arbeitnehmerfreundliche Einstellung und besonders die Frage nach dem Sinn oder Unsinn faktischer Lernzielvermittlung in der Schule (Frage 44). Die in dieser Frage provozierte Kritik ist demnach zu unspezifisch, als daß das Ergebnis eine inhaltlich fundierte Stellungnahme spiegeln könnte. In einem anderen Fall, der Frage nach der Relevanzeinschätzung von Schulnoten, wurde die Frage allein zu dem Zweck in die Faktorenanalyse aufgenommen, um herauszufinden, welche inhaltliche Tendenz diese Frage mißt: Das Ergebnis dieses Tests ist ebenso negativ ausgefallen wie bei Frage 44, beide Variablen repräsentieren keine relevante Einstellungsdimension. Der naheliegende Einwand, die diskutierte Variablengruppierung sei ein Methodenartefakt, da besonders jene Indikatoren überrepräsentiert sind, die als Urvariablen unverändert übernommen worden sind, kann teilweise durch den Hinweis auf einen Parallelfall entkräftet werden, der sogar in einem Faktor (Faktor 02) die höchste Ladung hat, nämlich die Variable für hohe versus niedrige Relevanz künftigen politischen Interesses.

Die Indikatoren mit den höchsten Kommunalitäten sind wie folgt gruppiert:

5.2.4 Orientierung bezüglich Strukturkonflikte, Reaktionstendenz: widerständig-interessenorientiert
4.1 Schulische Lernzielorientierung: emanzipatorisch
2.2.2 Politische Handlungsorientierung, situativ: überkonform-unpolitisch
2.2.1 Politische Handlungsorientierung, situativ: harmonistisch-unpolitisch
2.2.4 Politische Handlungsorientierung, situativ: aktiv-kritisch
4.2 Schulische Lernzielorientierung, konventionell
6.3.3 Gesellschaftsverständnis, Erfolgsfaktoren: soziale Bedingungen
6.3.1 Gesellschaftsverständnis, Erfolgsfaktoren: persönliche Leistung
5.2.2 Orientierung bezüglich schulischer Strukturkonflikte, Reaktionstendenz: ritualisiert überangepaßt
2.1.3 Politische Handlungsorientierung, generell: interessenorientiert

In dieser Übersicht stehen Indikatoren der situativen politischen Handlungsorientierung klar im Vordergrund, sodann folgen Indikatoren für Reaktionstendenzen und Vorstellungen über gesellschaftliche Erfolgsfaktoren.[4] Diese quantitative Tendenz bestätigt sich, wenn die Übersicht der Faktorenbenennungen näher betrachtet wird. Auch dort stehen, rein quantitativ betrachtet, Faktoren der situativ-schulischen politischen Handlungsorientierung im Vordergrund (Faktor 01, 09, 12, 16). Daneben sind Faktoren des politischen Interesses relevant (02, 04), des familistischen Interesses (05, 13) und Faktoren des gesellschaftlichen Leistungsbildes (07, 08). Die übrigen Faktoren lassen keinen so deutlichen inneren Zusammenhang erkennen. Klar ersichtlich ist jedoch in jedem Falle, daß die Faktorenanalyse zu einer Ausschaltung der zufälligen und unstrukturierten Antworttendenzen geführt hat. An dieser Stelle liegt die Frage nach der Korrelation derjenigen Faktoren nahe, die zu einem bestimmten Inhaltsbereich gehören. Da schiefwinklig rotiert wurde, läßt sich die Frage leicht beantworten. Bevor jedoch im nächsten Kapitel dieser Frage nachgegangen wird, ist noch ein Nachtrag nötig, und zwar über die Wirkung der schiefwinkligen Rotation auf die Faktorenstruktur.

Diese Wirkung wurde anhand der Ergebnisse bei mehreren Schiefe-Kriterien (DELTA =−2,4/−1,6/−.8/0) überprüft. Der Vergleich zeigte eine über diese vier Rotationsversuche gleichbleibende Faktorenstruktur, insofern sich die Ladung einzelner Variablen in bestimmten Faktoren kaum veränderte. Deutlich führte eine stärker schiefwinklige Rotation

(4) Freilich sind dabei die Indikatoren mit „doppelter Variablenbenutzung" überrepräsentiert.

zu einer schärfer ausgeprägten Faktorenstruktur mit höheren absoluten Ladungen in den für einen Faktor konstitutiven Variablen und damit zu einer leichter interpretierbaren Struktur. Lediglich eine einzige Variable veränderte stark ihre relative Position, nämlich der Indikator für Interesse am Sozialkundeunterricht, dessen Ladung im Faktor 03 deutlich höher und im Faktor 12 deutlich geringer ausfiel.

Als Hauptergebnisse unserer Faktorenanalyse lassen sich festhalten:

1. Die einzelnen Faktoren weisen eine relativ einfache Struktur auf, Überschneidungen verschiedener Inhaltsbereiche (Interesse, Handlungsorientierungen, Reaktionstendenzen, Gesellschaftsverständnis) sind relativ selten für einen Faktor konstitutiv. Der politische Habitus der Schüler zerfällt damit in eine Reihe relativ unverbundener Komponenten. Im einzelnen liegen erstaunlich ausgeprägte Einstellungs- und Verhaltenstendenzen vor, denen jedoch eine innere konsistente Struktur ermangelt.

2. Das Erscheinungsbild des politischen Habitus von Schülern ist erheblich komplexer, als die Verwendung einfacher Typologien oder Dichotomien erwarten läßt (wie links-rechts, autoritär-autonom usw). Die ausgeprägteste Struktur weist der Habitus im institutionellen Nahbereich der Schule auf; eine situative politische Verhaltensorientierung ist als Faktorenbündel deutlich erkennbar. Demgegenüber sind Faktoren einer generellen politischen Handlungsorientierung praktisch kaum vertreten; lediglich in den Faktoren des politischen Desinteresses spiegelt sich eine situationsübergreifende – in diesem Falle passivistische – generalisierte Handlungsorientierung. Die geringste Strukturierung weist das politische Schülerbewußtsein im Bereich globaler Vorstellungen über die Gesellschaft auf, insbesondere sind Zusammenhänge von Macht und Herrschaft nicht transparent. Allenfalls im (falschen) Bewußtsein über Aufstiegs- und Erfolgsmechanismen spiegeln sich Anfänge konsistenter Gesellschaftsbilder. Institutioneller Nahbereich und Gesamtgesellschaft repräsentieren im Schülerbewußtsein relativ getrennte Sphären sozialer Realität.

3. Wenn überhaupt der Versuch zulässig ist, die Komponenten des politischen Schülerbewußtseins durch nur wenige Zentralbegriffe zu kennzeichnen, so wären folgende zu nennen:

– interessenbezogen-oppositionell,
– aktiv-kritisch,
– konventionell-überangepaßt,
– unpolitisch-desinteressiert und
– restringiert-naiv.

4. In der politischen Tendenz läßt sich kein Generalnenner finden; eindeutig progressiv-emanzipatorischen Tendenzen steht ein Übergewicht konventionell-angepaßter Tendenzen gegenüber. Eine progressive Tendenz spiegeln die Faktoren 01, 09 und eingeschränkt 05; die konventionell-angepaßte Tendenz spiegeln die Faktoren 03, 04, 10, 11, 12, 13, 14, 15 und 16. Eine völlig apolitische Tendenz ist in den Faktoren 02 und 06 enthalten. Eine reaktionär-antidemokratische Konstellation ist allenfalls in den Faktoren 11, 14 und 15 ersichtlich. Bemerkenswert ist ferner, daß trotz der sehr niedrigen Altersstufe unserer Befragten nur drei Faktoren auftreten, die ein naiv-restringiert-ignorantes (kognitiv beschränktes) Bewußtsein ausdrücken, nämlich die Faktoren 10, 11 und 14. Quantitativ betrachtet ist jedoch ein deutliches Übergewicht der Konventionalismusfaktoren zu verzeichnen.

5. Interessenschwerpunkte, denen sich das unpolitische Schülerbewußtsein zuwendet, sind anhand der Faktorenanalysen nicht ersichtlich. Die affektive Abwehr des Politischen ist also weniger der Reflex auf ein „verbrauchtes Zeitbudget" als vielmehr ein bewußtes Sich-Absetzen aus Hoffnungslosigkeit, Ohnmacht und Unkenntnis heraus.

6.2 Faktorenanalyse der Einstellungsfaktoren

Für die 16 Faktoren wurden anhand der Faktorenwertkoeffizienten Personenpunktwerte in jedem Faktor errechnet (erneute Skalierung). Jeder Person wird also ein Punktwert in den einzelnen Faktoren zugewiesen. Die resultierenden Faktorenvariablen sind standardisiert (normalverteilt mit dem Mittelwert Null); die Standardabweichungen schwanken bei unseren Daten zwischen .91 und .69. Sodann wurde eine Faktorenanalyse der neuen Einstellungsskalen gerechnet.

Übersicht über die Kommunalitäten der Faktorenskalen

Faktor 01	.338
Faktor 02	.651
Faktor 03	.318
Faktor 04	.528

Faktor 05	.192
Faktor 06	.391
Faktor 07	.066
Faktor 08	.095
Faktor 09	.205
Faktor 10	.403
Faktor 11	.557
Faktor 12	.313
Faktor 13	.308
Faktor 14	.225
Faktor 15	.673
Faktor 16	.315

Betrachten wir zunächst die Kommunalitäten genauer, so ist auffällig, daß die Faktorenskalen 07 und 08 (beide beziehen sich auf das Bild der Schüler von gesellschaftlichen Leistung- und Aufstiegsmechanismen) einen sehr geringen Zusammenhang mit den neuen Faktoren aufweisen; zu erwarten ist, daß sie zum Erscheinungsbild der Faktoren zweiter Ordnung sehr wenig betragen werden. Das Gegenteil gilt für die Faktoren 15, 02, 11 und 04, die die höchsten Kommunalitäten aufweisen und die für die zu extrahierenden Faktoren bestimmend sein dürften; die letztgenannten Faktoren sind solche des autoritär-restringierten politischen Desinteresses.

Die Faktorenanalyse zweiter Ordnung führte zur Extraktion von sechs Faktoren, die 58 Prozent der Gesamtvarianz erklären.

Faktor^2 1: Unpolitisch-überangepaßt-konventionelle versus interessegeleitete oppositionelle situative Orientierung

Faktor^2 1 ist recht komplex strukturiert, er bezieht sich zwar in erster Linie auf Variablen der situativen Handlungsorientierung (06, 01, 09, 12), jedoch in zweiter Linie auch stark auf Bewußtseinsfaktoren und Faktoren der Interessenausrichtung (03, 04, 11, 05); deutlich im Vordergrund stehen jedoch Variablen mit Akzenten der situativen Orientierung. Dieser Faktor mit seinem dichotomischen Erscheinungsbild kann als der Hauptfaktor aller unserer Einstellungsvariablen zweiter Ordnung betrachtet werden. Das politische Schülerbewußtsein strukturiert sich demnach wesentlich – schulisch situativ verstanden – zwischen unpolitischem Konventionalismus und interessegeleiteter Opposition. Dies ist praktisch der wichtigste Faktor zweiter Ordnung mit ausgeprägter dichotomischer Struktur, und die beiden Progressivitätsfaktoren (01, 09) laden hier am höchsten, und zwar negativ. Von daher könnte man diesen Faktor auch als schulisch institutionellen Rechts-links-Faktor bezeichnen, wobei der politisch rechte Pol in unserer Schülerstichprobe eine stark unpolitische Färbung aufweist.

Faktor^{2}2 Restringiert affirmatives gesellschaftliches Bewußtsein versus aktiv-kritische situative Orientierung

Faktor^{2}2 bezieht sich von allen sechs Faktoren am stärksten auf Variablen des Gesellschaftsverständnisses, das hier mit naiv-ignoranten Vorstellungen verbunden ist. Ferner ist dieser Faktor mit angepaßter situativer Handlungsorientierung gekoppelt. Auffällig ist jedoch gegenüber den Faktoren erster Ordnung die Verquickung gesellschaftlicher Vorstellungen mit aktuellen Verhaltensorientierungen, wobei hier beide Komponenten eine konservative und angepaßte Färbung ausweisen.

Faktor^{2}3: Restringiert konventionalistisches politisches Desinteresse

Auch dieser Faktor hat eine heterogene begriffliche Struktur. Bis auf das politische Desinteresse, das bei mehreren Variablen durchscheint (Faktor 02, 04, 06), sind die übrigen Komponenten recht heterogen: Es treten autoritäre, affirmative, antidemokratische, harmonisierende und überkonforme Tendenzen in Erscheinung, die hier zum Begriff des Konventionalismus zusammengefaßt wurden. Genau dies eben mag für den unpolitischen Habitus konstitutiv sein: daß nämlich seine inhaltlich-politischen Substrate nur schwach ausgeprägt sind und keinerlei progressive Qualität aufweisen; der unpolitisch-progressive Typ scheint also weder bei Erwachsenen noch bei Schülern zu existieren.Wie bei Faktor^{2}2 sind auch hier die Komponenten naiv (kognitiv)-restringierten Bewußtseins nicht zu übersehen.

Faktor^{2}4: Restringiert undemokratisches Bewußtsein versus autoritärer Konventionalismus

Hier liegt wieder ein komplexer Faktor mit dichotomischem Erscheinungsbild vor. Am einen Begriffspol überlagern sich ausgeprägte naiv-parlamentarismusfreundliche Einstellungen mit generellen antidemokratischen Einstellungen (die aber nicht unpolitisch gefärbt sind); den Gegenpol bildet kurioserweise ein demokratisch-angepaßter Konventionalismus, so daß man versucht ist, hier einen naiven Anpassungsfaktor zu konstatieren. Die Anpassung folgt nicht nur konventionellen Vorstellungen über gesellschaftliche Machtkonstellationen, sondern gleichermaßen demokratisch-politisierenden Verhaltensvorschriften. Vielleicht ist dies aber auch ein „Verlegenheits- oder Überforderungsfaktor“, der die Unsicherheit und die Überforderung der Befragten durch das Interview spiegelt. Tatsächlich korreliert dieser Faktor mit Faktor^{2}2 positiv (sonst mit keinem weiteren Faktor zweiter Ordnung), was sicherlich zur Stützung dieser These beiträgt.

Faktor^{2}5: Familistische Orientierung versus antidemokratischer Konventionalismus

Hier bestätigt sich die These, daß eine familistische Orientierung nicht notwendig konventionalistische Korrelate hat; im Faktor^{2}5 hebt sie sich deutlich von antidemokratischen Anpassungsreaktionen ab (Faktor 11) und verbündet sich mit interessebezogenen Aktionstendenzen (Faktor 12). Die Ladung im Faktor 08 scheint an dieser Stelle ein eher zufälliger und uninterpretierbarer Fremdkörper, der aber konventionalistische Komponenten beinhaltet; sonst lädt nämlich der Faktor 08 in keinem weiteren der sechs Faktoren in der Faktorenanalyse zweiter Ordnung beachtlich hoch.

Faktor^{2}6: Passivistisch-konventionelle versus kritisch-oppositionelle situative Handlungsorientierung

Der letzte Faktor (tendenziell wieder ein Rechts-links-Faktor) basiert primär auf der Passivitäts-Aktivitäts-Dimension. Er mißt gleichermaßen die passiv-resignative Tendenz im Zusammenhang mit konventionalistischen Handlungsimpulsen, wie die Ablehnung von Kritik und oppositionellem Verhalten. Ähnlich wie Faktor^{2}1 (mit dem er hoch korreliert) richtet er sich auf die aktuellen Handlungsmöglichkeiten der Schüler in der Schule. Die Ritualisierung und offene Zurückweisung kritisch-aktivistischer Impulse scheint auf ein hohes Angstpotential zu deuten, das durch Überanpassung verschleiert wird.

Die Kommentierung der extrahierten Faktoren zweiter Ordnung fällt wiederum leichter, wenn sie zunächst in einer Übersicht zusammengetragen werden:

Faktor^{2}1: Unpolitisch überangepaßt-konventionelle versus interessegeleitete oppositionelle situative Orientierung

Faktor^2 2: Restringiert affirmatives gesellschaftliches Bewußtsein versus aktiv-kritische situative Orientierung
Faktor^2 3: Restringiert konventionalistisches politisches Desinteresse
Faktor^2 4: Restringiert undemokratisches Bewußtsein versus autoritärer Konventionalismus
Faktor^2 5: Familistische Orientierung versus antidemokratischer Konventionalismus
Faktor^2 6: Passivistisch-konventionelle versus kritisch-oppositionelle situative Handlungsorientierung

Diese Übersicht überrascht vor allem deshalb, weil kein einziger reiner Progressivitätsfaktor verblieben ist. Von daher aber zu schließen, ein politisch progressiver Habitus sei in der untersuchten Schülergruppe nicht auffindbar, wäre jedoch verfehlt. Würden nämlich wiederum die Personenwerte für die Faktoren zweiten Grades errechnet, würden wieder normalverteilte Variablen (eindimensionale Skalen) entstehen, deren positiver Pol durch obige Benennungen gekennzeichnet ist. Wenn also kein Progressivitätsfaktor zweiter Ordnung gefunden wurde, so heißt dies lediglich, daß die Einstellungen des konventionellen Meinungsbereichs stärker strukturiert sind und deshalb die Faktorenstruktur stärker bestimmen. Die Strukturierung des konventionell-konservativen Meinungsbereiches ist also bei der von uns untersuchten Population erheblich stärker als die Strukturierung des progressiven Meinungsbereiches; letzterer zerfällt wiederum deutlicher in einzelne unverbundene Aspekte, was im faktorenanalytischen Verfahren zur sukzessiven Elimination progressiver Einzelkomponenten führt. Es bestehen also zwar progressive Einstellungen, die aber letztlich in isolierte Teilbereiche zerfallen. Das konservative politische Bewußtsein, so könnte man aus diesen Daten schließen, strukturiert sich im Laufe der Sozialisation schneller als das progressive Bewußtsein; ersteres ist die Basis, von der sich letzteres zu emanzipieren hat. Daß bei der Benennung der Faktoren dreimal der Ausdruck „restringiert" verwendet wurde, scheint diese These zu bestätigen, wenn angenommen werden kann, daß darin eine starke altersmäßige Bedingheit zum Ausdruck kommt. Drei „Altersfaktoren" zeigen die restringierte Struktur des frühen politischen Bewußtseins, das gesellschaftlich affirmativ ist, konventionalistisch politisch-desinteressiert und undemokratisch.

Die kritisch-oppositionelle Haltung verbleibt als begriffliches Gegenbild für konventionelle Anpassungstendenzen. Auf der Ebene der Faktorenanalyse zweiten Grades wiederholt sich bei unseren Daten der Befund von Jaide, er habe keinen Extrem-Links-Faktor herauskristallisieren können (1971, S. 38). Ein Vergleich der von Jaide eruierten Faktoren mit den soeben von uns ausgewiesenen ist aber leider deshalb fruchtlos, weil dessen Statements sich nahezu ausschließlich auf innen- und außenpolitische Probleme richten.

Die Faktorenanalyse zweiten Grades ist nicht etwa nur, wie man mißverständnich annehmen könnte, eine Zusammenfassung der Faktorenanalyse ersten Grades, sondern ein völlig neuartiger Untersuchungsansatz. Dies wird klarer, vergegenwärtigt man sich erneut, daß in der Faktorenanalyse zweiten Grades lediglich die Korrelationen zwischen den Faktoren ersten Grades untersucht werden. So führt beispielsweise die niedrige Korrelation zwischen Faktor 01 und Faktor 09 zum Verschwinden jeglicher ausgeprägter „Links"-Faktoren in der Faktorenanalyse zweiten Grades. Der Charakter dieses Untersuchungsansatzes als ein nicht bloß synoptischer läßt es geraten erscheinen, die weiteren Rechenverfahren zur Analyse der Bedingungen des politischen Schülerbewußtseins und der politischen Handlungsorientierung nicht auf dieser Ebene, sondern bei den Faktoren ersten Grades anzusetzen.

6.3 Hypothesenprüfung

Der ambitionierte Ausdruck „Hypothesenprüfung" ist für das folgende sicherlich nicht adäquat, da es sich bei den eingangs formulierten Hypothesen nicht um präzise Sätze handelt, die man jeweils nur einem einzigen statistischen Test zu unterwerfen bräuchte. Absichtlich hatten wir uns ja auf globale Hypothesen und Fragestellungen mit Leitliniencharakter beschränkt, so daß nunmehr die bisherigen Ausführungen zusammenzufassen bzw. unter veränderten Aspekten zu sichten sind. Dabei wird in der Form vorgegangen, daß Indizien für und gegen die Hypothese gesammelt, gegebenenfalls nebeneinandergestellt und gewichtet werden.

Zur 1. Hypothese: Die 1. Hypothese, die besagte, daß gesellschaftspolitische Orientierungen bei den untersuchten Schülergruppen bereits vorhanden sind, gilt für den Bereich „manifester" gesellschaftspolitischer Orientierungen nur sehr eingeschränkt, da hierzu konsistente und integrierte Einstellungskomplexe fehlen. Auch die Subhypothese muß als weitgehend unrichtig zurückgewiesen werden: Einstellungen zu gesellschaftspolitischen Sachverhalten sind bei den Schülern allenfalls in ähnlicher Tendenz wie bei erwachsenen Befragten vorhanden. Genauer könnte man von einer ähnlichen Schwerpunktsetzung der Einstellungen in beiden Populationen sprechen (beispielsweise in der Gesellschaftsbildfrage), jedoch nicht von einer identischen Verteilung aller Einstellungsaspekte. Im Vorgriff auf die Ergebnisse des nächsten Kapitels muß auch die Hypothese zurückgewiesen werden, daß sich eine ähnliche Verteilung innerhalb bestimmter Sozialschichten abzeichnet, denn die Regressionsanalysen hätten dann einen stärkeren Einfluß von spezifischen gesellschaftspolitischen Einstellungen der Eltern auf ihre Kinder nachweisen müssen.

Die These, daß sich die Strukturierung bzw. der Integrationsgrad gesellschaftspolitischer Einstellungen in der Schüler- und in der Erwachsenenpopulation ähnelt, wurde zusätzlich anhand des Vergleichs von Faktorenanalysen beider Datenmengen überprüft. Dazu wurde für die in den späteren Regressionsrechnungen verwendeten Eltern-Einstellungsindikatoren eine Faktorenanalyse gerechnet, deren Einzelergebnisse hier aber nicht referiert werden sollen. Wichtig ist aber festzuhalten, daß von den 13 extrahierten Faktoren (bei 35 verwendeten Indikatoren) ein vergleichsweise höherer Anteil aus heterogenen Einstellungsbereichen konstituiert ist. Die Einstellungen der Erwachsenen sind also stärker integriert und zerfallen nicht in gleicher Weise wie bei den Schülern in einzelne getrennte Komponenten; so weist der erste extrahierte Eltern-Einstellungsfaktor zugleich Präferenzen für Erziehungsziele auf, für Erziehungspraktiken, Politik- und Demokratiekonzeptionen, schließlich sogar politische Grundhaltungen.[5] Dennoch verdient hervorgehoben zu werden, daß der Unterschied im Integrationsgrad der Einstellungen bei weitem geringer ausgefallen ist als erwartet, so daß im Grunde für beide Populationen eine sehr geringe Einstellungsstrukturierung diagnostiziert werden muß.

Zur 2. Hypothese: Diese Hypothese, nach der die subjektive Relevanz gesellschaftspolitischer Einstellungen für Schüler erheblich geringer ist als für Erwachsene, wird durch die faktorenanalytischen Ergebnisse insofern unterschätzt, als eine konsistente Strukturierung nur in wenigen Teilbereichen, z. B. in dem des politischen Desinteresses, oder im Bereich der Legitimation von Aufstiegsmechanismen nachgewiesen werden kann. Wir deuten dies als all-

(5) Bei diesem Vergleich von Faktorenanalysen sind die zum Teil völlig unterschiedlichen Meßinstrumente in Rechnung zu stellen.

gemein uninteressiertes Responseverhalten, das mit zufälligen Antworttendenzen einhergeht. So zeigen sich in der Faktorenanalyse zweiter Ordnung nur wenige Faktoren ausgeprägten gesellschaftspolitischen Inhalts. Gesellschaftspolitische Einstellungen scheinen daher in den von uns untersuchten Altersgruppen den Charakter von latenten Einstellungen mit geringem Relevanzgrad für die Befragten zu haben; allerdings ermangeln uns hierzu Vergleichsindikatoren aus Erwachsenenpopulationen.

Zur 3. Hypothese: Aufgrund der durch die Faktorenanalyse nachgewiesenen Strukturierung im Bereich der schulisch-situativen Handlungsorientierung wird die 3. Hypothese klar bestätigt. Sie hatte für Schüler „attitudes" im strengen Sinne für Institutionen und Personen des sozialen Nahbereichs, mit latenter gesellschaftspolitischer Relevanz, prognostiziert. Die Faktorenanalyse hatte eine Reihe Erster-Ordnung-Faktoren für situative Handlungsorientierungen erbracht, die sich durch zugrundeliegende Interkorrelationen auch in der Faktorenanalyse zweiter Ordnung wiederfanden. Die gesellschaftspolitische Relevanz dieser manifesten Handlungsorientierungen ergibt sich aus ihrer Konsistenz, die auf stabile und internalisierte Dispositionen hindeutet.

Zur 4. Hypothese: Auch die 4. These , die die kognitive Übertragung von erlebten Interaktionsstrukturen auf gesellschaftliche Ordnungs- und Machtstrukturen behauptet, läßt sich in dieser Allgemeinheit nicht halten, zumal gesellschaftliche Machtstrukturen den Schülern nicht transparent sind und infolgedessen auf der Basis statischer Institutionenkunde beurteilt werden. Richtig ist diese These für den Aspekt schulischer und gesamtgesellschaftlicher Belohnungs- und Aufstiegsmuster, die beide als kongruent wahrgenommen werden. Für diesen Aspekt ist gleichzeitig die 5. These bestätigt, da aktuelle institutionelle Bedingtheiten als direktes Abbild gesamtgesellschaftlicher Prozesse erlebt werden.

Zur 5. Hypothese: Die These, daß Attitüden zum sozialen Nahbereich mit Non-Attitüden zum gesellschaftspolitischen Bereich in ihrer politischen Tendenz korrespondieren, läßt sich auf keinen Fall in dieser Allgemeinheit halten. Zwar lassen sich im konventionellen Meinungsbereich „Sydrome" ermitteln (beispielsweise das autoritäre Syndrom), deren Pendant jedoch im progressiven Meinungsbereich nicht existiert. Zudem verbietet die angegebene Zersplitterung des politischen Schülerbewußtseins in viele Einzeldimensionen, die sich bis in die Faktorenanalyse zweiter Ordnung hinein zeigt, von politischen Grundorientierungen zu sprechen, die in Tiefenschichten vorhanden wären, aber noch nicht die Oberfläche des Bewußtseins strukturiert hätten. Die der 5. Hypothese zugrundeliegende Vorstellung, der politische Habitus sei individualgeschichtlich früh fixiert und erfahre später nur minimale Veränderungen, muß ebenfalls revidiert werden; der Zerfall in Einzelkomponenten verhindert die vorgestellte Zwangsläufigkeit einer solchen Entwicklung.

Zur 6. Hypothese: Tatsächlich wird, wie die 6. Hypothese aussagt, nicht das „Politische“ sondern eher das „Unpolitische“ als aktuelle und größtenteils auch antizipierte Rollenerwartung erlebt. Das politische Desinteresse ist so stark, daß es bis zur Faktorenanalyse zweiten Grades durchschlägt. Die Distanz zum Politischen ist affektiv stark unterstützt. Parallel dazu besteht ein aktuelles Interesse an Partizipation im institutionellen Sektor von Schule, das augenscheinlich nicht als politisches Interesse definiert wird, sonst müßte auch hier das politische Desinteresse den situativen Handlungsimpuls lahmlegen. Gleiches gilt für einen emanzipatorischen Familismus, der ebenfalls parallel und isoliert zum politischen Desinteresse existiert. Quantitativ sind jedoch die konventionell-angepaßten Reaktionsweisen auf institutionelle Konflikte dominierend; dieser Konventionalismus ist seinem Selbstverständnis nach ebenfalls unpolitisch.

Zur 7. Hypothese: Die Verfolgung eigener Interessen wird, so behauptet die 7. Hypothese, nicht als politische Aktion begriffen. Auch dazu finden sich in unseren Analysen Anhaltspunkte. Das seine Interessenlagen verfolgende Bewußtsein setzt sich zwar von Anpassungstendenzen an institutionelle Erwartungen ab, versteht seine Opposition aber größtenteils nicht als politische Aktion; die Benennungen der hierzu relevanten Faktoren (01, 03, 06, 09, 12 und 16) sind bereits interpretativ und täuschen ein „politisches“ Selbstverständnis nur vor. Ein dominantes berufliches Interesse ist weder für ein situationsspezifisches noch für ein generelles-politisches Desinteresse verantwortlich; im Rahmen der Faktorenanalyse spielt nämlich das berufliche Interesse an keiner Stelle eine entscheidende Rolle. Politik und Beruf sind, anders als hypothetisch zumindest für Teilgruppen angenommen, getrennte Institutionsfelder; auch hier ist die Zersplitterung des politischen Schülerbewußtseins abzulesen.

Zur 8. Hypothese: Das Problem einer gesicherten empirischen Typologie ist aufgrund der Vielzahl der voneinander relativ unabhängigen Meinungsdimensionen durch unseren Untersuchungsansatz nicht zufriedenstellend gelöst; auch die Faktoren zweiter Ordnung bieten keine sicheren Anhaltspunkte, da noch zu viele der gefundenen Grunddimensionen bei einer einfachen Typologie unberücksichtigt blieben; am ehesten ließe sich im Faktor^2 1 und im Faktor^2 6 die gesuchte Koppelung der Autoritäts- und Aktivismusdimensionen vermuten, wobei dann freilich weitere vier Dimensionen unberücksichtigt blieben. Richtig ist in der 8. Hypothese die quantitative Dominanz konventionell-autoritärer Anpassungstendenzen prognostiziert, welche, wie am Überwiegen der Konventionalismusfaktoren ersichtlich ist, Oesterreichs Postulat des autoritären Persönlichkeitstyps als Modalpersönlichkeit unserer Gesellschaft bestätigt.

7 Ergebnisse: Bedingungen der politischen Handlungsorientierung

7.1 Bedingungsanalyse anhand der Schülerbefragung

Das Bedingungsgefüge der politischen Handlungsorientierung von Schülern wird anhand eines regressionsanalytischen Ansatzes ermittelt. Dazu ist zunächst die Konstruktion erklärender Variablen nötig, um wiederum die Fülle der Urvariablen zu bündeln. Die Problematik unserer Trennung in abhängige und unabhängige Variablen wurde bereits an anderer Stelle diskutiert, wir können uns daher nunmehr darauf beschränken, die „unabhängigen" Variablen vorzustellen und zu definieren. Die unabhängigen Variablen sollen folgende Globalbereiche indizieren:

– normative Erwartungen und Lernziele von seiten der Bezugsgruppen: Lehrer, Eltern, Gleichaltrigengruppe,
– Interaktionsprozesse in Familie und Schule,
– Kommunikationsprozesse in Schule, Elternhaus und Gleichaltrigengruppe und
– sozialstatistische Faktoren.

Der Fragebogenkonzeption liegt die Hypothese zugrunde, daß die allgemeine Interessenausrichtung und die politische Handlungsorientierung wesentlich durch normative Erwartungen und durch Interaktionserfahrungen gesteuert sind; so konnten mehr und genauer aufgeschlüsselte Indikatoren für den Komplex der Wahrnehmung normativer Anforderungen gebildet werden, weil dafür mehr Fragenindikatoren verfügbar waren als für die übrigen Bereiche. Der Skalierungsmodus der Einzelvariablen ist anhand der Variablenbenennung ersichtlich; der genannte Begriff (oder erstgenannte Begriff) bezieht sich auf die höchste positive Zahlenwertzuordnung. „Sozialstatistik: weiblich – männlich" bedeutet also, daß in der Geschlechtsvariablen den Schülerinnen ein höherer Zahlenwert zugeordnet wurde als den Schülern. Dies zu wissen ist sehr wichtig zur Interpretation der Vorzeichen der später behandelten Korrelationen. Die Aggregierung der Einzelfragen zu Indikatoren erfolgte nach dem gleichen Prinzip wie bei der Bildung abhängiger Einstellungsindikatoren. Hier zunächst wieder die Übersicht über sämtliche Indikatoren:

Übersicht über unabhängige Indikatoren (Schülervariable)

1	*Normative Erwartungen (Lernziele)*
1.1	*Lehrer*
S1.1.1	Beruf

S1.1.2	Politik
S1.1.3	Familie
S1.1.4	emanzipatorische schulische Lernziele
S1.1.5	konventionelle schulische Lernziele
1.2	*Eltern*
S1.2.1	Beruf
S1.2.2	Politik
S1.2.3	Familie
S1.2.4	emanzipatorische schulische Lernziele
S1.2.5	konventionelle schulische Lernziele
S1.2.6	hohe Relevanz des Notenerfolges
1.3	*peer-group*
S1.3.1	Beruf
S1.3.2	Politik
S1.3.3	Familie
S1.3.4	Unterhaltung
S1.3.5	hohe Relevanz des Notenerfolges
2	*Interaktion - Konfliktlösung*
S2.1	erzieherdominant in der Schule
S2.2	erzieherdominant im Elternhaus
S2.3	peer-group-Orientierung
3	*Kommunikation*
3.1	*Inhalte in allen Bezugsgruppen*
S3.1.1	Beruf
S3.1.2	Politik
S3.1.3	persönliche Beziehungen
S3.1.4	Unterhaltung
S3.1.5.	Schule
S3.2	*restringierte Kommunikation im Elternhaus*
S3.3	*häufige politische Diskussion im Unterricht*
4	*Sozialstatistik*
S4.1	hohe Versorgung mit Sozialkundeunterricht
S4.2	Hauptschule – Realschule – Gymnasium
S4.3	weiblich – männlich
S4.4	9. - 7. Klassenstufe

Wie schon rein optisch zu erkennen ist, ist also der Bereich der normativen Erwartungen erheblich stärker aufgeschlüsselt; die Kommunikationsindikatoren mußten zum Zwecke der Skalierung über alle drei Bezugsgruppen hinweg zusammengefaßt werden. Wenn also ein Befragter beispielsweise einen hohen Wert im Index 3.1.1 hat, so bedeutet dies, daß er innerhalb mehrerer Bezugsgruppen (Lehrer, Eltern, Gleichaltrige) über berufliche Fragen kommuniziert, während Befragte mit niedrigem Index in keiner oder nur in einer der drei Bezugsgruppen berufliche Fragen besprechen. Die Kommunikationsindikatoren messen also, bezogen auf einen bestimmten Inhaltsaspekt, eine Art „Dichte" der Kommunikation über alle Bezugsgruppen hinweg. Der Indikator 3.2 mißt die Anzahl von Themen, über die nach

Auskunft des Befragten in seinem Elternhaus nicht gesprochen wird, er mißt also die Kommunikationsbeschränkung mit den Eltern. Der Kommunikationsindikator für „Unterhaltung" bezieht sich auf drei Bereiche (Sport/Mode, Kleidung/Schlager, Film/Fernsehen), und der Indikator für Kommunikation über persönliche Beziehungen bezieht sich auf die items „Probleme zwischen Eltern und Jugendlichen" und „Beziehungen zwischen Jungen und Mädchen".

Für den Interaktionsbereich stehen leider, wegen der hier recht schwierigen Operationalisierungsproblematik, nur wenige Fragen zur Verfügung, die nahezu unverändert als Indikatoren übernommen werden mußten. Das gleiche gilt für den Skalierungsansatz für die „peer-Group"-Orientierung, bei dem aber die Antwortkategorien stark umgruppiert wurden. Problematisch sind sicherlich auch die Skalierungen im sozialstatistischen Bereich, bei dem wieder die Befragten „ohne Angabe" zur Skalierung in eine mittlere Position (bei Geschlecht und Altersstufe) gebracht wurden.

Aus methodischen Bedenken heraus wurde, um diese Problematik nicht auf die Spitze zu treiben, bei diesem ersten Regressionsansatz völlig darauf verzichtet, den Faktor „Region" in den Variablenpool für die Regressionsrechnung einzubeziehen; da in das Auswahlverfahren für die regionale Schichtung der Stichprobe eine Reihe verschiedener Kriterien eingegangen ist (Gemeindegröße, Konfession usw.), ist „Region" hier nicht eindimensional skalierbar. Dieser Mangel scheint jedoch wenig gravierend, da, wie die umfangreichen Auszählungen sämtlicher Fragen nach der regionalen Herkunft der Schüler gezeigt haben, der regionale Faktor in unserer Stichprobe von relativ geringer Bedeutung für Einstellungsfragen ist[1]. Die analoge Argumentation kann für die konfessionelle Gliederung angeführt werden. „Schulart" wird hier als Indikator für die Sozialschicht verwendet. Zwei weitere Variablen wurden ebenfalls ausgeschaltet, in diesem Falle, weil sie nahezu keine Streuung aufwiesen und fast alle Häufigkeiten auf den Nullwert entfielen, nämlich „Lernziel von seiten der Lehrer: Unterhaltung" und „Lernziel von seiten der Eltern: Unterhaltung". Normative Erwartungen dieser Art in Richtung auf Sport und Film sind praktisch nicht existent, sicherlich, weil die damit indizierte Variablengruppe ohnehin stark dem Eigeninteresse der Schüler entspricht

(1) Im danach vorgestellten umfassenderen Regressionsansatz wird eine dichotomische Variable „Stadt-Land" verwendet.

und durch die Sozialisationsinstanzen Schule und Elternhaus nicht verstärkt zu werden braucht. Wiederum ist es unerläßlich zu dokumentieren, aus welchen Einzelfragen und Einzelitems die unabhängigen Indikatoren gebildet wurden; der interessierte Leser sei hier wieder auf den Anhang der Dissertationsschrift verwiesen, wo auch die empirischen Zahlenwertbesetzungen der neuen Variablen aufgelistet sind.

Um Aufschluß zu gewinnen über das Bedingungsgefüge der politischen Einstellung und des politischen Habitus der Schüler, wurde für jede der 16 Faktorenskalen eine multiple Regressionsanalyse durchgeführt, indem jeweils sämtliche der soeben definierten 30 Indikatoren als unabhängige Variablen eingeführt wurden. Es erscheint lohnend, über die Ergebnisse zunächst einen ersten Globalüberblick zu bieten. Dazu kommentieren wir kurz den Gesamtanteil der erklärten Varianz und den Beitrag einzelner Indikatoren zur Gesamtvarianz.

Wir beziehen uns dabei auf Tabelle I im Anhang der Dissertation, in der alle für dieses Kapitel relevanten Daten enthalten sind. Die Zahlen spiegeln den Anteil der Varianzreduktion eines Faktors durch die Einführung der jeweiligen unabhängigen Variablen in die Regressionsgleichung, sie sind also Indikatoren für das Gewicht, mit dem die Variable auf den Faktor einwirkt.[2] Die durch die Regressionsgleichung erklärte Varianz ist im Schnitt relativ gering, sie liegt zwischen 04 Prozent für Faktor 08 und 27 Prozent für Faktor 13 und im Schnitt über alle Faktoren um 15 Prozent. Diese Werte sind sicher nicht beeindruckend, es fehlen uns freilich Vergleichsdaten aus anderen Untersuchungen, um abschätzen zu können, ob dieser Durchschnitt von anderen Untersuchungen erheblich übertroffen wird und welche Bedingungen für den niedrigen Durchschnittswert ausschlaggebend sind (dazu aber mehr im nächsten Abschnitt).[3] Andererseits ist diese Zahl eine sehr nüchtern-„ehrliche“ Feststellung, die bei den nachfolgenden Interpretationen zur Vorsicht mahnt.[4]

(2) Die dort angegebenen Vorzeichen beziehen sich auf die ursprüngliche Korrelation zwischen der abhängigen und der unabhängigen Variablen. Die Abkürzungen in den Spaltenüberschriften beziehen sich auf die Übersicht über unabhängige Indikatoren.
(3) Ein „technischer“ Faktor spielt insofern mit, als die Nichtbeantwortung von Fragen durch den gewählten Skalierungsansatz eine ihr meist nicht zukommende inhaltliche Bedeutung erhält.
(4) Bei Jaide (1971) sind zwar Prediktorvariablen entsprechend der Stärke ihres Einflusses ausgewiesen (vgl. S. 84 f., S. 155 - 157), jedoch fehlen die Angaben über die Varianzreduktion.

Der zweite Globalaspekt ist der Beitrag der Einzelindikatoren zur Gesamtvarianz. Wenn dazu in einem sehr einfachen Verfahren die Summe der durch die Einzelindikatoren erklärten Varianz aller 16 Faktorenskalen gebildet worden ist, so ist dies methodisch natürlich fragwürdig, bietet freilich einen hochgradig interessanten Überblick über die Bedingungen und Verursachungen der politischen Handlungsorientierung. In der folgenden Übersicht sind zunächst die ersten sieben Variablen mit dem höchsten Erklärungswert, sodann die sechs Variablen mit dem niedrigsten Erklärungswert aufgeführt (nach den ersten sieben Variablen ergibt sich ein starker Einbruch in der Varianz):

Rangplatz 1:	S 4.4	Sozialstatistik: 9.,7.Klassenstufe	34,5% Varianz
Rangplatz 2:	S 4.2	Sozialstatistik: Hauptschule, Realschule/Gymnasium	29,6% Varianz
Rangplatz 3:	S 4.3	Sozialstatistik: weiblich-männlich	27,9% Varianz
Rangplatz 4:	S 3.1.3	Kommunikation, Inhalte: Persönliche Beziehungen	19,5% Varianz
Rangplatz 5:	S 1.1.4	Normative Erwartungen, Eltern: emanzipatorische schulische Lernziele	13,5% Varianz
Rangplatz 6:	S 1.3.2	Normative Erwartungen, peer-group: Politik	10,6% Varianz
Rangplatz 7:	S 1.2.2	Normative Erwartungen, Eltern: Politik	8,4% Varianz
Rangplatz 25:	S 3.3	Kommunikation: häufige politische Diskussion im Unterricht	2,4% Varianz
Rangplatz 26:	S 1.3.4	Normative Erwartungen, peer-group: Unterhaltung	2,1% Varianz
Rangplatz 27:	S 3.1.1	Kommunikation, Inhalte: Beruf	2,1% Varianz
Rangplatz 28:	S 2.3	Interaktion: peer-group Orientierung	1,4% Varianz
Rangplatz 29:	S 1.1.1	Normative Erwartungen, Lehrer: Beruf	1,4% Varianz
Rangplatz 30:	S 2.2	Interaktion: erzieherdominant im Elternhaus	1,2% Varianz

Diese Übersicht kann als das vorläufige Hauptergebnis unserer Studie angesehen werden, weil an ihr die Grundtatbestände ersichtlich werden, die später nur weiter aufgeschlüsselt sind. Es ist möglich, hier die beiden zentralen Fragen der Gesamtuntersuchung abzutesten:

1. welches Gewicht die Einflußfaktoren der normativen Erwartungen, der Interaktionsmodi und der Kommunikationsinhalte haben und ob

2. Faktoren der latenten politischen Sozialisation gegenüber den Faktoren der manifesten politischen Sozialisation eine nachweisbare Bedeutung haben.

Sehen wir zunächst vom Einfluß sozialstatistischer Faktoren ab, so muß die erste Frage völlig überraschend dahingehend beantwortet werden, daß normative Erwartungen der Bezugsgruppen sowie ferner Kommunikationsinhalte mit den Bezugspersonen eine sehr hohe Bedeutung aufweisen, während die Interaktion als Bedingungsfaktor der politischen Sozialisation völlig zurückfällt.

Das erstaunlichste Resultat ist der hohe Einfluß der Kommunikation über persönliche Beziehungen, der viertwichtigsten Einflußgröße überhaupt nach den Faktoren Alter, Sozialschicht und Geschlecht. Dieses Ergebnis ist um so erstaunlicher, als diese Bedingungsvariable nicht etwa für die beiden Familismusfaktoren, sondern für drei reine Politfaktoren ein hohes Gewicht besitzt und an erster Stelle der Erklärungsvariablen rangiert (Faktor 09, 11, 15). Wir müssen eingestehen, daß unsere theoretischen Vorüberlegungen, die primär um die gängigen Schichtfaktoren als Einflußgrößen zentriert waren, diesen Fall nicht einbezogen hatten. Wir sind jetzt genötigt, in einem quasi psychoanalytischen Erklärungsansatz die inhaltliche Offenheit oder Geschlossenheit von Kommunikationsbeziehungen als von hohem Gewicht für den Prozeß der politischen Sozialisation anzusehen. Die Offenheit der Kommunikation, die die interaktive Reflexion der Sozialbeziehung einschließt und eine Verbalisierungsstrategie der wechselseitig am Interaktionspartner erfahrenen Probleme und Konflikte, kann danach ein entscheidender sozialstrategischer Ansatzpunkt sein, weil dieser Faktor Eingriffe zuläßt, die nicht die völlige Veränderung der gesellschaftlichen Schichtstruktur erfordern.

Freilich ist die hier verwendete Indikationsbasis doch zu unspezifisch, um interaktionistische Theoreme abzutesten, nach denen „kommunikatives Handeln" bzw. der „Diskurs" die ideale Erziehungssituation konstituiert.[5] Beim kommunikativen Handeln wird nach Habermas die Geltung von Sinnzusammenhängen naiv vorausgesetzt, um Informationen auszutauschen; beim Diskurs werden problematische Geltungsansprüche thematisiert ohne den Austausch von Information (1972, S. 217). Mollenhauer hebt den Diskursbegriff vom Aktionsbegriff ab. Diskurs heißt bei ihm das Problematisieren von Lebenszusammenhängen mit der Unterstellung, daß vernünftige Verständigung möglich ist, während „Aktion" das Eingreifen in Lebens-

(5) Dazu besonders das Kapitel: Gestörte Kommunikation, in: Mollenhauer 1974.

welten unter der gegenteiligen Annahme bedeutet, nämlich der, Konsensus sei aufgrund von Herrschaftsbeziehungen nicht mehr möglich (1974, S. 15).

Diesen Definitionen ist der Terminus „Problematisierung" gemeinsam, und es ist interessant darauf hinzuweisen, daß sich der hier diskutierte Kommunikationsindikator zur Hälfte auf Frageninstrumente bezieht, die ausdrücklich auf Problemdiskussionen zielen (Probleme zwischen Eltern und Jugendlichen). Andererseits liegt aber die Parallele zur psychotherapeutischen oder psychoanalytischen Situation ebenso nahe, da gemeinsames Element jeder therapeutischen Situation die radikale Verbalisierung von Gedachtem und Gefühltem ist.[6] Ohne uns auf eine dieser Positionen festzulegen, können wir hypothetisch annehmen, daß sowohl das Spektrum der Kommunikation wichtig ist als auch die Zentralität der Kommunikationsinhalte für den Handelnden.

Daß normative Erwartungen der Bezugspersonen den politischen Habitus beeinflussen, insbesondere auch die Normen und Werte des Elternhauses, entspricht voll unseren Ausgangshypothesen. Hingegen war über den Einfluß der Gruppe der Gleichaltrigen, insbesondere für den deutschen Sprachraum, zuwenig bekannt, um verfeinerte Hypothesen zu diesem Bereich zu rechtfertigen. An den Ergebnissen ist nun zu ersehen, daß der Einfluß der peer-group insgesamt größer ist als der schulische Einfluß (z. B. instrumentalisiert durch normative Erwartungen der Lehrer). Eine politisierte Gleichaltrigengruppe führt in gleichem Maße zu einer Politisierung wie ein politisiertes Elternhaus oder eine politisierte Schule. Umgekehrt verbleibt der Jugendliche ohne eine politisierte Gleichaltrigengruppe im politischen Desinteresse, das sich im Faktor 02 sogar gegen gesellschaftlich etablierte Staatsbürgerpflichten richtet.

Die geringe Bedeutung der Interaktionsindikatoren bildet das auffälligste Ergebnis in der Tabelle der irrelevanten Einflußfaktoren, die nun kurz zu streifen ist. Das Verschwinden der Interaktionsfaktoren ist sicherlich teilweise auf unzureichende Meßinstrumente und unzureichende Skalierung zurückzuführen, aber eben doch nur teilweise (das Geschlecht ist ebenfalls völlig unzureichend „skaliert" und erscheint trotzdem als drittwichtigster Einflußfaktor);

(6) Dies gilt uneingeschränkt für die konventionellen Therapieformen (vgl. dazu Glasser 1972, S. 49), aber auch für die Gesprächspsychotherapie (vgl. dazu Tausch und Tausch 1971, S. 350 f.).

ihr Verschwinden ist inhaltlich zu interpretieren unter Hinweis auf deren Gestalt als Oberflächenindikatoren, die sich mehr auf gezeitigte Wirkungen (Resultat einer Konfliktlösung) als auf determinierende Prozesse und Ursachen bezieht. Im nächsten Abschnitt wird freilich die Einführung der Elternindikatoren dieses Ergebnis relativieren.

Neben weiteren Indikatorengruppen, die deshalb als Verursachungsfaktoren keine Rolle spielen, weil sie nur die Verbalisierung kultureller Selbstverständlichkeit spiegeln (berufsbezogene Indikatoren), ist der geringe Stellenwert von Indikatoren der manifesten politischen Sozialisation in der Schule auffällig. Für diesen Bereich waren drei Indikatoren gebildet worden, nämlich 1. politische Diskussion im Unterricht, 2. Versorgung mit Sozialkundeunterricht und 3. politisches Interesse als Lernziel von seiten der Lehrer. Von diesen drei Indikatoren hat die erstgenannte unterrichtsspezifische Variable (wie ausgeführt, erfolgt politische Diskussion in der Schule überwiegend im Fach Sozialkunde) ein sehr geringes Gewicht, die beiden übrigen Variablen sind aber ebenfalls nicht von Belang. Die Wirkung der politischen Bildung ist also, um an die berühmt gewordene Arbeit von Becker/Herkommer/Bergmann anzuschließen, nach wie vor sehr gering.

Becker/Herkommer/Bergmann hatten 1967 diagnostiziert: „Leitfaden der empirischen Erhebungen und Maßstab für ihre Interpretation war die Intention der Bildungspläne: die Erziehung zum mündigen Staatsbürger in einem demokratischen Gemeinwesen, der über Kenntnisse von politischen Zusammenhängen verfügt, politische Urteilsfähigkeit besitzt und zu politischer Beteiligung bereit ist. Die Analyse ließ keinen Zweifel daran, daß, insgesamt gesehen, der Ertrag der bisherigen Bemühungen gering war. Vergleicht man die Ergebnisse unserer Schülerbefragungen mit denen von Umfragen in der gesamten Bevölkerung, so wird deutlich, daß die Schule bisher nur wenig dazu beigetragen hat, Sachkenntnisse zu vermehren und am allgemeinen politischen Desinteresse etwas zu ändern" (1970, S. 173). Aufgrund unserer Ergebnisse läßt sich jedoch nunmehr feststellen, daß die Fehler weniger bei der Schule und bei den Lehrern liegen, sondern an den überhöhten Erwartungen an die *manifesten* politischen Sozialisationsinstanzen, die den tatsächlichen Einfluß latenter Faktoren negieren.

Die Frage nach dem relativen Einfluß der latenten gegenüber der manifesten politischen Sozialisation kann nunmehr übereinstimmend mit unseren Arbeitshypothesen beantwortet werden, obwohl die bisher benutzten Indikatoren für eine interaktionsbedingte Beeinflussung des politischen Schülerbewußtseins, die als Hauptindikatoren für latente politische Sozialisation dienen sollten, sich als völlig irrelevant erwiesen haben. In der radikalen kommunikativen Offenheit von Sozialbezügen ist aber ebenfalls ein Indikator für latente politische Sozialisation zu sehen, denn persönliche Beziehungen und persönliche Probleme sind ja durch ihre unmittelbar konkrete Privatheit gekennzeichnet, die sich in ihrer mittelbaren Wirkung freilich in der Öffentlichkeit entfalten. Auch der Indikator für emanzipatorische Lernzielerwartungen, obwohl als Variable der manifesten politischen Sozialisation ausgewiesen, enthält erhebliche Komponenten latenter politischer Beeinflussung, da er nicht unmittelbar politische Inhalte aufweist, sondern sich auf allgemein-progressive Sozialqualifikationen bezieht. Als Generalergebnis läßt sich die Interdependenz von Persönlichkeitsbefreiung, autonomieorientierter Persönlichkeitsentfaltung und der Befreiung zu politischem Interesse und politisch-institutionellem Handeln feststellen. Persönlichkeit und soziales System sind so unmittelbar aufeinander bezogen, daß weder der Persönlichkeits- noch der institutionelle Aspekt vernachlässigt werden dürfen, wenn von Gesellschaftsveränderung durch Politisierung die Rede ist.

Für eine stärker ins Detail gehende Diskussion der Bedingungskomplexe wurden die Faktorenskalen zu fünf Gruppen zusammengefaßt:

1. Faktoren situativer Handlungsorientierung (Faktor 01, 03, 06, 09, 12, 16)
2. Faktoren des Gesellschaftsverständnisses (Faktor 10, 15, 07, 08)
3. Faktoren des politischen Desinteresses (Faktor 02, 04)
4. Faktoren restringierten Konventionalismus (Faktor 11,14)
5. Faktoren der familistischen Orientierung (Faktor 05, 13).

Zu 1: Die Bedingungen dieser sechs Einzelfaktoren fügen sich zu einer für diese Regressionsanalysen einmaligen und konsistenten Struktur. Wichtigste Variable ist klar die Schulart, dann die Klassenstufe der Befragten; von geringerer Bedeutung sind Variablen der progressiven Lernzielorientierung und Kommunikationsvariablen; allenfalls das Ausbleiben emanzipatorischer Lernzielerwartungen von seiten der Eltern, gekoppelt mit oberflächlicher Kommunikation („Spiel und Sport"), wirkt konventionell verstärkend (das Geschlecht läßt keinerlei Einfluß auf diese Faktoren erkennen). Auch die Kombination dieser Variablen hat immer die gleiche Struktur: Die konventionelle Seite wird von Hauptschülern, Siebenkläßlern und Befragten in restringierten Erwartungs- und Kommunikationsbezügen besetzt, während die interessegeleitet-oppositionelle Seite von Gymnasiasten, Neunkläßlern und Befragten in emanzipierten sozialen Bezügen besetzt ist. Die bezeichneten Gruppen bilden jeweils die Extreme der situativen Handlungsorientierung.

Zu 2: Die Faktoren des Gesellschaftsverständnisses folgen insofern einer einheitlichen Entstehungsgeschichte, als Variablen, die die Restriktion oder Offenheit von Interaktionsbezügen messen, an erster Stelle stehen (die Faktoren 07 und 08 bleiben hier unberücksichtigt, weil ihre erklärte Varianz außergewöhnlich gering ist). Ferner spielen normative Erwartungen eine wichtige Rolle, jedoch in dem Sinne, daß ihr Ausbleiben zu ignorant-affirmativen Gesellschaftsvorstellungen führt (besonders am Faktor 10 ersichtlich, der negativ mit konventioneller *und* emanzipatorischer Lernzielerwartung zusammenhängt); die gestörte Kommunikation drückt sich eben auch im Ausbleiben von Erwartungen aus. Der letztlich kommunikativ wie interaktiv Isolierte flüchtet sich in Heile-Welt-Vorstellungen. Bemerkenswert ist, daß diese Konstellation völlig alters- und weitgehend auch geschlechtsunspezifisch ist.

Zu 3: Im Bedingungsgefüge des politischen Interesses bzw. Desinteresses sind die Lernzielerwartungen mehrerer Bezugsgruppen von Bedeutung; die *manifeste* politische Sozialisation bewirkt also hier ein Schwinden des politischen Desinteresses; umgekehrt bewirken Allerweltsthemen und -erwartungen (Sport, Beruf usw.) ein Verbleiben im politischen Desinteresse. In diesem Bereich ist die manifeste politische Sozialisation erfolgreich, wenn es nämlich darum geht, ein Minimum an Interesse für staatsbürgerliche Pflichten zu wecken. Das Alter der Schüler hat auch dabei einen Einfluß, denn auf den oberen Altersstufen ist diese Minimalsozialisation bereits geleistet.

Zu 4: Das restringiert-konventionalistische Bewußtsein ist zum einen durch den Altersfaktor, zum anderen auch durch restringierte Kommunikationsbezüge gekennzeichnet. Man spricht vor allem nicht über persönliche Probleme, aber auch das politische Gespräch ist tabuisiert, sogar über schulische Probleme wird weniger kommuniziert.

Freilich verschwinden diese Beschränktheiten mit höherem Alter. An dieser einzigen Stelle läßt sich sogar ein Einfluß des Sozialkundeunterrichts, ein freilich geringer, nachweisen, der das restringiert-antidemokratische Bewußtsein abzubauen hilft.

Zu 5: Die familistische Orientierung – besonders der konventionelle Familismus – ist stark geschlechtsbedingt, wie nicht anders zu erwarten war. Private Problemdiskussion korreliert in beiden Familismusfaktoren leicht positiv, was bedeutet, daß eine offene Kommunikation sowohl zur konventionellen wie zur emanzipatorischen familistischen Orientierung tendieren kann. Dieser Typ eines emanzipatorischen Familismus ist ersichtlich besonders bei Mädchen am Gymnasium verbreitet, da Faktor 05 deutlich mit Schulart und Geschlecht kovariiert, während der zweite Typus in allen Schularten existent ist.

Es ist lohnend, die ermittelten Werte (die entsprechenden Zahlen finden sich in Tabelle I der Dissertation) unter einer veränderten Systematik zu behandeln, nämlich zusammenfassend für je einzelne Einflußfaktoren. Beginnen wir bei der wichtigsten Prediktorvariablen, nämlich beim Einfluß des Alters auf die politische Sozialisation, um den *Prozeß* der politischen Sozialisation kurz beschreiben zu können, so läßt sich bei Alterszunahme vor allem ein stärkeres politisches Selbstbewußtsein konstatieren, das sich für die Wahrnehmung der eigenen Interessen in konkret erfahrbaren Situationen einsetzt. Auch ein aversives „anti-soziales" politisches Desinteresse ist deutlich zugunsten eines angepaßteren politischen Habitus im Schwinden begriffen. Das restringiert-konventionalistische Bewußtsein schwindet ebenfalls im Altersverlauf. Lediglich die naiven Gesellschaftsvorstellungen bleiben im Altersfortschritt unbeeinflußt, das naiv-parlamentarismuskonforme Machtdenken, ein harmonistisch-affirmatives Gesellschaftsbild und die Bilder der „leistungsgerechten" Belohnungs- und Aufstiegsstruktur. Auch sind beide Familismusvarianten völlig altersunabhängig. Für eine Altersspanne von zwei Jahren sind dies jedoch erhebliche Wandlungen des Bewußtseins, die einen plötzlichen Entwicklungsstopp nicht erwarten lassen. Auf der Basis unserer Daten läßt sich jedoch diese Entwicklung nicht weiter verfolgen.

Sozialschichtzugehörigkeit, instrumentalisiert als die von den Schülern besuchte Schulart, zeigt eine Wirkungsweise, die erstaunlich kongruent zu jener des Alters ist, wenn man nämlich eine „hohe Altersstufe" durch „Gymnasium" ersetzt und „niedrige Altersstufe" durch „Hauptschule". In dieser Weise ist die Schichtzugehörigkeit mit situativer Handlungsorientierung verbunden (interessegeleitete Opposition findet sich eher im Gymnasium, Anpassung eher an der Hauptschule), mit generellem politischen Desinteresse (in unteren Sozialschichten), mit restringiertem Konventionalismus (desgleichen), ferner mit emanzipatorischem Familismus (in oberen Schichten). Ähnlich bleiben auch die Vorstellungsbilder über die Gesellschaft als ganzer durch die Sozialschichtzugehörigkeit unberührt.

Unsere Befunde bestätigen damit, auf der phänomenologischen Ebene, die Theoreme schichtspezifischen Verhaltens und schichtspezifischer Sozialisation, auf die hier nur exemplarisch verwiesen sein kann. Die umfangreiche Literatur zu diesem Thema leidet darunter, daß deskriptive und analytische Befunde sehr häufig unzulässig verquickt werden. Unbestritten dürften Ergebnisse zu den Schichtunterschieden im Hinblick auf Wertorientierungen sein. Danach sind Mittelschichtangehörige leistungsorientiert, bildungsmotiviert und stärker am Prinzip der Selbstkontrolle ausgerichtet. Die Präferierung von Anpassungstugenden gilt dagegen besonders in den unteren Schichten und dort besonders für das Erziehungsverhalten.[7] Freilich ist Autoritarismus als Erklärungsgröße für gesellschaftliches Bewußtsein gegenüber Sozialdaten eine zumindest gleichwerte Variable (Oesterreich 1974, S. 189), so daß es verfehlt wäre, für bestimmte Schichten bündige und völlig einheitliche Deutungsmuster sozialer Wirklichkeit zu postulieren. Auf der analytischen Ebene wird das eigentliche theoretische Problem, das als das Problem der Stabilität oder Instabilität gesellschaftlicher Schicht- oder Klassenkonstellationen zu definieren ist, kaum artikuliert; statt dessen werden unvermittelt mechanistische Determinationslinien gezogen. So wird für die Arbeiterschaft postuliert: „Oppositionelles, kritisches Verhalten dagegen wird sofort, und zwar in existenzbedrohender Form, sanktioniert. In dieser Lage sind rigide Handlungsnormen und eine lethargische Grundhaltung das einzige Mittel, um ein Minimum an Handlungsbereitschaft und Handlungsfähigkeit aufrechtzuhalten" (Milhoffer 1973, S. 193).[8] Da wir die Problematik hier nicht vertiefen können, muß die Dar-

(7) Aus der Fülle der Literatur sei hier nur verwiesen auf Milhoffer 1973, S. 192 - 207; Caesar 1972, S. 121 ff.; Fend 1971, S. 49 - 55.
(8) Ein differenzierterer, aber dieser Art materialistischer Klassenanalyse verbundener Ansatz findet sich bei Deppe (1971, S. 111 f.).

stellung unserer eigenen Position genügen, die sich an eine Arbeit von Mizruchi anlehnt. Mizruchi kann zeigen, daß das Aufstiegsstreben („getting ahead") in den unteren Schichten zumindest ebensoweit verbreitet ist wie in den mittleren Schichten (1964, S. 70, S. 87). Die Mittel für das „getting ahead", speziell Bildung und Erziehung, werden aber in den unteren Sozialschichten instrumental gesehen, während in den Mittelschichten Bildung und Erziehung einen eigenen Wert als Zielgröße persönlicher Befriedigung gewinnt (S. 80). Daraus entsteht für die unteren Schichten ein Bruch zwischen der kognitiven und der evaluativen Sphäre: „Wie unsere Analyse von Wertorientierungen gezeigt hat, besteht eine Disparität zwischen den *Erfolgs*zielen, nach denen diejenigen aus den unteren Schichten streben, und den Werten, die die Gelegenheiten zur Erreichung dieser Ziele vermehren. Solche Gelegenheiten sind weitgehend begrenzt durch selbstauferlegte Barrieren, die auf einer niedrigen Bewertung jener Aktivitäten basieren, die am wirksamsten für das Erreichen von Erfolg sind" (1964, S. 127 f.). Eine an Daten einer Schülerbefragung zu wirtschaftspolitischen Grundorientierungen entwickelte These von Helmers weist in eine ähnliche Richtung. Danach erheben Gymnasiasten nicht nur am stärksten die Forderung nach Demokratie und Mitbestimmung, sondern sie wissen auch die Mittel für die Durchsetzung demokratischer Forderungen am sichersten zu benennen (vgl. Helmers 1974, S. 245). Es sind also technisch-instrumentelle Kenntnisse und Fähigkeiten zur Durchsetzung von Interessen in der Mittelschicht stärker verbreitet, weil diese Fähigkeiten schon früh trainiert werden. Wir verstehen demzufolge die Affinität der von uns untersuchten Hauptschüler an konventionell-angepaßte Reaktionstendenzen als Lerndefizite instrumenteller Natur, die nicht ausgeglichen werden, weil erfolgreiche Rollenvorbilder fehlen und bereitwillige Sozialisatoren, die über Angstsperren und Frustrationsschwellen hinweghelfen.[9]

Der Einfluß der Geschlechtszugehörigkeit der Befragten ist sehr stark auf den konventionellen Familismus konzentriert, aber auch der emanzipatorische Familismus ist stärker von Schülerinnen als von Schülern besetzt. Daneben sind nur noch zwei weitere Einstellungsfaktoren stark durch das Geschlecht bestimmt, wobei der eine ein mani-

(9) Bezogen auf Einstellungen von Industriearbeitern zum technischen Wandel findet sich bei Kern/Schumann eine ähnliche Argumentation, wenn sie für die Mehrzahl ihrer Befragten eine Orientierung am Status quo und an herkömmlichen Formen der Industriearbeit konstatieren. Fixpunkt ihrer Vorstellungen ist die Angelerntentätigkeit (vgl. Kern/Schumann 1973, S. 252).

festes politisches Desinteresse ausdrückt (Faktor 02), der andere einen unpolitischen Habitus (Faktor 14). Erstaunlich ist dagegen, daß Einstellungsdimensionen der situativen konventionellen oder oppositionellen Handlungsorientierung durchgängig nicht vom Geschlecht bestimmt sind; auch die rudimentären Gesellschaftsbildvarianten werden nicht von der Geschlechtszugehörigkeit beeinflußt. Der Einfluß des Geschlechts auf die politische Sozialisation entfaltet sich also differenzierter, als aufgrund bekannter Rollenstereotype hätte angenommen werden können.[10] Danach bleibt das politische Interesse der Frauen passiv, wird vorwiegend im Kreis der Verwandtschaft sichtbar und aktualisiert sich nur zur Wahl. Im Gegensatz dazu müssen wir zwar die Distanz der Schülerinnen zum politisch-institutionellen Sektor bestätigen, sehen aber in der Geschlechtsindifferenz gegenüber einer aktuell-oppositionellen und partizipatorischen Verhaltensausrichtung Ansätze zur Überwindung traditioneller Rollensterotype.

Weil in den übrigen Einflußfaktoren im weiteren Verlauf noch einige Relevanzverschiebungen auftreten, brechen wir hier die Diskussion der Wirkungsweise von Einzelfaktoren ab und diskutieren die weitere Datenaufbereitung, die in Form der Verquickung der Eltern- und Schüleraussagen vorgenommen wurde.

7.2. Bedingungsanalyse anhand der Schüler- und Elternbefragung

Für die 329 „Familienfälle" wurden anhand der Elternaussagen Einstellungsindikatoren gebildet, um zu prüfen, ob deren Einführung in die Regressionsgleichungen zu einem höheren Anteil erklärter Varianz der Schüler-Einstellungsindikatoren führt. Zur Indikatorenbildung wurden folgende Kriterien angelegt:
1. Die Indikatoren sollen inhaltlich mit zentralen Aspekten der Einstellungs- und erklärenden Indikatoren der Schüleruntersuchung zusammenhängen.
2. Sie sollen fragetechnisch-instrumentell möglichst identisch mit den verwendeten Schülerindikatoren sein.
3. Sie sollen möglichst zentrale Aspekte der Elterneinstellungen und des Elternverhaltens messen.

Ein zusätzliches Kriterium ergab sich, ähnlich wie beim Schülerfragebogen, aus der Skalierungsfähigkeit einzelner

(10) Vgl. dazu die Studie „Frau und Öffentlichkeit", IFAS 1965, S. 43.

thematischer Fragebogenbereiche; hier mußten wiederum erhebliche Abstriche an der Repräsentanz sämtlicher intendierter Einstellungsdimensionen gemacht werden, da auch der Elternfragebogen nicht von vornherein auf ein Skalierungskonzept angelegt war. Dem drittgenannten Auswahlkriterium konnte daher nur unzureichend Genüge getan werden; die Zentralität der Indikatoren wurde lediglich als „face-validity“[11] auf der Basis der subjektiven Einschätzung des Verfassers bestimmt. Die insgesamt 30 verwendeten Indikatoren beziehen sich auf sechs Themenbereiche:

1. normative Erwartungen (Lernziele) an Kinder,
2. Interaktion/Erziehungsverhalten,
3. Kommunikation mit den Kindern,
4. Demokratie- und Politikverständnis der Eltern,
5. gesellschaftspolitische Grundeinstellung der Eltern und
6. sozialstatistische Variablen.

Der Vergleich mit den Indikatoren der Schüleruntersuchung zeigt, daß in diesem Katalog die Parallelen zu den „abhängigen“ *und* den „unabhängigen“ Indikatoren auftauchen; absichtlich wurden speziell die Eltern*einstellungen* in einen Erklärungsansatz für die Einstellung ihrer Kinder eingeführt. Im Unterschied zu den Schülerindikatoren sind bei den Elternindikatoren die persönliche Interessenausrichtung und die politische Handlungsorientierung unterrepräsentiert, während der Bereich von Interaktion/Erziehung/Sanktion erheblich genauer aufgeschlüsselt werden konnte. Sozialstatistische Variablen wurden nur insoweit hinzugenommen, als sie nicht schon bei den Erklärungsvariablen für die Schülerhauptuntersuchung Verwendung fanden; insbesondere wurde eine Variable zur regionalen Gliederung (Stadt/Land) gebildet, die als einzige des gesamten Regressionsansatzes lediglich dichotomischen Charakter trägt.[12] Erwähnenswert ist noch, daß die vier Variablen zum Erziehungsverhalten in Konfliktsituationen ausschließlich auf der Basis offener Fragen gebildet wurden.[13] Die Elternindikatoren sind nach dem gleichen Verrechnungsprinzip gebildet wie die Schülerindikatoren. Eine genaue Auflistung der jeweils verwendeten Fragen, zusammen mit der Grundauszählung für die Einzelindikatoren, ist im Anhang der Dissertation dokumentiert.

(11) Zum Begriff der „face-validity“ vgl. Scheuch 1967, S. 174..
(12) Die Geschlechtsvariable der Schüler ist durch den Fortfall von Befragten ohne Kennung in dieser Variablen in den folgenden Analysen ebenfalls dichotomisch.
(13) Der Codeplan für diese Fragen ist von den Verantwortlichen der Elternbefragung, Brühl und Knake, ausgearbeitet worden.

Übersicht über unabhängige Indikatoren (Elternvariable)

1	*Normative Erwartungen (Lernziele)*
E1.1	Emanzipatorische Lernziele
E1.2	Konventionelle Lernziele
E1.3	Interessenvertretung/Veränderung als schulisches Lernziel
E1.4	Ordnung als schulisches Lernziel
E1.5	Aufstiegswünsche für Kinder
E1.6	Bereiche für Schüler-Mitbestimmung
E1.7	Unkritisches Verhältnis zu schulischen Lerninhalten
E1.8	Politik im Unterricht
2	*Interaktion/Erziehungsverhalten*
E2.1	Konventionelle Familienstruktur
2.2	*Präferiertes Verhalten für Konfliktsituationen*
E2.2.1	Elterndominanz
E2.2.2	Kompromiß
2.3	*Erziehungsverhalten in Konfliktsituationen*
E2.3.1	Gespräch, Aufklärung/Belehrung
E2.3.2	Nicht-Einmischen, Gewährenlassen, Toleranz
E2.3.3	Verbot/Kontrolle
E2.3.4	Strafen
2.4	*Sanktionsverhalten/Strafen*
E2.4.1	Psychisch-sozialer Druck
E2.4.2	Materieller Entzug
E2.4.3	Freiheitsentzug
E2.4.4	Schläge
3	*Kommunikation mit Kindern:*
E3.1	Politik
E3.2	Schule
E3.3	Beruf
E3.4	Persönliche Beziehungen
4	*Demokratie- und Politikverständnis*
E4.1	Interesseorientiertes Demokratieverständnis
E4.2	Konventionelles Demokratieverständnis
E4.3	Elitäres Demokratieverständnis
E4.4	Umfassender Politikbegriff
E4.5	Interesse an Politik
5	*Gesellschaftspolitische Grundeinstellungen*
E5.1	Kritik an Sozialschicht-Unterschieden
E5.2	Affirmatives Verhältnis zu Schicht-Unterschieden
E5.3	Arbeitnehmerfreundliches Gesellschaftsbild
E5.4	Arbeitgeberfreundliches Gesellschaftsbild
E5.5	Plädoyer für Dezentralisierung von Macht
E5.6	Konformistische Wahrnehmung von Erfolgsfaktoren
E5.7	Befürwortung politischer Diskriminierung linker Gruppen
6	*Sozialistische Variable*
E6.1	Familieneinkommen
E6.2	Bildung beider Elternteile
E6.3	Anzahl der Kinder in der Familie
E6.4	Geschlecht des befragten Elternteils
E6.5	Region (Stadt – Land)

Um die Ergebnisse der nachfolgenden Regressionsanalysen angemessen zu interpretieren, ist zunächst ein Repräsentanzvergleich zwischen der Schülerhauptbefragung und der kombinierten Eltern-/Schüler-Stichprobe erforderlich. Dieser Vergleich zeigt, daß die Substichprobe von n = 329 „Familien-Fällen" in den sozialstatistischen Variablen eine eingeschränkte Repräsentanz aufweist und in anderen erklärenden Indikatoren ebenfalls Abweichungen auftreten. Dagegen weichen die „abhängigen" Einstellungsfaktoren im Schnitt nicht stark von Null ab und repräsentieren damit die Gesamt-Schülerstichprobe recht gut (der Mittelwert der Faktorenskalen liegt in der Substichprobe bei 0.0364, in der Gesamtstichprobe bei 0.0000). Die wichtigste Abweichung besteht in der Geschlechtsvariablen, das 1:1 Geschlechtsverhältnis der Gesamtstichprobe wird auf eine Relation von 173 Jungen zu 156 Mädchen verschoben. Ferner sind Gymnasiasten im Vergleich zu Realschülern zu stark vertreten (statt eines Verhältnisses von 1:1:2 zwischen den Schularten ergibt sich eine Verteilung von 92:73:164). Die Verbindung beider Variablen zeigt, daß männliche Hauptschüler überrepräsentiert sind, während weibliche Hauptschüler und männliche Realschüler zu gering vertreten sind. Bei den Gymnasiasten sind sowohl die Jungen wie die Mädchen leicht überrepräsentiert.

Inwieweit durch die Koppelung der Eltern- und Schülerbefragungen der Faktor der Selbstselektion (der, von der Selbstselektion der Eltern bei der Interviewbereitschaft ausgehend, notwendig die Zusammensetzung der Schüler-Unterstichprobe bestimmt) eine gravierende Rolle spielt, ist schwer abzuschätzen. Obwohl die veränderte Stichprobenzusammensetzung die Ergebnisse der Regressionsanalyse deutlich beeinflußt (wie sogleich zu zeigen sein wird), haben wir aus drei Gründen wiederum auf den Versuch repräsentativer Hochrechnungen verzichtet: Zum einen fehlten, wie bereits angeführt, zuverlässige Daten über die Grundgesamtheit, zum anderen schien uns wichtig zu prüfen, ob die Ergebnisstruktur der Regressionsanalysen, trotz veränderter Detailergebnisse, konstant bleibt (insbesondere das relative Gewicht von Variablengruppen), drittens ergab sich bei den Elternteilen der „Familienfälle" ein starkes Übergewicht bei befragten Müttern (63 Prozent), dessen Ausgleich einen Hochrechnungsansatz doch erheblich kompliziert hätte. Im folgenden werden die Ergebnisse dreier Regressionsanalysen vorgestellt, die ausschließlich für n = 329 „Familienfälle" durchgeführt wurden:

1. Die Regressionen der Schüler-Einstellungsfaktoren auf Prediktorvariable des Schülerfragebogens zum Zweck des Vergleichs der Regressionen mit der Schüler-Hauptstichprobe.
2. Die Regressionen der Faktoren auf Prediktorvariable des Elternfragebogens, um zu ermitteln, ob die Elterneinstellungen und das Elternverhalten direkt den politischen Habitus und die situative Handlungsorientierung ihrer Kinder bestimmen.
3. Die Regressionen der Faktoren auf erklärende Variablen des Eltern- und gleichzeitig des Schülerfragebogens, um zu prüfen, ob die durch die ersten beiden Regressionsanalysen erklärte Varianz der Faktorenskalen additiv in dieser kombinierten Rechnung zum Tragen kommt; des weiteren interessiert selbstverständlich auch hier das Gewicht der einzelnen erklärenden Variablen. In diese Regressionen gehen 70 erklärende Variablen ein (30 Schüler- und 40 Elternvariablen).

Zu 1: Die Ergebnisse dieser Regressionsanalyse weichen unerwartet stark von den im vorigen Kapitel besprochenen Resultaten ab, und zwar in zweierlei Hinsicht:
– Die insgesamt erklärte Varianz der Faktoren ist in der Sub-Stichprobe größer als in der Hauptstichprobe, weil die Korrelationen zwischen abhängigen und unabhängigen Variablen im Schnitt höher sind.[14] So ergibt sich für die 16 Faktorenskalen ein Betrag von durchschnittlich 20 Prozent erklärter Varianz im Vergleich zu 15 Prozent in der Hauptstichprobe.
– Der Erklärungsbeitrag einzelner Variablen*gruppen* verschiebt sich nur unwesentlich, jedoch tritt bei Einzelvariablen eine zum Teil bedeutsame Gewichtsveränderung auf. Die Rangkorrelation pro Einzelvariable für die jeweilige Summe des Varianzbeitrages beider Regressionsanalysen beträgt aber immerhin noch R = .62 und weist damit eine befriedigende Übereinstimmung auf. Sehr überzeugend ist auch die Übereinstimmung in der Bedeutung der wichtigsten Variablengruppen (vgl. Tabelle II im Anhang der Dissertation):

S 4.2	Hauptschule - Realschule - Gymnasium	39,9% Varianz
S 4.4	9. - 7. Klasse	37,7% Varianz
S 4.3	Weiblich - männlich	20,5% Varianz
S 3.1.3	Kommunikation: persönliche Beziehungen	17,0% Varianz
S 3.1.5	Kommunikation: Schule	15,2% Varianz

(14) Diese höheren Korrelationen wiederum sind durch die stärkere Repräsentanz sozialstatistischer Extreme bedingt.

S 1.3.3	Normative Erwartungen, peer-group: Familie	13,0% Varanz
S 1.2.2	Normative Erwartungen, Eltern: Politik	11,8% Varianz
S 3.1.2	Kommunikation: Politik	11,7% Varianz
S 3.1.4	Kommunikation: Unterhaltung	11,7% Varianz
S 1.3.1	Normative Erwartungen, peer-group: Beruf	11,2% Varianz
S 3.2	Restringierte Kommunikation im Elternhaus	10,4% Varianz
S 1.3.2	Normative Erwartungen, peer-group: Politik	10,2% Varianz

Diese Übersicht bestätigt in groben Zügen die Ergebnisse des letzten Kapitels, nach denen 1. sozialstatistische Variablen das höchste Gewicht haben, gefolgt von 2. Kommunikationsvariablen und 3. normativen Erwartungen von seiten der Gleichaltrigengruppe. Die Verschiebungen im Gewicht der Einzelvariablen bestehen in erster Linie darin, daß die Gruppe der relevanten Erklärungsvariablen erweitert ist und die Gruppe der irrelevanten Erklärungsvariablen weniger ausgeprägte Charakteristika trägt.

Zu 2: Durch die 40 Indikatoren des Elternfragebogens werden immerhin im Schnitt über die 16 Faktoren 15 Prozent der Varianz erklärt, und zwar ohne daß die wichtigsten Statistik-Variablen der Schüler (Schulart, Alter, Geschlecht) in die Rechnung einbezogen werden. Aus der folgenden Übersicht sind wieder jene Variablen zu entnehmen, die im Schnitt über alle Faktoren den höchsten Erklärungswert besitzen (aufgelistet sind die ersten sieben Rangplätze):

E 3.1	Kommunikation über Politik	24,7% Varianz
E 2.4.2	Sanktion: materieller Entzug	16,5% Varianz
E 3.2	Kommunikation: Schule	14,2% Varianz
E 2.3.4	Sanktion: Strafen	10,8% Varianz
E 1.7	Unkritisches Verhältnis zu schulischen Lerninhalten	9,3% Varianz
E 3.3	Kommunikation: Beruf	9,1% Varianz
E 1.3	Interessenvertretung als schulisches Lernziel	8,9% Varianz

Damit haben also von den Elternvariablen die Kommunikationsindikatoren den höchsten Erklärungswert, sodann spielen Variablen des Erziehungs- und Sanktionsverhaltens eine Rolle sowie Einstellungen der Eltern zur Schule und zu schulischen Lernzielen. Kommunikation mit den Eltern über Politik beeinflußt insofern das Schülerbewußtsein, als ihr Ausbleiben zu politischem Desinteresse führt (Faktor 02 und 04) und zur konventionell-autoritären

Anpassung (Faktor 03 und 11). Das Ausbleiben von Kommunikation über die Schule hängt vor allem mit einer konventionellen familistischen Orientierung zusammen (Faktor 13). Die Kommunikation über berufliche Fragen hat eine tendenziell ähnliche Wirkung, da ihr Ausbleiben politisches Desinteresse begünstigt, auch werden Bilder der „leistungsgerechten" Gesellschaft vermittelt (Faktor 07).

Von den Interaktionsvariablen hat der Indikator „Sanktion: materieller Entzug" die größte Bedeutung. Diese Art des Sanktionsverhaltens führt sehr deutlich zu einer affirmativen situativen Verhaltensorientierung (Faktor 06 und 03), während ihr Ausbleiben (und wie es scheint, das Ausbleiben jeglichen gravierenden Sanktionsverhaltens) zur kritisch-oppositionellen Handlungsorientierung beiträgt (Faktor 09). Strafendes Erziehungsverhalten wirkt in Richtung auf generelles politisches Desinteresse mit autoritären Implikationen (Faktor 04) und auf konventionalistische Überanpassung (Faktor 12). Kritische Elterneinstellungen zur Schule und die Befürwortung oppositionell-interessegeleiteten Handelns wirken in die erwartete Richtung einer kritischen situativen Handlungsorientierung, wenn auch hier die Wirkungsstruktur weniger stringent ausfällt.

Die Auflistung der irrelevanten Einflußgrößen führt zu dem Hauptergebnis, daß inhaltlich bestimmte, gesamtgesellschaftliche politische Vorstellungen der Eltern nahezu keinen Wirkungszusammenhang mit den Schülereinstellungsfaktoren erkennen lassen (Grenze bei kleiner drei Prozent Varianzreduktion):

E 5.7	Politische Diskriminierung linker Gruppen	2,9% Varianz
E 5.3	Arbeitnehmerfreundliches Gesellschaftsbild	2,8% Varianz
E 5.4	Arbeitgeberfreundliches Gesellschaftsbild	2,7% Varianz
E 1.5	Aufstiegswünsche für Kinder	2,6% Varianz
E 2.3.2	Erziehungsverhalten: Nicht-Einmischen	2,4% Varianz
E 3.4	Kommunikation: persönliche Beziehungen	2,4% Varianz
E 6.4	Geschlecht des befragten Elternteils	2,0% Varianz
E 4.2	Konventionelles Demokratieverständnis	1,6% Varianz

Da Vorstellungen über die Gesamtgesellschaft allenfalls in rudimentärer Form bei den Schülern vorhanden sind, wäre als Wirkungsrichtung gesellschaftlicher Vorstellungen der Eltern nur die situative Handlungsorientierung der Schüler verblieben – eine angenommene Konstellation, die inhaltlich doch nur sehr wenig Plausibilität hat.

Zwei weitere Punkte sind an dieser Übersicht bemerkenswert: Erstens spielt die Variable „Kommunikation über persönliche Beziehungen" keine Rolle, so daß rückwirkend auf die im vorigen Kapitel vorgestellte Regressionsanalyse erneut zu konstatieren ist, daß dort die „Dichte" von Kommunikationsinhalten über mehrere Bezugsgruppen hinweg (mit einer nur namentlich identischen Variablen) gemessen worden war. Ergänzend ist also festzustellen, daß diese Art von Kommunikation nur dann die aufgezeigte Wirkung hat, wenn sie innerhalb mehrerer Bezugsgruppen erfolgt. Das Elternhaus allein wirkt eher über manifeste politische Diskussion progressiv-politisierend, wobei es allem Anschein nach nicht auf bestimmte politische Inhalte ankommt. Zweitens läßt die zu Kontrollzwecken eingeführte Variable „Geschlecht des befragten Elternteils" keinerlei Einfluß erkennen. Die Stichprobenverzerrung durch die Überrepräsentanz von befragten Müttern anstelle befragter Väter hat also keinen gravierenden unmittelbaren Einfluß auf die durch unsere Regressionsanalysen ausgewiesene Wirkungsstruktur von Bedingungsfaktoren politischer Verhaltensorientierung.

Zu 3: Die Einführung von 30 Indikatoren der Schülerbefragung und gleichzeitig 40 Indikatoren der Elternbefragung in den Regressionsansatz führt zur additiven Wirkung in der Varianzreduktion: Jetzt werden insgesamt im Schnitt 30 Prozent der Varianz der Einzelfaktoren, also nahezu ein Drittel der Gesamtvarianz, erklärt. Diese additive Wirkung ist augenscheinlich durch die Unabhängigkeit der Beobachtungen bedingt, was uns erwarten läßt, daß es bei umfangreicherer Datenbasis (Daten über Schulen, Gleichaltrige etc.) durchaus möglich wäre, einen erheblich gesicherteren und umfassenderen Erklärungsansatz zu bieten. Voraussetzung dafür ist sicherlich weniger eine genauere Analyse des Schülerbewußtseins selber als vielmehr das Heranziehen möglichst vieler unabhängiger Informationsquellen über die soziale Einbettung der Befragten.

Der Vergleich von Tabelle IV der Dissertation mit den beiden vorangehenden Regressionsanalysen zeigt, daß die Varianzreduktion durch die je einzelnen Indikatoren in Tabelle IV jeweils durchschnittlich kleiner ist als in Tabelle II oder III, daß die inhaltliche Tendenz der Ergebnisse aber durchaus gleich ist. Die Übersicht über die wichtigsten Indikatoren soll diese These erhärten (Grenze größer als neun Prozent Varianzreduktion):

S 4.4	9. - 7. Klassenstufe	36,5% Varianz
S 4.2	Hauptschule - Realschule - Gymnasium	33,1% Varianz
S 4.3	Weiblich - männlich	21,6% Varianz
S 3.1.5	Kommunikation: Schule	14,8% Varianz
S 3.1.3	Kommunikation: persönliche Beziehungen	14,0% Varianz
S 3.1.2	Kommunikation: Politik	13,o% Varianz
E 3.1	Kommunikation mit Eltern: Politik	13,o% Varianz
S 1.3.1	Normative Erwartungen, peer-group: Beruf	11,7% Varianz
S 1.3.3	Normative Erwartungen, peer-group: Familie	11,5% Varianz
S 3.1.4	Kommunikation: Unterhaltung	10,9% Varianz
S 1.2.2	Lernziel der Eltern: Politik	10,9% Varianz
S 3.2	Restringierte Kommunikation im Elternhaus	10,7% Varianz
E 2.4.2	Sanktionen: Materieller Entzug	10,1% Varianz
S 1.2.6	Relevanz des Notenerfolges von seiten der Eltern	10,0% Varianz
E 3.2	Kommunikation mit Eltern: Schule	9,7% Varianz
S 1.3.2	Normative Erwartungen, peer-group: Politik	9,2% Varianz

Diese Übersicht bestätigt die bereits dargestellten Analysetrends. Ihr ist zu entnehmen, daß:
1. die Indikatoren des sozialstatistischen Bereichs den höchsten Erklärungswert besitzen,
2. das kommunikative Verhalten und die Erfahrung oder das Defizit von Erfahrung kommunikativer Prozesse die zweitwichtigste Einflußgröße der politischen Handlungsorientierung ist (vor allem politische und sonstige problemhaltige Themen führen zur politischen Bewußtwerdung),
3. normative Erwartungen von seiten der Gleichaltrigen gegenüber den Erwartungen anderer Bezugsgruppen das stärkere Gewicht besitzen, obwohl auch die Erwartungen des Elternhauses eine wichtige Rolle spielen, und daß
4. Interaktionsvariable, auch auf das Elternhaus bezogene Interaktionsindikatoren, vergleichsweise von untergeordneter Bedeutung sind.
5. Beachtenswert scheint schließlich der insgesamt höhere Erklärungswert der Indikatoren des Schülerfragebogens; in der kombinierten Regressionsrechnung fallen die Elternvariablen in ihrem Erklärungswert zurück.

7.3 Hypothesenprüfung

Wie bei den Erläuterungen zu den Hypothesen über Formen der politischen Handlungsorientierung kann es auch in diesem Abschnitt nur um eine Zusammenfassung unter der Perspektive der vorne aufgestellten Hypothesen gehen.

Wir behandeln sie wieder in der dort vorgegebenen Reihenfolge:

Zur 1. Hypothese: Die 1. Hypothese, nach der Faktoren der latenten politischen Sozialisation ebenso gewichtig sind wie Faktoren der manifesten Sozialisation, wird in anderer als der erwartenden Form bestätigt. Interaktionsvariablen nämlich, die auf den theoretischen Konzeptionen der Erziehungsstil- und Führungsstilforschung basieren, haben einen unerwartet geringen Erklärungswert, obwohl ein umfangreiches Datenmaterial besonders über die Interaktionen im Elternhaus verwendet wurde. Daneben schälte sich aber, nach dem Einfluß von sozialstatistischen Variablen, ein sehr starker Einfluß kommunikativer Prozesse heraus, der sich über eine Bandbreite problemhaltiger Themen (Politik, persönliche Beziehungen, Beruf, Schule) und über eine Bandbreite unterschiedlicher Kommunikationspartner (Eltern, Lehrer, Gleichaltrige) progressiv politisierend entfaltet. Restringierte Kommunikationszusammenhänge ziehen eine Affinität an konventionell-autoritäre Handlungsstandards nach sich. Interessant sind dazu besonders die Kommunikationsindikatoren „Schule“, „persönliche Beziehungen“ und „restringierte Kommunikation im Elternhaus“. Im umfassenden Regressionsansatz (vgl. Tabelle IV im Anhang der Dissertation) zeigt sich eine deutliche Auswirkung dieser Variablen auf die Faktoren 11 und 10 in der Form der Abnahme restringiert antidemokratischen Bewußtseins und naiv-konformistischer Vorstellungen über gesellschaftliche Macht. Die These eines starken Einflusses latenter, nicht intentionaler Sozialisation bestätigt sich also insofern, als die Kommunikation über manifest-politische Inhalte nur eine von mehreren Einflußgrößen kommunikativer Art ist.

Zur 2. Hypothese: Diese Hypothese, die einen Zusammenhang zwischen Interaktion und Handlungsorientierung einerseits, Kommunikation und Kognition andererseits hergestellt hatte, läßt sich mit den dort aufgeführten Spezifizierungen nicht halten, schon allein aufgrund des dargestellten geringen Einflusses von Interaktionsvariablen. Definitiv zurückgewiesen werden muß die These, Kommunikationserfahrungen wirkten sich primär auf die Wahrnehmung gesamtgesellschaftlicher Sachverhalte aus und weniger auf die situative politische Handlungsorientierung. Eine derartige „Sektorierung“ von Einflußzusammenhängen wird durch unsere Daten nicht gestützt bzw. nur punktuell: So läßt sich beispielsweise sagen, daß rigides elterliches

Erziehungsverhalten (also eine Interaktionsvariable) konventionelle Orientierungen und apolitische Grundhaltungen fördert oder, um ein anderes Beispiel zu wählen, Erwartungen politischen Interesses von seiten der Gleichaltrigengruppe zur Verstärkung politischen Interesses des Jugendlichen beitragen. Andererseits wirken sich aber Kommunikationserfahrungen sowohl auf die situativen wie auf die generellen Handlungsorientierungen aus. So zeigt etwa die Variable für Kommunikation über Schulprobleme einen erkennbaren Einfluß auf Faktoren situativer Handlungsorientierung (vgl. Tabelle IV der Dissertation für den umfassenden Regressionsansatz, Variable S. 3.1.5, Faktor 01, 03), und Unterhaltungsthemen bewirken eine unpolitisch-überkonforme situative Handlungsorientierung (Tabelle IV, Variable S 3.1.4, Faktor 06).

Zur 3. Hypothese: Die Hypothese, nach der die Interaktion im Elternhaus die wichtigste Variable der latenten politischen Sozialisation ist, muß ebenfalls zurückgewiesen werden. Weder spielen Interaktionsvariable eine dominierende Rolle, noch ist der Einfluß der latenten politischen Sozialisation auf das Elternhaus konzentriert. Statt dessen kommt der Einfluß der latenten politischen Sozialisation des Elternhauses über den Faktor der Offenheit oder Geschlossenheit kommunikativer Bezüge zum Tragen; vielseitige und problemorientierte Kommunikation (also nicht nur ein formal „elaborierter" Sprachcode) ist dabei als Typus von dem Typ einer konventionalistisch-restringierten Kommunikation abzugrenzen. Allerdings lassen Interaktionsvariablen ebenfalls Einflußrichtungen latenter politischer Sozialisation erkennen, die wie erwartet von restringierten Interaktionen zu restringierten politischen Verhaltensorientierungen führen. Strafendes Erzieherverhalten bewirkt so eine autoritär-unpolitische Grundhaltung (E 2.3.4 und Faktor 04 in Tabelle IV, Dissertationsanhang), psychisch-sozialer Druck bewirkt resignative Ritualisierungstendenzen (E 2.4.1 und Faktor 16), und materielle Sanktionen bewirken situative Überanpassung (E 2.4.2 und Faktor 09).

Manifeste politische Sozialisation erfolgt nach der 3. Hypothese primär über die Schule und die politischen Unterrichtsfächer. Manifeste politische Sozialisation wirkt tatsächlich nicht primär über die Kommunikation im Elternhaus, sondern über die normativen Anforderungen/Erwartungen von seiten der Gleichaltrigengruppe; von nahezu gleichrangiger Bedeutung sind normative Erwartungen von seiten der Eltern (vgl. die Rangplätze der Variablengruppen S 1.2 und S 1.3 in Tabelle IV). Normative Erwartungen der Lehrer haben insgesamt einen recht geringen Einfluß (Variablengruppe S 1.1), auch der Sozialkundeunterricht als wichtigster Träger der politischen Bildung in der Schule hat einen minimalen Einfluß, da er lediglich auf eine einzige Komponente des politischen Habitus, das restringiert antidemokratische Bewußtsein, einwirkt, allerdings mit progressiver politischer Tendenz (S 4.1 und Faktor 11).

Die 3. Hypothese sagt ferner richtig aus, daß die manifeste politische Sozialisation via normativer Erwartungen nicht auf eine bestimmte Bezugsgruppe konzentriert ist, wie soeben schon ausgeführt worden ist. Die These geringer Variabilität von Rollenstereotypen kann hier nur für das Geschlechtsrollenstereotyp geprüft werden. In Modifikation der 3. Hypothese muß festgehalten werden, daß zwar sehr unterschiedliche Rollenstereotype für Mädchen und Jungen existieren, die aber eine relativ geringe differenzierende Wirkung haben. Die Wirkung konzentriert sich nämlich in einer für unsere Daten einmaligen Form auf einen einzigen Einstellungsfaktor, nämlich den konventionellen Familismus (S 4.3 und Faktor 13, vgl. Tabelle IV im Anhang der Dissertation). Andere Wirkungen der geschlechtsspezifischen Sozialisation weisen zwar in die erwartete konventionell-unpolitische Einstellungsrichtung der weiblichen Befragten (vgl. besonders S 4.3 und Faktor 14 in Tabelle IV), sind aber ihrer Gewichtung nach den anderen Einflußfaktoren gleichgeordnet.

Zur 4. Hypothese: Sozialschichtzugehörigkeit ist mit dem Altersfaktor die wichtigste Einflußgröße unserer Untersuchung. Wegen der Instrumentalisierung von „Sozialschicht" als „Schulart"[15] konnte der schichtspezifische Sozialisationseinfluß von Elternhaus und Schule nicht getrennt werden. Allerdings ließen die Indikatoren des Elternfragebogens für die Variablen der Bildung beider Eltern und des Familieneinkommens eine etwas feinere Aufschlüsselung zu; beide Variablen leisteten aber keinen erheblichen Varianzbeitrag (E 6.2 und E 6.1 in Tabelle IV), so daß sich die Verwendung der „Schulart" als günstigster Schichtindikator rechtfertigt. Die Wirkung der Sozialschichtzugehörigkeit ist durchgängig über alle Faktoren die gleiche: Bei Angehörigen der mittleren und oberen

(15) Die Angaben der Schüler zum Sozialstatus der Familie (Beruf der Eltern, Familieneinkommen usw.) sind sehr ungenau und unvollständig.

Mittelschicht (Gymnasiasten) weisen sowohl die situativen wie die generellen politischen Handlungsorientierungen stärkere kritisch-oppositionelle Komponenten auf, während bei den unteren Mittelschichten und der Arbeiterschaft (Hauptschüler) konventionell-angepaßte Tendenzen stärker vertreten sind (vgl. S 4.2 und die Faktoren 01, 03, 05, 06, 12, 14, 16 in Tabelle IV). Zu berücksichtigen ist jedoch, daß sich der Schichtfaktor zwar als eine sehr wichtige, aber bei weitem nicht als die alleinige und alles erklärende Größe darstellt.

Ein Erklärungsansatz für diese schichtspezifische Sozialisationswirkung wurde nicht aus den Daten selber abgeleitet mit dem Hinweis darauf, daß unsere Untersuchung nicht die Erklärung für die Stabilität gesellschaftlicher Schicht- und Klassenstrukturen liefern kann. Deshalb wurde der Ansatz, die schichtspezifische Tradierung von politischer Handlungsorientierung aus den Arbeitsplatzanforderungen der Eltern abzuleiten, als unzureichend zurückgewiesen; statt dessen wurde auf Lerndefizite, fehlende Rollenvorbilder und Frustrationsbarrieren der schichtmäßig Unterprivilegierten verwiesen, die mit fehlenden soziotechnischen Kenntnissen und Fähigkeiten einhergehen.

Zur 5. Hypothese: In zwei von drei der präsentierten Gruppen von Regressionsanalysen hat sich der Altersfaktor als der wichtigste herausgestellt. Die in der 5. Hypothese behauptete starke Altersabhängigkeit der politischen Sozialisation ist damit bestätigt. Tatsächlich steigt mit zunehmendem Alter sehr stark das politische Interesse, und das negativ-affektive „antisoziale" politische Desinteresse bleibt auf die untere der von uns untersuchten Altersstufen beschränkt. Gesellschaftspolitische Einstellungen sind freilich in strukturierter Form weder auf der neunten noch auf der siebten Klassenstufe vorhanden, so daß auf beiden Altersstufen gesellschaftspolitische „non-attitudes" dominieren. Auf Ausprägungen von Gesellschaftsbildern hat der Altersfaktor keinerlei Einfluß (vgl. S 4.4 und Faktor 07, 08, 10, 15). Die behauptete Konsolidierung gesellschaftspolitscher „non-attitudes" zu „attitudes" kann demzufolge in dieser Altersspanne nicht stattfinden.

Konkret-situative Interessenausrichtungen sozio-politischer Relevanz entfalten sich mit zunehmendem Alter auf dem schulisch-institutionellen Sektor und geben der situativen Handlungsorientierung bei Neunkläßlern eine erheblich kritischere und oppositionelle Ausrichtung. Dies gilt mit

Ausnahme von Faktor 16 für sämtliche Spielarten situativer Handlungsorientierung in recht deutlicher Weise (vgl. S 4.4 und die Faktoren 01, 03, 06, 09, 12 in Regressionstabelle IV). Allgemeine kulturelle Werthaltungen (z. B. berufliches Interesse) variieren in der untersuchten Stichprobe so wenig, daß sie sich nicht als Faktor herauskristallisiert haben und infolgedessen nicht durch unsere Regressionsrechnungen erfaßt wurden.

Indikatoren für die Frage, ob die Ausweitung personaler Autonomie, hier verstanden als selbständige Interessenfindung und -durchsetzung, im Altersverlauf ein sich aufgrund von Lernerfolgen selbsttätig verstärkender Prozeß ist, sind sehr schwer zu identifizieren. Einerseits bestätigt die dargestellte Relevanz der Kommunikationsvariablen mit ihren vielfältigen Wirkungen auf den politischen Habitus (situative Handlungsorientierung, Gesellschaftsverständnis, Konventionalismus) diese These, andererseits sind aber die normativen Erwartungen der Bezugspersonen und Bezugsgruppen -- also Faktoren der Außensteuerung – von nicht viel geringerer Bedeutung. Wird rigides Sanktionsverhalten (Strafe, Entzug materieller Güter) als Ausdruck geringster gewährter personaler Autonomie verstanden, so stünde damit eine weitere Bestätigung der These bereit, daß sich mit der Zunahme der Handlungsspielräume auch die Bestrebungen personaler Autonomie verstärken. Personale Autonomie bedarf also im Altersprozeß sowohl der normativen Unterstützung wie der selbsttätigen Verstärkung innerhalb erfolgreicher Lernprozesse.

8 Curriculare Konsequenzen

In der Einleitung zu dieser Arbeit war auf die Problematik sozialwissenschaftlicher Grundlagenforschung hingewiesen worden, die sich bereits durch die Verwendung des Terminus „Grundlagenforschung“ dem Legitimationsdruck entziehen kann, weil die praktische Umsetzung der Ergebnisse per definitionem nicht zu ihrem Aufgabenbereich gehört. Diese Problematik ist sicherlich auch für unser Forschungsprojekt „Curriculumplanung Sozialwissenschaft“ virulent. Dieses Projekt war unter der Zielsetzung angetreten, die „empirischen Voraussetzungen“ für die Entwicklung von Schulcurricula für den Sozialkundeunterricht zu erarbeiten (vgl. v. Maydell, in: Zwischenbericht 1973, S. 7). Die Realisation erfolgte in der Oldenburger Projektgruppe anhand des Konzepts der „Bedingungen der politischen Sozialisation“ (S. 13 ff.), worunter weniger die Erforschung des Gewichts von Ursachenfaktoren gefaßt wurde als vielmehr eine Art Bestandsaufnahme des Bedingungsfeldes politischen Lernens. Gefragt ist jetzt, in welcher Weise der Untersuchungsansatz und die Ergebnisse der hier vorgestellten Schüleruntersuchung zur Lösung der curricularen Probleme beitragen, zumal die von uns gewählte Auswertungsstrategie doch erheblich über die bloße Bestandsaufnahme des Bedingungsfelds politischer Sozialisation hinausführt.

Da der Curriculumbegriff an dieser Stelle nicht problematisiert werden kann, soll in pragmatischer Weise ein Curriculumkonzept zugrunde gelegt werden, das lediglich zur Strukturierung der nachfolgenden Diskussion dienlich ist, nämlich das Konzept von Tyler und Goodlad. Danach definieren die folgenden Fragen den Curriculumbegriff, bzw. die Antworten auf die folgenden Fragen liefern ein Curriculum:

“1. Welche Erziehungsziele sollte die Schule zu erreichen suchen?
2. Welche Lernerfahrungen kann man bereitstellen, damit es möglich wird, diese Ziele zu erreichen?
3. Wie können diese Lernerfahrungen effektiv organisiert werden?
4. Wie können wir ermitteln, ob diese Ziele erreicht werden? “ (Tyler, nach Goodlad 1972, S. 26). Die in Punkt 4 angesprochene Evaluationsproblematik kann allerdings hier nicht weiterverfolgt werden.

Als Bezugspunkt der Diskussion curricularer Konsequenzen unserer Untersuchung wählen wir typische Positionen und typische Vertreter der Didaktik politischer Bildung aus. Holtmann unterscheidet zwei Grundpositionen innerhalb der repräsentativen politischen Didaktik; beide stützen sich auf unterschiedliche gesellschaftstheoretische Positionen. Die demokratisch-sozialistische Position (mit den Hauptvertretern Habermas, Becker, Herkommer, Bergmann, Teschner, Schmiederer, Gottschalch und Fackiner) bezieht sich auf eine antagonistische Gesellschaftstheorie, die in der Beseitigung gesellschaftlicher und ökonomischer Machtverhältnisse die Basis für die Verwirklichung sozialstaatlicher Demokratie und menschlicher Emanzipation sieht; institutionalisierte Konfliktlösung hat auf der Basis einer demokratisch-sozialistischen Position letztlich die Funktion einer Beseitigung gesellschaftlicher Konfliktursachen. Die linksliberale Position (mit den Hauptvertretern Hilligen, Fischer, Giesecke und Engelhardt) basiert auf einer Konflikttheorie der Gesellschaft, bejaht demzufolge den Pluralismus der sozialstaatlichen Demokratie und befürwortet die institutionalisierte Konfliktlösung auf der Grundlage eines gesellschaftspolitischen Minimalkonsensus (vgl. Holtmann, angegeben nach Wulf 1973, S. 12). Als dritte Grundposition der „repräsentativen Didaktik" können wir den systhemtheoretischen Ansatz hinzufügen (mit Vertretern wie Behrmann und Sutor), der stärker die Ordnungsfunktion der Politik und der politischen Bildung hervorhebt. Trotz der Problematik solcher Typisierungen scheint es für die folgende Diskussion ausreichend, Hauptvertreter dieser Positionen auszuwählen und ihre didaktischen Positionen vor dem Hintergrund unserer empirischen Ergebnisse zu diskutieren. Wir haben dazu Schmiederer als Vertreter der demokratisch-sozialistischen Position, Giesecke als Vertreter der linksliberalen und Behrmann als Vertreter der systemtheoretischen Position ausgewählt.

In dem Band „Zur Kritik der politischen Bildung" beschreibt Schmiederer die Zielsetzung politischer Bildung mit Hilfe der folgenden sieben Zentralkategorien: 1. Demokratisierung und Emanzipation, 2. Engagement, 3. Aufklärung und Ideologiekritik, 4. gesellschaftliches Bewußtsein und soziologische Denkweise, 5. Beurteilung von Wertmaßstäben, 6. gesellschaftliche Interessen und 7. utopisches Denken (vgl. Schmiederer 1971, Kap. II). Diese Grundkategorien weisen wichtige Übereinstimmungen mit linksliberalen Positionen auf, unterscheiden sich aber in der zentralen Intention, politische Bildung als Teilnahme am Kampf um die Transformation der bestehenden Gesellschaftsordnung zu bestimmen; Transzendierung bestehender Herrschaftsverhältnisse durch politische Bildung heißt in der gegebenen gesellschaftlichen Situation vor allem, Widerstandsfähigkeit gegen Manipulation zu erzeugen und Aufklärung über die Mechanismen der Manipulation in allen Bereichen des gesellschaftlichen Lebens zu leisten (S. 38-41). Politische Bildung ist auf Engagement und politische Praxis verwiesen, der politische Unterricht muß die Voraussetzungen schaffen, daß unter bestimmten Umständen aus der Reflexion eine politische Handlungsbereitschaft wird, was durch Einbeziehung gesellschaftlicher Interessen in den Unterricht geschehen kann.

Für die Methodik des politischen Unterrichts wird daraus die Konsequenz gezogen, die Auswahl der Themen und Inhalte dürfe keiner wissenschaftlichen Systematik folgen, der Unterricht müsse vielmehr an den konkreten und zu konkretisierenden Erfahrungen und Problemen der Schüler ansetzen (S. 51 f.). Im Zweifelsfall sei es besser, auf ein Thema zu verzichten, als es den Schülern gegen deren Interessen aufzudrängen (S. 98). Die Wahl konkreter und realer Probleme aus dem politisch-gesellschaftlichen Bereich sei Voraussetzung dafür, daß die Schüler ein Interesse am politischen Unterricht zeigen, da insbesondere bei jüngeren Schülern von einfachen und begrenzten Problemen zum Begreifen komplexer Zusammenhänge und Strukturen vorangeschritten werden müsse (S. 98 f.). Die Aktualitätsforderung wird in dem Sinne umgedeutet, daß der Unterricht nicht beliebigen Tagesfragen nachjagen soll, sondern Probleme aufnimmt, die für die Schüler von realer Bedeutung sind und diese Bedeutung auch für absehbare Zeit behalten werden (S.101). Solange das Interesse des Schülers noch nicht auf allgemeine politische Ereignisse gerichtet ist, bieten sich Einzelthemen aus den folgenden Bereichen besonders an: Familie, Gemeinde, Freizeit, Berufswahl, Benachteiligung der Frau, aktuelle Themen in den Massenkommunikationsmitteln und Probleme des Schullebens (S. 108 f.). Die Gefahr eines Rückfalls in die „Pädagogik vom Kinde aus“ mit ihrer Vorstellung „konzentrischer Ringe“ (von der Familie über die Gemeinde zu Staat, Nation und Weltgesellschaft) wird von Schmiederer durchaus gesehen. Sein Gegenargument lautet, daß die Theorie der konzentrischen Kreise im Gegensatz zu seinem Konzept der „Betroffenheit“ ein Analogiedenken provoziere, wonach z. B. der Staat nichts anderes sei als eine überdimensionale Familie (S. 110 f.).

Zur Unterrichtsorganisation wird das kasuistische Prinzip (Fallmethode) in Zusammenhang mit der Arbeitsform in Projekten empfohlen, bei der Schüler und Lehrer gemeinsam den noch unbekannten Gegenstand bearbeiten. Oberster Gesichtspunkt ist auch dabei wieder, zur Förderung von Eigeninitiative und Autonomie beizutragen, die Spontaneität und Eigentätigkeit der Schüler zu fördern (S. 120 f.). Das kasuistische Vorgehen wird als eine Form des exemplarischen Lehrens und Lernens verstanden. Da die Schule heute nicht mehr das Monopol der Wissens- und Informationsvermittlung hat, kommt es in der Schule auf die Verarbeitung und Strukturierung der ungegliederten und bruchstückhaften Information an (S. 131). Hinsichtlich des Unterrichtsstils darf zwischen Form und Inhalt nicht getrennt werden, der emanzipatorische Unterricht bleibt wirkungslos, wenn in Stil und Form das autoritäre Verhalten dominiert (S. 134).

Der Versuch, Schmiederers methodischen Ansatz auf wenige Grundbegriffe zu reduzieren, ergibt nach unserer Ansicht drei Hauptkategorien, nämlich 1. die Kategorie der Betroffenheit der Schüler, 2. das Prinzip der Eigentätigkeit und Eigenverantwortlichkeit der Schüler und 3. das Prinzip der Informationsverarbeitung und Informationsstrukturierung. Unsere kritische Würdigung kann an diesen drei Punkten ansetzen.

Zu 1: Die Kategorie der Betroffenheit wird bei Schmiederer wesentlich unter motivationalem Aspekt gedacht, insofern sie stabile Dispositionen dafür bereitstellt, daß sich die Schüler überhaupt mit gesellschaftlichen Tatbeständen auseinandersetzen. Nun sprechen unsere Daten zwar auch für das Prinzip der Betroffenheit, jedoch unter einem anderen Aspekt. Persönliche Betroffenheit durch problemhaltige Kommunikationsthemen hat nach unserer Auffassung primär die Funktion der Selbst-Bewußtwerdung, der Identitätsfindung und letztlich der Ich-Stärkung, die dann sekundäre Politisierungseffekte zeitigt. Die These „konzentrische Kreise“, auch in der von Schmiederer modifizierten Form, ist deskriptiv zwar richtig, insofern sie reale Stadien des politischen Entwicklungsprozesses beschreibt, nicht aber analytisch; denn es handelt sich dabei um normativ vorgezeichnete Stadien, die von den Sozialisationsinstanzen in dieser restriktiven Form definiert sind.

Zu 2: Das Prinzip der Eigentätigkeit, Selbstverantwortlichkeit und Spontaneität gewinnt im Anschluß an diese Normierungsproblematik bei Schmiederer einen deutlichen „anti-systematischen“ Affekt. So notwendig für eine auf Autonomie gerichtete Sozialerziehung das frühe Einüben selbständiger Verhaltensweisen sein mag, so gefährlich erscheint andererseits das Prinzip der Spontaneität der Schüler, sofern es nicht durch dezidierte normative Erwartungen der Sozialisatoren geleitet wird. Der von der modernen soziologischen Theorie behauptete antinomische Prozeß der Identitätsfindung und Autonomiegewinnung, der gedacht wird als aktive Anpassung und aktive Behauptung gegenüber gesellschaftlichen normativen Erwartungen, war durch unsere Daten bestätigt worden, da sich der Einfluß von Normen und Erwartungen eben keineswegs als ein nur destruktiver herausgestellt hat.

Zu 3: Inwieweit sich durch das Prinzip der Selbsttätigkeit bessere Leistungsergebnisse der Schüler im Hinblick auf die Strukturierung vorfindbarer Informationen ergeben, ist anhand unserer Daten kaum zu beantworten. Immerhin sollte in Erinnerung gerufen werden, daß sich der geringe Integrationsgrad einzelner Einstellungen und Wahrnehmungen als eines der Hauptdefizite bisheriger politischer Sozialisation herausgestellt hat. Man ist versucht, dies mit einem Begriff von Klafki als Mangel an „kategorialer Bildung“ zu verstehen. Nun gehören zwar zu den von Schmiederer aufgeführten Lernzielen der politischen Bildung auch solche der „kategorialen Bildung“ (z. B. die Schulung gesellschaftlichen Bewußtseins und soziologischer Denkweise), so daß ein gegen ihn gerichteter Vorwurf der kategorialen Abstinenz sicher unberechtigt wäre; aber Schmiederer spricht sich für eine klare Präferenz für den didaktischen Motivierungsaspekt gegenüber einer „wissenschaftlichen Systematik“ aus: „Für den politischen Unterricht bedeutet dies, daß die Auswahl der Themen und Inhalte nicht irgendeiner wissenschaftlichen Systematik oder einer scheinbar objektiven Bedeutsamkeit der Fakten folgen darf; der Unterricht muß vielmehr ansetzen an den konkreten und zu konkretisierenden Erfahrungen und Problemen der Schüler, die auf ihre gesellschaftlichen Ursachen zurückgeführt werden“ (1971, S. 51 f.). Angesichts des eklatanten Mangels an „kategorialer“ politischer Bildung, der bereits in der Studie von Becker u.a. herausgestellt worden war und dort zu der didaktischen Empfehlung geführt hatte, in den politischen Unterricht stärker soziologische Denkweisen einzubeziehen, scheint Schmiederers Bevorzugung von Spontaneität und Selbsttätigkeit doch allzu pointiert.

Für einen weiteren, bisher ausgesparten Zentralaspekt der Konzeption von Schmiederer bietet unsere Datenbasis ebenfalls hinreichende Testmöglichkeit. Wir meinen das Lernziel der politischen Handlungsbereitschaft und des politischen Engagements. „Engagement bedeutet, in der politischen Auseinandersetzung aktiv Stellung zu nehmen und sich für die Verwirklichung sozialer Interessen und Ideen, Vorstellungen und Ziele einzusetzen. Reflektiertes Engagement bedeutet, aufgrund einer rationalen Durchdringung und Bewertung gesellschaftlicher Prozesse Stellung zu nehmen und das eigene Engagement ständig kritisch zu kontrollieren "(Schmiederer 1971, S. 50).

Auch wir hatten in unseren Hypothesen den relativ bruchlosen Übergang von situativen zu generellen Handlungsorientierungen bei gleichbleibender politischer Tendenz angenommen. Nun kann eine solche Hypothese exakt nur auf der methodischen Basis einer Panel-Untersuchung geprüft werden, andererseits aber hätten wir Anhaltspunkte aus unseren Daten gewinnen können, wenn (skalierungsfähige) generell-politische Handlungsorientierungen in unserer Stichprobe feststellbar gewesen wären. Erstaunlicherweise konnten nur Skalen für situative Handlungsorientierungen und für politisches Desinteresse, nicht aber solche für generelle politische Handlungsorientierungen gefunden werden. Die Grundannahme einer Persistenz früh erworbener politischer Handlungsorientierungen bleibt also empirisch noch uneingelöst. Diese Annahme bezieht sich – um Mißverständnissen vorzubeugen, sei dies ausdrücklich erwähnt – auf typische, empirisch vorfindliche Prozesse und nicht etwa auf Lernmöglichkeiten und Individuen; bereits an einer anderen Stelle hatten wir betont, daß wir die Hypothese von unüberwindlichen Fixierungen an frühe Lernprozesse für ein sozialwissenschaftliches Vorurteil – mit freilich weitreichenden praktischen Konsequenzen – halten. Das Lernziel „politisches Engagement" scheint aber dennoch für unsere Altersgruppen von Schülern eine erhebliche Überforderung darzustellen.

Abschließend seien noch zwei Spezifika bei Schmiederer erwähnt: einmal sein Insistieren auf einen völlig nichtautoritären Stil des Unterrichts, zum anderen die mehrfach erwähnte Prämisse des Modells, daß der Lehrer die Bewußtseinsstrukturen des Schülers, seinen Sozialcharakter, seine Sprachgewohnheiten, Vorurteile, Motivationen, seinen allgemeinen und seinen politischen Entwicklungsstand kennen muß, um eine emanzipatorische Wirkung seines Unterrichts zu erzielen (1971, S. 104, S.98). Vermutlich sind solche Forderungen recht praxisfern und zuwenig an den realen Möglichkeiten der Schule und des Lehrers ausgerichtet.

Die Konzeption von Schmiederer wurde hier auch deshalb relativ ausführlich behandelt, weil ihre Prämissen in die Instrumente für eine Untersuchung zur emanzipatorisch-innovatorischen Einstellung von Junglehrern eingingen, an der der Verfasser beteiligt war, Prämissen, die jetzt aber revisionsbedürftig sind. Die Instrumentalisierung für „emanzipatorisch-innovative" Orientierung bezog sich dort primär auf die Gewährung von Autonomie und Selbsttätigkeit für Schüler (vgl. Harder/Urban 1974). Die Behandlung der weiteren didaktischen Konzeption kann daher etwas kürzer gefaßt werden.

Wie Schmiederer geht auch Giesecke vom Demokratiepostulat als oberster Lernzielsetzung für den politischen Unterricht aus, er betont dabei aber stärker die jeweilige politisch-historische Situation. Demokratisierung geschieht nicht übergeschichtlich-systematisch und ist demzufolge weniger eine systematische Erfindung als vielmehr die Korrektur des politischen Prozesses (vgl. Giesecke 1974, S. 141). Curriculum-Entwicklung hat deshalb nicht die vollständige Erfindung neuer Lernziele zum Gegenstand, sondern die Korrektur der bestehenden (S. 142). Die Geschichte etwa seit der Französischen Revolution wird als eine Geschichte von Emanzipationskämpfen gesehen, bei denen es darum ging, Abhängigkeiten, Benachteiligungen, Unterdrückungen und Ausbeutungen zugunsten individueller Selbstbestimmung und kollektiver Mitbestimmung zu beenden; die ökomomische Unabhängigkeit ist Hauptziel aller Emanzipationsbestrebungen (S. 125). Deshalb muß politisch-pädagogische Praxis bei politisch-gesellschaftlichen Konflikten ansetzen – Politik konkretisiert sich in politischen Auseinandersetzungen, die auf gesellschaftlichen Widersprüchen basieren. Die Konfliktsituation ist „die eigentliche politische Handlungssituation" (S.143).

Von dieser Prämisse ausgehend, werden fünf Teilziele formuliert, die sämtlich auf die Konfliktproblematik bezogen sind, nämlich: 1. Ausbildung einer auf politische Realitäten bezogenen Vorstellungs- und Urteilsfähigkeit, 2. Training systematischer gesamtgesellschaftlicher Vorstellungen, 3. Erzeugung eines historischen Bewußtseins, das den Prozeß der gelungenen bzw. gescheiterten Demokratisierung erklären kann, 4. Training selbständiger Informationsermittlung und -verarbeitung und 5. Training praktischer Handlungsformen für Strategien unmittelbarer Demokratie (S. 144–157). Obwohl ein politischer Unterricht dann optimal ist, wenn er alle fünf Teilziele realisiert, kommt es dennoch primär auf die Herausbildung politischen Bewußtseins an und auf die Umsetzung dieses Bewußtseins für politisches Handeln in konkreten Situationen. Emotional-affektive Probleme interessieren demgegenüber nur als Randbedingung der Bewußtseinsentwicklung (S. 159).

Kategorien der Konfliktanalyse, die zwar keine politische Theorie konstituieren wollen (S. 174), ersichtlich aber in der Nähe eines Politik-Konzepts angesiedelt sind, betreffen insgesamt elf Aspekte, nämlich: Konflikt, Konkretheit, Macht, Recht, Interesse, Solidarität, Mitbestimmung, Funktionszusammenhang, Ideologie, Geschichtlichkeit und Menschenwürde. Diese Kategorien sind für den Unterricht sinnvoll, sofern sie sich auf politische Konflikte beziehen und sich in sinnvolle Leitfragen umwandeln lassen. Andererseits lassen sich aus diesen Kategorien politische Grundeinsichten gewinnen und als Lernziele des politischen Unterrichts formulieren (S. 176 - 181).

Obwohl die Analyse objektiver Konflikte nicht unmittelbar eine Betroffenheit der Schüler auslöst und somit per se noch keine ausreichende Motivierung bereitstellt, weist Giesecke entschieden die subjektiven Konflikte als Gegenstand des politischen Unterrichts zurück. Die kollektive Selbstthematisierung subjektiver Konflikterfahrungen sei dem Kategorien-Modell nicht angemessen. Kategorien wie Macht, Recht, Funktionszusammenhang oder Geschichtlichkeit ließen sich nicht ohne Sinnreduktion auf subjektive Konflikte anwenden. Außerdem stelle eine starke Fixierung auf ein persönliches Problem keine geeignete Motivationslage für dessen intellektuelle Bearbeitung dar, vielmehr sei eine Distanz von persönlichen Fixierungen erforderlich; subjektive Fixierungen könnten nur an objektiven Gegenständen „wirklich abgearbeitet werden" (S. 183 - 190).

Die Position Gieseckes scheint demnach vor allem durch die folgenden vier Theoreme ausgezeichnet: 1. Politisches

Lernen ist auf gesellschaftliche Konflikte bezogen. 2. Politische Bildung zielt weniger auf unmittelbare politische Aktion als vielmehr auf politisches Bewußtsein. 3. Die didaktischen Grundkategorien stellen ein Begriffsmodell dar, das im politischen Unterricht systematisch anzuwenden und zu realisieren ist. 4. Nur objektive und nicht subjektive Konflikte bilden einen adäquaten Lerngegenstand des politischen Unterrichts.

Zentral für diese Konzeption sind damit genau jene Aspekte, hinsichtlich derer anhand unserer empirischen Befunde die gravierendsten Lerndefizite ausgemacht worden waren: so etwa der Erwerb von Grundkategorien, die kohärente Deutungsmuster für soziale Realitäten und geschichtliche Prozesse bereitstellen, insbesondere die Konfliktkategorie, deren Bedeutung den Schülern weder bewußtseinsmäßig transparent noch im praktischen Handeln zugänglich ist. Die Konzeption vernachlässigt allerdings die Bedeutung des affektiv-emotionalen Gehalts politischen Lernens. Übertreibungen subjektiver Konfliktthematisierungen in der antiautoritären Phase der bürgerlich-mittelständischen Jugend (vgl. Giesecke 1974, S. 185) berechtigen nicht zur Ignorierung sowohl der motivationalen Stimulierungsfunktion wie der Funktion einer Stärkung von Ich-Autonomie, die von Verbalisierungsstrategien subjektiver Probleme und Konflikte ausgehen. Die bereits von Jaide aufgezeigte Interdependenz von Sozialerziehung und politischer Erziehung, die durch unsere Daten voll gestützt wird, erfährt zuwenig Berücksichtigung. Jaide schreibt: „Aus unseren Befunden ergeben sich Folgerungen für die Verflechtung von politischer und sonstiger Bildung, Interessenförderung und Lebensplanung sowie von personaler, sozialer und politischer Erziehung" (1971, S. 106). Insgesamt können wir aber in unseren Daten mehr Bestätigung der Position von Giesecke (als eines Repräsentanten der „linksliberalen" Gruppierung) finden als für den Vertreter der „demokratisch-sozialistischen" Position.

Behrmann kritisiert die politische Pädagogik unter systemtheoretischer Perspektive. Gegen die bis auf Rousseau zurückgehende „Idee der gemeinschaftlichen Vergesellschaftung" setzt er den systemtheoretischen Befund einer zunehmenden Differenzierung von Teilsystemen der Gesellschaft und innerhalb dieser Teilsysteme. Der Arbeitsteiligkeit des politischen Prozesses mit der Beteiligung zahlreicher Instanzen mit besonderen Funktionen und besonderen sozialen Bezügen seien eindeutige Ursache-Wirkungsrelationen nicht adäquat. Begriffe wie Selbstbestimmung oder Fremdbestimmung könnten diese Strukturen nicht erfassen (vgl. Behrmann 1974, S. 316). Die durch die neuere politische Pädagogik vorgegebene Richtung von Partizipation, die auf universalistische Wertorientierungen, diffuse Erwartungen, expressive Haltungen und auf unmittelbares informelles Zusammenwirken ziele, lasse sich nur schwer einer Gesellschaftsstruktur zuordnen, in der aufgrund hoher Differenzierung viele politische Interessen partikularistisch sind und der aufgrund hoher sozialer Komplexität ein hohes Maß an formaler Organisation und arbeitsteiligen politischen Prozessen angemessen ist (1974, S. 321). Diese Erwartungsmuster würden sowohl die Zweckrationalität vieler Handlungssysteme als auch die Notwendigkeit konkurrierender und sich wechselseitig ausbalancierender Rollenerwartungen verkennen (vgl. Behrmann 1975, S.162). Die institutionellen Garanten von Freiheit und Selbstbestimmung würden so zu Unrecht vernachlässigt: „Nicht zuletzt unter dem Einfluß von Ideen einer gemeinschaftlichen Vergesellschaftung sind unter diesen Möglichkeiten neuerlich vor allem die Öffentlichkeit von Entscheidungsprozessen, die unmittelbare Mitbestimmung und die gleiche Verteilung von Mitteln hervorgehoben worden. Mehr und mehr scheinen sie auch die Diskussion um die politische Bildung zu bestimmen. Darüber drohen die anderen für die Chancen der Selbstbestimmung und der Freiheit wie der Realisierung von Bedürfnissen ebenso bedeutsamen, wenn nicht wichtigeren Einrichtungen aus dem Blick zu geraten" (1975, S. 137).

Die für die deutsche politische Kultur charakteristische Gemeinschaftsorientierung und der mangelnde Bezug zu den Institutionen und der mit den Institutionen verbundenen Herrschaftsproblematik spiegelten sich in den ohne klare Kriterien erstellten Lehrplänen und Didaktiken; so sei auch an Gieseckes Didaktik der schwache Institutionenbezug zu bemängeln. Die Negation bestehender gesellschaftlicher Verhältnisse legitimiere einen ideologischen „Anti-Systemaffekt" mit der damit verbundenen Idee von Demokratie als gemeinschaftlicher Vergesellschaftung (1975, S.166 f.).

Politisches Lernen, speziell der Erwerb der Fähigkeit zur politischen Aktivität, finde primär in den Institutionen selber statt und nicht in vorbereitenden Lernprozessen. Die politische Organisierung der Bürger sei Hauptstimulans politischer Partizipation. Partizipatorische Fähigkeiten und Einstellungen bildeten sich in langfristigen sozialen Lernprozessen innerhalb des politischen Apparats heraus; was die politische Praxis bestimmt, nämlich die Beherrschung von Geschäftsordnungen, Techniken der Einflußnahme und des Kompromisses, das geschickte Lancieren von Informationen und dergleichen, lasse sich nicht durch politische Bildung vermitteln (1974, S. 316, S. 312, S. 310). Die Forderung nach ausgleichender Sozialerziehung in den Schulen sei angesichts einer generellen Ineffektivität des Erziehungswesens eher illusionär, da wir noch kaum über brauchbare Modelle für geeignete Lernsituationen verfügen. Schule habe als formale Organisation in unserer Gesellschaft einen schwer zu beseitigenden Vorrang der Wissensvermittlung, der auch für den politischen Unterricht gelte (1974, S. 312, S. 320). Politische Bildung habe deshalb zunächst die Aufgabe systematischer Kenntnisvermittlung über das politische System, also die Aufgabe der Vermittlung von Orientierungen auf das politische System; sie habe eine systematische Ordnung des politischen Orientierungsfeldes zu leisten (1975, S. 158 f.).

Auf wenige Punkte reduziert, enthält die didaktische Konzeption von Behrmann folgendes: 1. Partizipation erfolgt in spezifischen sozialen Institutionen, die in ein gesellschaftliches Gefüge von Checks und Balances eingebettet sind. 2. Politischer Unterricht hat in systematischer Weise Orientierungen zu vermitteln, primär den politischen Kenntniserwerb abzusichern. 3. Die Vermittlung politischer Handlungsfähigkeit und Handlungsabsicht würde den politischen Unterricht völlig überfordern, da politisches Lernen faktisch „im Apparat“ stattfindet.

Die in Punkt 1 und 2 zum Ausdruck kommende Antipathie des Systemtheoretikers gegen Desorganisation und Spontaneität teilen wir weitgehend, ohne sie allerdings mit mehr Analysematerial belegen zu können, als bisher bereits vorgelegt und diskutiert worden ist. Zwischen der Position von Giesecke und der von Behrmann scheinen überdies mehr Gemeinsamkeiten zu bestehen als zwischen der Position von Giesecke und der von Schmiederer. In Punkt 3 scheint, entgegen Behrmanns Begriffssystem, ein „enger Politikbegriff“ durchzuschlagen, da die Problematik der Heranbildung politischer Handlungsorientierung fast ausschließlich auf politische Institutionen projiziert wird: So bleibt die Herrschaftsfunktion der Schule selber ausgespart, ebenso wie die des Betriebes oder der Familie. Faktisch vorfindbare Rollenstrukturen werden resignativ als auch für die Zukunft verbindliche behauptet. Immerhin wird die richtige Forderung einer Verbindung von politischer Bildung und Sozialerziehung auch von Behrmann dezidiert vertreten, auch wenn er die Realisierungschancen eher pessimistisch einschätzt: „Daher scheint die Vermutung berechtigt, daß die Chancen der Schule, Umfang, Form und Richtung der politischen Partizipation zu beeinflussen, begrenzt sind" (1974, S. 304).

Mit diesem Zitat von Behrmann, das die Hauptproblematik der Curriculumreform im Bereich politischer Bildung treffen dürfte und im Grunde durch unsere empirischen Ergebnisse (faktisch geringe Bedeutung politischen Lernens in der Schule) gestützt wird, können wir uns in einer abschließenden Diskussion der Frage zuwenden, welche realen Möglichkeiten für Schulcurricula bestehen, zur Heranbildung eines progressiven politischen Potentials beizutragen.

Hierzu ist es nützlich, die bislang ausgesparte historische Dimension heranzuziehen. Nach Schulenberg hat sich heute die historisch noch junge Auffassung durchgesetzt, daß der Schule eine entscheidende Rolle für die zukünftige Entwicklung der Gesellschaft zukommt; Schule wird so zu einem „Instrument zur Steuerung der gesellschaftlichen Entwicklung" (1970, S. 410, S. 417). Obgleich dies partiell auch in früheren Epochen der Fall gewesen ist, entfaltete sich die Steuerungswirkung doch stärker über diejenigen Programmpunkte, die auf Drosselung oder Vernachlässigung bestimmter Lerninhalte und Fähigkeiten zielten (S. 415). Umgekehrt bringt diese Entwicklung aber die Gefahr mit sich, „die Schule künftig als Agentur für die Behebung aller sozialen Komplikationen" zu sehen, woraus bei ungünstiger politischer und ökomomischer Entwicklung Schulschelte entstehe (S. 414). In Übertragung auf unser Problem der Curriculumreform läßt sich unter der Voraussetzung, daß das Demokratiepostulat als Leitlinie der politischen Didaktik nirgendwo ernsthaft bestritten wird – es sei denn „im Sinne reaktionärer Umdrehung" (Schulenberg 1970, S. 411) –, eine reale Chance für schulische Demokratisierungsbestrebungen ableiten. Kritisch bleibt allerdings weiterhin das Problem der Heranbildung von Handlungsorientierung. Versteht man jedoch mit Schulenberg die Begrenzung der Schule auf bestimmte Altersgruppen als Modernitätsrückstand, dann ergibt sich ein wichtiges Kriterium auch zur Beurteilung der Chancen, den konativen Aspekt politischen Lernens zu beeinflussen. „Die Schule hat als besondere Veranstaltung zur *Vorbereitung* auf ein Leben mit spezifischen Ansprüchen begonnen, diese Vorbereitungsmaßnahmen wurden ständig ausgedehnt, sowohl hinsichtlich der Zeit (Entwicklung einer kulturellen Jugendphase), wie hinsichtlich des Lernpensums und der betroffenen Bevölkerungsschichten. Dieser Ausdehnungsvorgang erreicht seine Grenzen. Es wird mehr und mehr unsinnig, auf die erhöhten Anforderungen eines immer anspruchsvolleren, längeren, unvorhersehbaren Lebens immer mehr und länger in der Jugend vorbereiten zu wollen. Ein permanenter Lernprozeß muß statt dessen institutionalisiert werden, der dem Menschen permanente Emanzipationschancen eröffnet, die auch die beste Schule nicht mitgeben kann. Die Schule wird als besondere Veranstaltung für den Nachwuchs aufgehoben in das institutionelle System des allgemeinen, lebenslangen Lernprozesses" (Schulenberg 1970, S. 420). Die Einbeziehung dieses gesellschaftlichen Entwicklungsprozesses in die politische Didaktik steht noch aus. Vorläufig wird man behaupten können, daß die Heranbildung politischer Handlungsorientierung im Pflichtschulalter eine Überforderung des Schulsystems im oben genannten Sinn darstellt, nämlich sobald das gesellschaftliche Demokratisierungsdefizit ausschließlich auf die Schule projiziert wird. Die Didaktik der politischen Bildung ist aber damit keineswegs der Aufgabe enthoben, Modelle der Erzeugung kritischen Handlungspotentials zu konzipieren, insbesondere da die Interdependenz von politischer Erziehung und Sozialerziehung als konstitutives Element der politischen Sozialisation didaktisch umgesetzt werden kann und umgesetzt werden muß.

Noch virulenter wird diese Problematik, wenn politische Sozialisation unter dem eingangs aufgeworfenen Aspekt einer „anthropologischen Revolution" diskutiert wird. Das Verständnis der autoritären Persönlichkeit als Modalpersönlichkeit unserer Gesellschaft hatte zwar, ebenso wie die Resultate der amerikanischen Sozialisationsforschung, die Vorstellung zeitlich kontinuierlicher und ungebrochener Entwicklungsprozesse suggeriert und damit die Grundthese der Relevanz frühen Lernens gestützt; die Forderung nach lebenslangem Lernen läuft aber auch zu diesem Modell konträr. Wie Heinrich ausführt, ist die politische Sozialisation nicht der einzige Mechanismus, mit dem systemkonformes Verhalten (oder autoritäres Verhalten) erzielt werden kann, weil dazu vor allem das Belohnungssystem dient, durch welches wirtschaftliche Güter und gesellschaftliche Positionen verteilt werden (vgl. Heinrich 1974, S. 277); aus dieser Tatsache ergibt sich aber zugleich die prinzipielle Auflösbarkeit individualgeschichtlich früher gesellschaftspolitischer Fixierungen und damit ein Spielraum, an dem politische Erziehung – ausdrücklich verstanden als lebenslanger Lernvorgang – ansetzen kann. Demzufolge sollte sich „manifeste" politische Erziehung in den unteren Altersstufen auf die Vermittlung von Kenntnissen und Orientierungsmustern konzentrieren, für höhere Altersstufen aber durchaus das Lernziel konkreter Handlungsfähigkeiten mit aufnehmen.

9 Zusammenfassung und Forschungsausblick

Ausgehend von der These, daß das gesellschaftliche Politisierungsdefizit sowohl durch objektiv geringe (weil durch Herrschaft und Privilegierung verhinderte) Partizipationschancen als auch durch geringe Partizipationsbereitschaft und -fähigkeit verursacht ist, wird nach Möglichkeiten gefragt, auf der Seite des „subjektiven Faktors“ die Politisierung und partizipatorische Aktivität zu initiieren. Dazu wird von einem Begriff der politischen Handlungsorientierung von Schülern ausgegangen, der zwei gleichbedeutende Elemente aufweist, nämlich die *situativ-konkrete* und die *generell-abstrakte* Orientierung. Die situative Komponente soll sich auf den institutionellen Nahbereich des Schülers beziehen, in dem er zu Interaktionen gezwungen ist (Elternhaus, Schule, Gleichaltrigengruppe), die generelle Komponente auf Einstellungen zu gesamtgesellschaftlichen Verhältnissen und Problemen. Hypothetisch wird angenommen, daß die Lernerfahrungen im konkret-institutionellen Nahbereich auf den gesamtgesellschaftlichen Bereich übertragen werden.

Unter Zugrundelegung von Indikatoren sowohl der situativen wie der generellen Handlungsorientierung werden im ersten Analyseabschnitt die Formen politischer Handlungsorientierung bei Schülern der 7. und 9. Klassen untersucht. Das mathematisch-statistische Instrumentarium der Faktorenanalyse wird dazu herangezogen, die Interviewaussagen nach den Kriterien von Konsistenz, von Strukturiertheit bzw. nach dem Integrationsgrad zu untersuchen; gleichzeitig sollen die wichtigsten Grunddimensionen ermittelt werden, auf die sich die Antworten der Schüler reduzieren lassen. Die Faktorenanalyse der Einstellungsindikatoren zeigt eine recht heterogene Gesamtstruktur, jedoch homogene Einzeldimensionen, denn das politische Schülerbewußtsein zerfällt in eine Reihe relativ unverbundener Einzelkomponenten. Dimensionen der situativen Handlungsorientierung sind quantitativ am stärksten vertreten, es folgen Dimensionen des politischen Desinteresses, eines generellen Konventionalismus und des Familismus. Variablen zur gesamtgesellschaftlichen Orientierung strukturieren sich nicht im erwarteten Maße zu konsistenten Varianten des Gesellschaftsbildes. Insgesamt überwiegen Dimensionen konventionell-affirmativen Charakters, nur eine geringe Zahl von Dimensionen bringt eine kritisch-oppositionelle Tendenz im institutionellen Nahbereich zum Ausdruck. Auf einer noch abstrakteren

Analyseebene der Faktorenanalyse zweiter Ordnung, bei der die Beziehungen zwischen den gefundenen Grunddimensionen analysiert werden, verschwinden Progressivitätsfaktoren gänzlich, so daß sich das konventionell-affirmative Bewußtsein als erheblich strukturierter, konsistenter und integrierter erweist als das kritische Bewußtsein.

Um über die Bedingungen der politischen Handlungsorientierung Aufschluß zu gewinnen, wurden Regressionsanalysen durchgeführt mit den durch die Faktorenanalyse ermittelten Dimensionen als abhängigen, zu erklärenden Variablen und einer Reihe von Prediktorvariablen (erklärenden Variablen) sowohl aus der Schülerbefragung als auch der parallelen Elternbefragung bei einem Drittel der betreffenden Schüler. Die Regressionsanalyse diente zur Ermittlung des Gewichts, mit dem einzelne Einflußgrößen auf die politischen Orientierungen einwirken. Die Prediktorvariablen bezogen sich auf folgende Inhaltsbereiche:
– normative Erwartungen von seiten der Bezugsgruppen,
– erfahrene Interaktionsformen,
– Kommunikationspartner und Kommunikationsthemen,
– gesellschaftspolitische Grundeinstellung der Eltern und
– sozialstatistische Variable.

Die Gewichtung dieser Gruppen von Einflußfaktoren ergab, daß sozialstatistische Prediktorvariablen das größte Gewicht haben (in der Reihenfolge: Alter, Sozialschicht, Geschlecht) und daß die Gruppe der Kommunikationsindikatoren ebenfalls von sehr starkem Gewicht ist. In der Rangreihe folgen die normativen Erwartungen, von denen nur jene von seiten der Gleichaltrigen und von seiten der Eltern, nicht aber die von seiten der Lehrer Relevanz haben. Am wenigsten Einfluß läßt sich für den Bereich der Interaktionsformen konstatieren, der in unseren Daten das relativ geringste Gewicht hat. Die gesellschaftspolitischen Grundeinstellungen der Eltern sind von noch geringerer Bedeutung, weil das bewußtseinsmäßige Pendant bei den Schülern fehlt.

Der Gewinn personaler Autonomie als Ingrediens progressiver Politisierung hängt nach unserer Schlußfolgerung von der radikalen Offenheit von Kommunikationsbezügen ab, in denen problemhaltige Themen diskutiert werden, *und* von normativen Erwartungen, die die kritisch-oppositionelle Handlungsorientierung fordern. Theoretische Ansätze, die auf Konzepten von Erziehungs- und Führungsstilen basieren, haben daher nach unseren Ergebnissen für den Bereich der politischen Sozialisation (und vermutlich nicht nur für diesen) eine geringe Relevanz. Künftige Forschung wird sich wieder stärker mit Inhalten als mit Formen befassen müssen, um der Gefahr „leerformhafter" Betrachtung von Kommunikation, hier verstanden als wechselseitige Vermittlung gemeinten Sinns, zu entgehen. „Kommunikation" entfaltet ihre Wirkung über antizipierte Zukunft, während „Interaktion" gegenwartsverhaftet bleibt; Fixierungen auf Interaktionen in der Form erlittener Herrschaft sind zwar empirisch vorfindbar, sie sind aber nach unserer Auffassung über Kommunikation auflösbar.

Im parallel zu dieser Studie laufenden Projekt „Unterrichtsbeobachtung" (vgl. Scholz/Urban 1974) wird eine Konzeption verfolgt, die gerade das Verhältnis von Interaktion und Kommunikation zum Gegenstand hat. Die Richtigkeit dieses Forschungsansatzes wird durch die bereits ausgewerteten Schülerbefragungen bestätigt. Wir erhoffen uns daher vom Unterrichtsbeobachtungsprojekt weiteren Aufschluß zur Problematik relevanter Einflußfaktoren der politischen Sozialisation. Für die Curriculumentwicklung im Bereich Sozialkunde und politischer Bildung ist die bereits von Jaide bezeichnete Interdependenz von Sozialerziehung und politischer Erziehung als Grundlagendatum herauszustellen. Allerdings darf dies nicht den Verzicht auf systematisierte Curricula zur Folge haben, weil im Mangel an „kategorialer Bildung" das Hauptdefizit der politischen Bildung an den Schulen zu sehen ist. Demzufolge hat für die von uns untersuchten Altersstufen die Weckung und das Training von Handlungsorientierungen eine sekundäre Bedeutung.

Anhang

Schülerfragebogen inclusive Grundauszählung *

Forschungsprojekt September 1973
„Curriculumplanung Sozialwissenschaft"
am Lehrstuhl für Soziologie
Pädagogische Hochschule Niedersachsen
Abteilung Oldenburg

Fragebogen Schüler

Streng vertraulich!
Namc darf nicht notiert werden!

Ich komme von der Pädagogischen Hochschule in Oldenburg. Wir führen zur Zeit eine Untersuchung über Schulprobleme durch. Wir möchten dabei auch etwas über die Probleme und Interessen von Schülern in Deinem Alter erfahren. Deshalb würden wir gern Deine Meinung zu diesen Fragen hören. Du kannst dabei ruhig ganz offen sagen, was Du meinst. Dein Name wird nicht aufgeschrieben. Niemand – weder Deine Eltern noch Deine Lehrer noch Deine Klassenkameraden – erfährt etwas von dem, was Du hier sagst. Die Teilnahme an diesem Gespräch ist freiwillig.

Verantwortlich für den Fragebogen:
Dr. J. v. Maydell / K. Urban

* 950 Befragte. In GROSSBUCHSTABEN geschriebene Antwort-Kategorien sind den Befragten auf einem Kartentext vorgelegt worden. Die Codepläne für die offenen Fragen sind zusammen mit J.v. Maydell erstellt worden.

1.	Ich möchte mich mit Dir zunächst über *die Schule* ganz allgemein unterhalten. Wie ist das bei Dir persönlich: Gehst Du im allgemeinen *sehr gern, ziemlich gern* oder *weniger gern* in die Schule?	0) Sehr gern	9%
		1) Ziemlich gern	66%
		2) Weniger gern	24%
		3) Weiß nicht/Keine Antwort	1%
2.	Gibt es Dinge in der Schule, die Du besonders gut findest?	0) Ja	78%
		1) Nein	15%
		2) Weiß nicht/Keine Antwort	7%
2.1	Welche sind das? Filtergruppe: Frage 2, Kategorie „Ja"	0) Hinweis auf einzelne Unterrichtsfächer	66%
		1) Unterricht allgemein, schulische Arbeitsformen, Unterrichtsform, Unterrichtsmethode, etc., Arbeits- und Leistungsanforderungen	14%
		2) Beurteilungen, Zensuren	0%

		3) Sanktionspraktiken, Sanktionsverhalten der Lehrer, Autoritätsausübung (gerecht-ungerecht) 0%
		4) Lehrer-Lehrerverhalten-Lehrereinstellungen (sonstige Aussagen über Lehrer) 12%
		5) Hausordnung und Disziplinierung 2%
		6) Räumliche und sachliche Bedingungen, Ausstattung, sonstige organisatorische Bedingungen (oder: zu viele Stunden, lange Schulzeit) 12%
		7) Mitbestimmung der Schüler (SMV, Klassensprecher, etc.) 4%
		8) Sonstige Sozialkontakte der Schüler, Mitschüler allgemein (oder: Pausen) 7%
		9) Sonstiges 1%
		10) Keine Antwort 2%
3.	Und gibt es Dinge in der Schule, die Du besonders schlecht findest?	0) Ja . . . . 58% 1) Nein . . . . 36 % 2) Weiß nicht/Keine Antwort 6%
3.1	Welche sind das? Filtergruppe: Frage 3, Kategorie „Ja“	0) Hinweis auf einzelne Unterrichtsfächer 37%
		1) Unterricht allgemein, schulische Arbeitsformen, Unterrichtsform, Unterrichtsmethode, etc., Arbeits- und Leistungsanforderungen 14%
		2) Beurteilungen, Zensuren . . . 4%
		3) Sanktionspraktiken, Sanktionsverhalten der Lehrer, Autoritätsausübung (gerecht-ungerecht) 3%
		4) Lehrer-Lehrerverhalten-Lehrereinstellungen (sonstige Aussagen über Lehrer) 24%
		5) Hausordnung und Disziplin (ierung) 10%
		6) Räumliche und sachliche Bedingungen, Ausstattung, sonstige organisatorische Bedingungen (oder: zu viele Stunden, lange Schulzeit) 18%
		7) Mitbestimmung der Schüler (SMV, Klassensprecher, etc.) 2%
		8) Sonstige Sozialkontakte der Schüler, Mitschüler allgemein (oder: Pausen) 3%
		9) Sonstiges 0%
		10) Keine Antwort 0%

4.	Kommst Du im allgemeinen mit Deinen *Lehrern* sehr gut, ziemlich gut oder weniger gut aus?	0) Sehr gut	19%
		1) Ziemlich gut	76%
		2) Weniger gut	4%
		3) Weiß nicht/Keine Antwort	1%
4.1	Was würdest Du meinen, woran liegt das? Filtergruppe: Frage 4, Kategorie „sehr gut" oder „ziemlich gut"	0) Unterrichtsgestaltung des Lehrers, Hausaufgaben	4%
		1) Autoritätsausübung des Lehrers (gerecht-ungerecht), Zensierung	3%
		2) Sonstige Aussagen über Lehrer (personenbezogen, Lehrer genannt)	18%
		3) Form der Zusammenarbeit zwischen Lehrer und Schüler	5%
		4) Emotionales Klima der Beziehungen zwischen Lehrer und Schüler (beiderseitig oder vom Schüler ausgehend)	14%
		5) Leistungen – Mitarbeit der Schüler	13%
		6) Anpassung, Disziplin der Schüler (bzw. Nichtanpassung).	15%
		7) Sonstige Aussagen über Schüler	6%
		8) Kommt drauf an (z.B. hängt vom Lehrer ab)	3%
		9) Sonstiges	2%
		10) Keine Antwort	32%
	Filtergruppe: Frage 4, Kategorie „weniger gut"	0) Unterrichtsgestaltung des Lehrers, Hausaufgaben	2%
		1) Autoritätsausübung des Lehrers (gerecht-ungerecht), Zensierung	17%
		2) Sonstige Aussagen über Lehrer (personenbezogen, Lehrer genannt)	20%
		3) Form der Zusammenarbeit zwischen Lehrer und Schüler	2%
		4) Emotionales Klima der Beziehungen zwischen Lehrer und Schüler (beiderseitig oder vom Schüler ausgehend)	2%
		5) Leistungen – Mitarbeit der Schüler	12%
		6) Anpassung, Disziplin der Schüler (bzw. Nichtanpassung)	17%
		7) Sonstige Aussagen über Schüler	7%
		8) Kommt drauf an (z.B. hängt vom Lehrer ab)	5%
		9) Sonstiges	5%
		10) Keine Antwort	24%
5.	Und wie ist das mit Deinen *Klassenkameraden* –	0) Sehr gut	55%
		1) Ziemlich gut	41%

	kommst Du mit denen im allgemeinen sehr gut, ziemlich gut oder weniger gut aus?	2) Weniger gut . . . . 4% 3) Weiß nicht/Keine Antwort 1%
5.1	Und was würdest Du sagen, woran liegt das? (Ohne Vercodung)	
6.	Was meinst Du – was für *Schwierigkeiten und Konflikte* gibt es es heute vor allem zwischen *Lehrern und Schülern* in Deinem Alter?	0) Arbeits- und Leistungsanforderungen . . . . 11% 1) Zensuren, Beurteilungen . . . 5% 2) Mitbestimmung der Schüler 4% 3) Verstöße der Schüler gegen Disziplin und Hausordnung 15% 4) Soziale Distanz der Lehrer gegenüber Schülern (kein Verständnis, Statusbetonung) . . . . . 16% 5) Meinungsverschiedenheiten allgemein . . . . 9% 6) Sanktionspraktiken . . . . 3% 7) Sonstige Aussagen über Lehrerverhalten und Lehrereinstellungen (autoritäres Lehrerverhalten, Unterordnung, Angst der Schüler, Dominanz, ungerechtes Lehrerverhalten) 19% 8) Gibt keine . . . . 4% 9) Sonstiges . . . . 2% 10) Keine Antwort 29%
7.	Was passiert in Deiner Klasse, wenn solche Schwierigkeiten und Konflikte auftreten? „Streit" als 5) und 6) vercodet	0) Diskussion, Gespräch etc. ohne Aussage über Ergebnis (auch ohne Ergebnis) . . . . 30% 1) Konflikt-(Problem)lösung durch Einigung, Kompromiß etc. Klassensprecher, Vertrauenslehrer . . . . 7% 2) Dominanz, Sich-Durchsetzen des Erziehers, Unterordnung des Jugendlichen . . . . 8% 3) Ermahnung, Zurechtweisung, Strafandrohung durch Erzieher . . . . 4% 4) Strafe, Verbot . . . . 17% 5) Affektive Reaktion des Erziehers (wird wütend, schreit, etc.) . . . . 7% 6) Affektive Reaktion des Jugendlichen (auch Leistungsverringerung) . . . . 6% 7) Schüler diskutieren untereinander, Solidarität der Schüler . . . . 6% 8) Kommt nicht vor. . . . . 5% 9) Sonstiges . . . . 3% 10) Keine Antwort 21%

8.	Noch einmal ganz kurz: Wie ist das in Deiner Klasse bei solchen Schwierigkeiten und Konflikten im allgemeinen? Lies Dir die Antworten auf dieser Karte – KARTE 1 ÜBERREICHEN! – bitte durch und sag' mir, was davon noch am ehesten zutrifft! EINE NENNUNG!	*KARTE 1:* 0) IN SOLCHEN FÄLLEN KÖNNEN WIR ALS SCHÜLER MEISTENS DAS MACHEN, WAS WIR WOLLEN ..... 2% 1) IN SOLCHEN FÄLLEN KÖNNEN WIR UNS MEISTENS MIT DEN LEHRERN EINIGEN .... 49% 2) IN SOLCHEN FÄLLEN MÜSSEN WIR MEISTENS DAS MACHEN, WAS UNSERE LEHRER WOLLEN .... 34% 3) ES GIBT EIGENTLICH KEINE SCHWIERIGKEITEN UND KONFLIKTE ZWISCHEN UNS UND UNSEREN LEHRERN 13% 4) Keine Antwort 3%
9.	A) *NUR FÜR HAUPTSCHÜLER* Würdest Du lieber die Realschule oder das Gymnasium besuchen?	0) Ja, Realschule .... 41% 1) Ja, Gymnasium .... 9% 2) Nein 47%
	B) *NUR FÜR REALSCHÜLER* Würdest Du lieber die Hauptschule oder das Gymnasium besuchen?	0) Ja, Hauptschule .... 6% 1) Ja, Gymnasium .... 28% 2) Nein 59%
	C) *NUR FÜR GYMNASIASTEN* Würdest Du lieber die Hauptschule oder die Realschule besuchen?	0) Ja, Hauptschule .... 5% 1) Ja, Realschule .... 8% 2) Nein 80%
9.1	Und warum würdest Du lieber die Hauptschule – die Realschule – das Gymnasium – besuchen? Auswertung nur in Kreuztabellierung mit Frage 9 sinnvoll.	
9.2	Und warum besuchst Du lieber die Hauptschule – die Realschule – das Gymnasium? Auswertung nur in Kreuztabellierung mit Frage 9 sinnvoll.	
10.	Nun einmal etwas anderes. Wir haben hier eine Liste mit verschiedenen Dingen zusammengestellt. – KARTE 2 ÜBERREICHEN! –	

	Lies Dir diese Liste bitte einmal durch und nenne mir dann *drei* Dinge, die Dich besonders interessieren! DREI NENNUNGEN!	*KARTE 2:* 0) NATURWISSENSCHAFT UND TECHNIK .... 37% 1) SPORT .... 61% 2) WIRTSCHAFT .... 6% 3) GESCHICHTE .... 36% 4) BERUFSWAHL UND BERUFSAUSBILDUNG .... 32% 5) SEXUALKUNDE .... 9% 6) POLITIK .... 10% 7) FREMDSPRACHEN (Z.B.) ENGLISCH .... 33% 8) KINDERERZIEHUNG UND HAUSHALTSFÜHRUNG ... 26% 9) ERZÄHLUNGEN UND FILME 41% 10) Keine Antwort 00%
11.	Und welche Dinge, die auf dieser Liste stehen, interessieren Dich *am wenigsten ?* DREI NENNUNGEN!	*KARTE 2:* 0) NATURWISSENSCHAFT UND TECHNIK .... 30% 1) SPORT .... 10% 2) WIRTSCHAFT .... 37% 3) GESCHICHTE .... 24% 4) BERUFSWAHL UND BERUFSAUSBILDUNG .... 7% 5) SEXUALKUNDE .... 15% 6) POLITIK .... 63% 7) FREMDSPRACHEN (Z.B.) ENGLISCH 19% 8) KINDERERZIEHUNG UND HAUSHALTSFÜHRUNG ... 29% 9) ERZÄHLUNGEN UND FILME 17% 10) Keine Antwort 2%
12.	Gibt es auf dieser Liste Dinge, über die Du *später* Bescheid wissen mußt? – AUF LISTE HINDEUTEN! – Welche davon sind die wichtigsten? DREI NENNUNGEN!	*KARTE 2:* 0) NATURWISSENSCHAFT UND TECHNIK .... 23% 1) SPORT .... 3% 2) WIRTSCHAFT .... 26% 3) GESCHICHTE .... 4% 4) BERUFSWAHL UND BERUFSAUSBILDUNG .... 57% 5) SEXUALKUNDE .... 27% 6) POLITIK .... 36% 7) FREMDSPRACHEN (Z.B.) ENGLISCH .... 23% 8) KINDERERZIEHUNG UND HAUSHALTSFÜHRUNG ... 49% 9) ERZÄHLUNGEN UND FILME 2% 10) Keine Antwort 2%
13.	Welchen Beruf möchtest Du später ausüben?	0) Landwirtschaft .... 1% 1) Naturwissenschaftlich-technische Berufe, auch technisch-handwerkliche Berufe. (Elektriker, Automechaniker etc.) 20%

2) Nicht-technisch handwerkliche Berufe (Friseur, Schneider, Floristin, Maler, Glaser, Tischler) 7%
3) Kaufmännisch administrativ . . . 7%
4) Dienstleistungsberufe (Jurist) 7%
5) Sicherheit und Ordnung (Polizei – Bundeswehr) . . . 3%
6) Medizinische Berufe: (Arzt, Krankenschwester, MTA, Zahnarzt, Zahntechniker, Tiermedizin, Apotheker) . . . 8%
7) Erzieherisch-soziale Lehrtätigkeiten (Lehrerin, Kindergärtnerin, Sozialpädagoge, Psychologe) 20%
8) Keinen Beruf 0%
9) Sonstiges (z.B. „irgendwas mit Sprachen, Tieren") 2%
10) Keine Antwort 25%

Welchen Beruf möchtest Du später ausüben? (Andere Vercodung)

0) Studium (akad. Berufe) 12%
1) Fachschul- Fachhochschulberuf (MTA, Ing.) 19%
2) Lehrberufe 22%
3) Beruf mit vergleichbarer Qualifikation (Polizist, Krankenschwester, Stewardess, Sekretärin, Vertreter) 14%
4) Anlernberuf (Verkäuferin, Büroarbeit) 4%
5) Ungelernte Berufe 0%
9) Sonstiges 2%
10) Keine Antwort 27%

13.1 Und weshalb möchtest Du gerne . . . . werden?

0) Soziale Neigung und Eignung, Interesse und Fähigkeiten 19%
1) Technisch-instrumentelle Neigung und Eignung 8%
2) Sonstige Aussagen über Interessen und Fähigkeiten (macht Spaß – ist interessant) 34%
3) Berufliche Möglichkeiten, Sicherheit und Aufstieg 5%
4) Einkommen 4%
5) Arbeitszeit – Freizeit 2%
6) Familientradition 4%
7) Tätigkeit (leicht – sauber) . . . 2%
8) Tätigkeit abwechslungsreich, aufregend 4%
9) Sonstiges 1%
10) Keine Antwort 29%

14. Wovon hängt es eigentlich ab, ob man später im Berufsleben erfolgreich ist?

KARTE 3:
0) BEGABUNG UND INTELLIGENZ 50%
1) PERSÖNLICHER FLEISS . . 61%
2) ELTERNHAUS 18%

	Nenne bitte die zwei wichtigsten Punkte! – KARTE 3 ÜBERREICHEN! – ZWEI NENNUNGEN!	3) EIGENE SCHULBILDUNG 33% 4) GLÜCK UND ZUFALL ... 5% 5) WOHLWOLLEN DER VORGESETZTEN .... 4% 6) EINORDNUNG UND GUTES BENEHMEN .... 25% 10) Keine Antwort 0%
15.	Was heißt es eigentlich – *im Berufsleben erfolgreich zu sein?* Welche beiden Punkte sind die wichtigsten? – KARTE 4 ÜBERREICHEN!	*KARTE 4* 0) VIEL GELD VERDIENEN 28% 1) HOHES ANSEHEN ...... 8% 2) BERUFLICHER AUFSTIEG 52% 3) SICH SELBSTÄNDIG MACHEN .... 30% 4) ZUFRIEDENHEIT MIT DER EIGENEN ARBEIT .... 56% 5) WIRTSCHAFTLICHE SICHERHEIT 17% 6) MACHT UND EINFLUSS ... 2% 10) Keine Antwort 1%
16.	Was wird für Dich persönlich *später* einmal wichtiger sein: Zufriedenheit in der Familie oder Erfolg im Beruf?	0) Zufriedenheit in der Familie 66% 1) Erfolg im Beruf .... 12% 2) Beides .... 21% 3) Weiß nicht/Keine Antwort 2%
17.	A) *NUR FÜR JUNGEN:* Wir wollen noch einmal zu der Liste zurückkehren. – KARTE 5 VORLEGEN! – Was meinen da eigentlich die *Lehrer* – worüber sollte nach Meinung der Lehrer *ein Junge in Deinem Alter* vor allem Bescheid wissen? DREI NENNUNGEN! B) *NUR FÜR MÄDCHEN:* ... desgleichen „ein Mädchen in Deinem Alter“	*KARTE 5:* 0) NATURWISSENSCHAFT UND TECHNIK .... 26% 1) SPORT .... 4% 2) WIRTSCHAFT .... 23% 3) GESCHICHTE .... 14% 4) BERUFSWAHL UND BERUFSAUSBILDUNG .... 46% 5) SEXUALKUNDE .... 29% 6) POLITIK .... 29% 7) FREMDSPRACHEN (Z.B.) ENGLISCH .... 32% 8) KINDERERZIEHUNG UND HAUSHALTSFÜHRUNG ...... 35% 9) ERZÄHLUNGEN UND FILME 3% 10) Keine Antwort 6%
18.	Und was meinen *Deine Eltern* – worüber solltest Du nach Meinung Deiner Eltern vor allem Bescheid wissen? – AUF KARTE 5 HINDEUTEN! – DREI NENNUNGEN!	*KARTE 5:* 0) NATURWISSENSCHAFT UND TECHNIK .... 22% 1) SPORT .... 3% 2) WIRTSCHAFT .... 20% 3) GESCHICHTE .... 10% 4) BERUFSWAHL UND BERUFSAUSBILDUNG 54% 5) SEXUALKUNDE .... 17% 6) POLITIK .... 22% 7) FREMDSPRACHEN (Z.B.) ENGLISCH 31%

		8) KINDERERZIEHUNG UND HAUSHALTSFÜHRUNG 39%
		9) ERZÄHLUNGEN UND FILME 2%
		10) Keine Antwort 9%
19.	A) *NUR FÜR JUNGEN:* Und was ist die Meinung *Deiner Freunde oder Freundinnen,* worüber sollte ein *Junge in Deinem Alter* vor allem Bescheid wissen? – KARTE 5! – DREI NENNUNGEN! B) *NUR FÜR MÄDCHEN:* . . . desgleichen „ein Mädchen in Deinem Alter" DREI NENNUNGEN! * WEITER MIT FRAGE 22!	*KARTE 5:* 0) NATURWISSENSCHAFT UND TECHNIK .... 20% 1) SPORT .... 24% 2) WIRTSCHAFT .... 8% 3) GESCHICHTE .... 6% 4) BERUFSWAHL UND BERUFSAUSBILDUNG .... 33% 5) SEXUALKUNDE .... 42% 6) POLITIK .... 19% 7) FREMDSPRACHEN (Z.B.) ENGLISCH 18% 8) KINDERERZIEHUNG UND HAUSHALTSFÜHRUNG ..... 25% 9) ERZÄHLUNGEN UND FILME 14% 10) Keine Antwort .... 15% * Habe keine Freunde/Freundinnen
20.	Finden Deine *Freunde/Freundinnen* es eigentlich sehr wichtig, ziemlich wichtig, oder weniger wichtig, daß Du in der Schule gute Zensuren bekommst?	0) Sehr wichtig .... 6% 1) Ziemlich wichtig .... 28% 2) Weniger wichtig .... 62% 3) Weiß nicht/Keine Antwort 4%
21.	Sieh Dir nun bitte einmal diese Liste an – KARTE 6 ÜBERREICHEN! – und sage mir, worüber Du Dich am meisten mit Deinen Freunden oder Freundinnen unterhältst. Nenne bitte wieder die drei wichtigsten Punkte! DREI NENNUNGEN!	*KARTE 6:* 0) SPORT .... 26% 1) MODE, KLEIDUNG ..... 29% 2) POLITIK .... 4% 3) SCHULAUFGABEN ..... 40% 4) BERUFSWAHL UND BERUFSAUSBILDUNG .... 10% 5) PROBLEME ZWISCHEN ELTERN UND JUGENDLICHEN 33% 6) PROBLEME ZWISCHEN LEHRERN UND SCHÜLERN ..... 33% 7) BEZIEHUNGEN ZWISCHEN JUNGEN UND MÄDCHEN 36% 8) KLASSENGEMEINSCHAFT, MITSCHÜLER .... 20% 9) SCHLAGER, FILM, FERNSEHEN .... 52% 10) Keine Antwort 1%
22.	Und über welche von den Dingen, die auf dieser Liste stehen – AUF KARTE 6 HINWEISEN! –, sprecht Ihr *mit Euren Lehrern* am meisten? DREI NENNUNGEN!	*KARTE 6:* 0) SPORT .... 5% 1) MODE, KLEIDUNG ..... 1% 2) POLITIK .... 23% 3) SCHULAUFGABEN ..... 59% 4) BERUFSWAHL UND BERUFSAUSBILDUNG 28%

		5) PROBLEME ZWISCHEN ELTERN UND JUGENDLICHEN	17%
		6) PROBLEME ZWISCHEN LEHRERN UND SCHÜLERN . .	51%
		7) BEZIEHUNGEN ZWISCHEN JUNGEN UND MÄDCHEN . . .	6%
		8) KLASSENGEMEINSCHAFT, MITSCHÜLER	57%
		9) SCHLAGER, FILM, FERNSEHEN	2%
		10) Keine Antwort	2%

23.	Und über welche von den Dingen, die auf dieser Liste stehen, unterhälst Du Dich *mit Deinen Eltern* am meisten? DREI NENNUNGEN!	*KARTE 6:*	
		0) SPORT	12%
		1) MODE, KLEIDUNG	26%
		2) POLITIK	8%
		3) SCHULAUFGABEN	51%
		4) BERUFSWAHL UND BERUFSAUSBILDUNG	44%
		5) PROBLEME ZWISCHEN ELTERN UND JUGENDLICHEN	29%
		6) PROBLEME ZWISCHEN LEHRERN UND SCHÜLERN	31%
		7) BEZIEHUNGEN ZWISCHEN JUNGEN UND MÄDCHEN . . .	16%
		8) KLASSENGEMEINSCHAFT, MITSCHÜLER	17%
		9) SCHLAGER, FILM, FERNSEHEN	14%
		10) Keine Antwort	3%

24.	Und gibt es Dinge auf dieser Liste, über die Du mit Deinen Eltern im allgemeinen nicht redest? Welche sind das? – KARTE 6! – ALLE NENNUNGEN!	*KARTE 6:*	
		0) SPORT	25%
		1) MODE, KLEIDUNG	21%
		2) POLITIK	47%
		3) SCHULAUFGABEN	7%
		4) BERUFSWAHL UND BERUFSAUSBILDUNG	7%
		5) PROBLEME ZWISCHEN ELTERN UND JUGENDLICHEN .	16%
		6) PROBLEME ZWISCHEN LEHRERN UND SCHÜLERN	14%
		7) BEZIEHUNGEN ZWISCHEN JUNGEN UND MÄDCHEN . . .	38%
		8) KLASSENGEMEINSCHAFT, MITSCHÜLER	21%
		9) SCHLAGER, FILM, FERNSEHEN	30%
		10) Keine Antwort	15%

25.	Finden *Deine Eltern* es eigentlich sehr wichtig, ziemlich wichtig oder weniger wichtig, daß Du in der Schule gute Zensuren bekommst?	0) Sehr wichtig	46%
		1) Ziemlich wichtig	50%
		2) Weniger wichtig	4%
		3) Weiß nicht/Keine Antwort	0%

26.	Wie ist das: Wenn Du Dich bei Deinen Eltern über einen Lehrer beklagst, von dem Du Dich ungerecht behandelt fühlst, würden Deine Eltern dann etwas unternehmen?	0) Ja	43%
		1) Kommt darauf an	20%
		2) Nein	31%
		3) Weiß nicht/Keine Antwort	6%
26.1	Was würden sie eventuell unternehmen? Filtergruppe: Frage 26, Kategorie „Ja" oder „Kommt darauf an"	0) Gespräch mit dem Lehrer, Lehrer zum Gespräch auffordern, zum Lehrer gehen, Lehrer anrufen, Elternsprechtag	85%
		1) Nach Erkundigung beim Schüler evtl. Gespräch mit dem Lehrer. Schüler näher fragen – dann zum Lehrer gehen	3%
		2) Gespräch mit Rektor, Schulrat	8%
		3) Klassenelternrat	2%
		9) Sonstiges	5%
		10) Keine Antwort	3%
26.2	Was glaubst Du, warum würden sie nichts unternehmen? Filtergruppe: Frage 26, Kategorie „Nein"	0) Eltern überlassen Konfliktlösung dem Schüler selber. Schüler soll Konflikt eigenständig austragen (ich soll das selber machen, Schüler regelt das selbst, schlagen höchstens vor, was zu machen ist, mit Problemen muß man selber fertig werden)	25%
		1) Verschulden des Schülers (meist eigenes Verschulden; sie sagen, ich hätte ein bißchen selber Schuld)	15%
		2) Eltern wissen nicht, wer recht hat – manchmal wissen sie nicht, ob Lehrer oder Schüler recht haben	1%
		3) Nachteile für Schüler (wirkt sich verschlechternd aus, man ist dann bei dem Lehrer untendurch, Schüler bekäme Schwierigkeiten)	6%
		4) Eltern können/würden nichts erreichen	9%
		5) Lehrer als Autorität (Eltern meinen, der Lehrer hat recht, Eltern haben Respekt, Angst etc.)	19%
		6) Eltern kennen Lehrer nicht	2%
		7) Eltern haben keine Zeit, sehen das Problem als bedeutungslos; Bequemlichkeit	7%
		9) Sonstiges	8%
		10) Keine Antwort	15%
27.	Worauf wird von Deinen Eltern bei Deiner Erziehung am meisten Wert gelegt? – KARTE 7 VORLEGEN! – Nenne bitte die zwei wichtigsten Punkte!	*KARTE 7:*	
		0) ANERKENNEN VON AUTORITÄT	11%
		1) AN ORDNUNG HALTEN	68%
		2) EIGENE INITIATIVE ENTWICKELN	26%

	ZWEI NENNUNGEN!	3) PROBLEME SELBSTÄNDIG LÖSEN	62%
		4) LEISTUNGSANFORDERUNGEN GENÜGEN	22%
		10) Keine Antwort	1%
28.	Was meinst Du: Was für Schwierigkeiten und Konflikte gibt es heute vor allem *zwischen Eltern und Jugendlichen in Deinem Alter?*	0) Erziehungspraktiken und -probleme der Eltern (Verständnis von seiten der Eltern)	24%
		1) Meinungsverschiedenheiten (auch politische, religiöse, berufliche)	16%
		2) Beziehungen zwischen Jungen und Mädchen (nur, wenn direkt angesprochen)	7%
		3) Ausgang, Freizeit, Beziehung zu Gleichaltrigen	19%
		4) Kleidung–Haarmode–Musik (eigener Lebensstil von Jugendlichen)	21%
		5) Schule	12%
		6) Trinken – Rauchen – Drogen	7%
		7) Geld	3%
		8) Gibt keine	2%
		9) Sonstiges	1%
		10) Keine Antwort	21%
29.	Was passiert in Deiner Familie, wenn solche Schwierigkeiten und Konflikte auftreten?	0) Diskussion, Gespräch etc. ohne Aussage über Ergebnis (auch ohne Ergebnis)	33%
		1) Konflikt- (Problem-)lösung durch Einigung, Kompromisse etc., Beschwichtigung	13%
		2) Dominanz, Sich-Durchsetzen des Erziehers, Unterordnung des Jugendlichen	10%
		3) Ermahnung, Zurechtweisung, Strafandrohung durch Erzieher, Meckern	5%
		4) Strafe, Verbot	9%
		5) Affektive Reaktion des Erziehers (wird wütend, schreit etc.)	12%
		6) Affektive Reaktion der Jugendlichen	6%
		7) Konfliktvermeidung durch Rückzug, Lüge, Vertuschen etc., nicht darüber reden	5%
		8) Kommt nicht vor	4%
		9) Sonstiges	2%
		10) Keine Antwort	16%
30.	Noch einmal ganz kurz: Wie ist das in Deiner Familie bei solchen Schwierigkeiten und Konflikten? – KARTE 8 VORLEGEN! –	*KARTE 8:*	
		0) IN SOLCHEN FÄLLEN KANN ICH MEISTENS DAS MACHEN, WAS ICH WILL	3%
		1) IN SOLCHEN FÄLLEN KANN	

	Was davon trifft noch am ehesten zu? EINE NENNUNG!	ICH MICH MIT MEINEN ELTERN MEISTENS EINIGEN	56%
		2) IN SOLCHEN FÄLLEN MUSS ICH MEISTENS DAS MACHEN, WAS MEINE ELTERN WOLLEN	23%
		3) ES GIBT EIGENTLICH KEINE SOLCHEN SCHWIERIGKEITEN UND KONFLIKTE ZWISCHEN MEINEN ELTERN UND MIR	17%
		4) Keine Antwort	2%
31.	Mit wem bist Du in Deiner Freizeit am liebsten zusammen? – KARTE 9 ÜBERREICHEN! – EINE NENNUNG!	*KARTE 9:*	
		0) AM LIEBSTEN ALLEIN . . .	5%
		1) MIT FAMILIENANGEHÖRIGEN	5%
		2) MIT LEHRERN	0%
		3) MIT GLEICHALTRIGEN FREUNDEN	27%
		4) MIT GLEICHALTRIGEN FREUNDINNEN	20%
		5) MIT FESTEM FREUND . . .	23%
		6) MIT FESTER FREUNDIN	20%
		7) Keine Antwort	0%
32.	Wir haben hier lauter verschiedene Meinungen zusammengestellt, die man gelegentlich hört. Ich werde Dir das vorlesen, und Du sagst mir bitte jedesmal, ob Du das für *richtig*, für *teilweise richtig* oder für *falsch* hältst.		
	A) Politik verdirbt den Charakter	0) Richtig	4%
		1) Teilweise richtig	23%
		2) Falsch	68%
		3) Weiß nicht/Keine Antwort	6%
	B) Politik ist Männersache	0) Richtig	19%
		1) Teilweise richtig	12%
		2) Falsch	68%
		3) Weiß nicht/Keine Antwort	1%
	C) Schüler sind noch zu jung, um in politischen Fragen mitzureden	0) Richtig	16%
		1) Teilweise richtig	33%
		2) Falsch	49%
		3) Weiß nicht/Keine Antwort	2%
	D) Man fährt am besten, wenn man sich aus der Politik heraushält	0) Richtig	15%
		1) Teilweise richtig	27%
		2) Falsch	52%
		3) Weiß nicht/Keine Antwort	6%
	E) In der Politik kann nicht jeder die gleichen Rechte haben, weil die Menschen von Natur aus verschieden sind	0) Richtig	41%
		1) Teilweise richtig	22%
		2) Falsch	31%
		3) Weiß nicht/Keine Antwort	7%

	F) Politik ist nur etwas für Fachleute	0) Richtig	17%
		1) Teilweise richtig	22%
		2) Falsch	59%
		3) Weiß nicht/Keine Antwort	2%
33.	Was meinst Du: Welche drei von diesen Gruppen hier – KARTE 10 ÜBERREICHEN! – haben in unserem Land am meisten Macht? DREI NENNUNGEN!	*KARTE 10:*	
		0) PARTEIEN	46%
		1) KIRCHEN	17%
		2) REGIERUNG	74%
		3) RUNDFUNK, FERNSEHEN, PRESSE	30%
		4) ARBEITGEBERVERBÄNDE	10%
		5) GEWERKSCHAFTEN	22%
		6) PARLAMENT	36%
		7) BÜRGERINITIATIVEN	12%
		8) BUNDESWEHR	19%
		9) SONSTIGE VERBÄNDE, Z.B. BAUERN- UND VERTRIEBENENVERBÄNDE	2%
		10) Keine Antwort	2%
34.	Sieh bitte nochmal diese Liste durch! Nenne bitte die drei Gruppen, die nach Deiner Ansicht bei uns *zuviel* Macht haben! – KARTE 10! – DREI NENNUNGEN!	*KARTE 10:*	
		0) PARTEIEN	26%
		1) KIRCHEN	21%
		2) REGIERUNG	33%
		3) RUNDFUNK, FERNSEHEN, PRESSE	29%
		4) ARBEITGEBERVERBÄNDE	15%
		5) GEWERKSCHAFTEN	15%
		6) PARLAMENT	17%
		7) BÜRGERINITIATIVEN	6%
		8) BUNDESWEHR	19%
		9) SONSTIGE VERBÄNDE, Z.B. BAUERN- UND VERTRIEBENENVERBÄNDE	7%
		10) Keine Antwort	16%
35.	Und welche haben *zuwenig Macht?* – KARTE 10! – DREI NENNUNGEN!	*KARTE 10:*	
		0) PARTEIEN	4%
		1) KIRCHEN	33%
		2) REGIERUNG	2%
		3) RUNDFUNK, FERNSEHEN, PRESSE	13%
		4) ARBEITGEBERVERBÄNDE	19%
		5) GEWERKSCHAFTEN	17%
		6) PARLAMENT	3%
		7) BÜRGERINITIATIVEN	47%
		8) BUNDESWEHR	11%
		9) SONSTIGE VERBÄNDE, Z.B. BAUERN- UND VERTRIEBENENVERBÄNDE	56%
		10) Keine Antwort	6%
36.	Ich habe hier noch einmal ein paar Meinungen, und ich möchte gerne wis-		

	sen, wie *Du* darüber denkst. Du kennst das ja schon: Sage bitte wieder jedesmal, ob Du das für *richtig*, für *teilweise richtig* oder für *falsch* hältst.		
	A) Geschichte wird vor allem von großen Männern gemacht	0) Richtig	32%
		1) Teilweise richtig	36%
		2) Falsch	29%
		3) Weiß nicht/Keine Antwort	3%
	B) Die Demokratie funktioniert bei uns deshalb so schlecht, weil zu viele Leute in der Politik mitreden wollen	0) Richtig	31%
		1) Teilweise richtig	31%
		2) Falsch	30%
		3) Weiß nicht/Keine Antwort	8%
	C) Demokratie gehört nicht in den Betrieb	0) Richtig	13%
		1) Teilweise richtig	18%
		2) Falsch	60%
		3) Weiß nicht/Keine Antwort	10%
	D) Demokratie gehört nicht in die Schule	0) Richtig	13%
		1) Teilweise richtig	17%
		2) Falsch	66%
		3) Weiß nicht/Keine Antwort	4%
	E) Den Bundeskanzler sollte man nicht kritisieren	0) Richtig	15%
		1) Teilweise richtig	19%
		2) Falsch	61%
		3) Weiß nicht/Keine Antwort	6%
	F) Heftige Auseinandersetzungen zwischen den Parteien schaden nur unserer Demokratie	0) Richtig	33%
		1) Teilweise richtig	29%
		2) Falsch	27%
		3) Weiß nicht/Keine Antwort	11%
	G) Die Opposition im Bundestag sollte vor allem die Regierung unterstützen	0) Richtig	41%
		1) Teilweise richtig	28%
		2) Falsch	14%
		3) Weiß nicht/Keine Antwort	17%
37.	Wir wollen uns jetzt noch einmal etwas über die Schule unterhalten. Kannst Du mir sagen, welche Fächer Dich in der Schule am meisten interessieren? DREI NENNUNGEN!	0) Deutsch	24%
		1) Fremdsprachen	33%
		2) Mathematik/Naturwissenschaften (Physik/Chemie/Bio)	64%
		3) Erdkunde/Geographie	20%
		4) Geschichte	32%
		5) Sozial-, Gemeinschaftskunde	10%
		6) Arbeitslehre	7%
		7) Religion	2%
		8) Kunst	12%
		9) Hauswirtschaft/Handarbeit/Sport	55%
		10) Keine Antwort	0%
38.	Und welche Fächer sind für Dein späteres Leben am wichtigsten? DREI NENNUNGEN!	0) Deutsch	53%
		1) Fremdsprachen	44%
		2) Mathematik/Naturwissenschaften (Physik/Chemie/Bio)	72%
		3) Erdkunde/Geographie	7%
		4) Geschichte	4%

5) Sozial-, Gemeinschaftskunde 14%
6) Arbeitslehre 11%
7) Religion 1%
8) Kunst 3%
9) Hauswirtschaft/Handarbeit/ Sport 18%
10) Keine Antwort 4%

39. Was sollten *Deiner Meinung nach* die Schüler in der Schule *in erster Linie* mitbekommen? Bitte wähle aus dieser Liste *die drei Punkte* aus, die Dir *am wichtigsten* erscheinen! – KARTE 11 ÜBERREICHEN! – DREI NENNUNGEN!

KARTE 11:
0) MIT ANDEREN ZUSAMMEN ARBEITEN ZU KÖNNEN 64%
1) ORDNUNG UND DISZIPLIN 18%
2) KENNTNISSE FÜR DEN BERUF 48%
3) KENNTNISSE ÜBER KINDERERZIEHUNG UND HAUSHALTSFÜHRUNG 16%
4) EIGENE INTERESSEN VERTRETEN ZU KÖNNEN 48%
5) RECHTE UND PFLICHTEN DES STAATSBÜRGERS WAHRNEHMEN ZU KÖNNEN 11%
6) FLEISS UND LEISTUNGSBEREITSCHAFT 18%
7) INTERESSE AN POLITIK 6%
8) URTEILSFÄHIGKEIT UND SELBSTÄNDIGKEIT 31%
9) FÄHIGKEIT, SICH RICHTIG AUSZUDRÜCKEN 29%
10) Keine Antwort 1%

40. Und worauf legen *die Lehrer* bei Eurer Erziehung in der Schule vor allem Wert? Wähle aus dieser Liste *drei Punkte* aus! – KARTE 11! – DREI NENNUNGEN!

KARTE 11:
0) MIT ANDEREN ZUSAMMEN ARBEITEN ZU KÖNNEN . . . 33%
1) ORDNUNG UND DISZUPLIN 69%
2) KENNTNISSE FÜR DEN BERUF 24%
3) KENNTNISSE ÜBER KINDERERZIEHUNG UND HAUSHALTSFÜHRUNG 3%
4) EIGENE INTERESSEN VERTRETEN ZU KÖNNEN 21%
5) RECHTE UND PFLICHTEN DES STAATSBÜRGERS WAHRNEHMEN ZU KÖNNEN 12%
6) FLEISS UND LEISTUNGSBEREITSCHAFT 57%
7) INTERESSE AN POLITIK 7%
8) URTEILSFÄHIGKEIT UND SELBSTÄNDIGKEIT 16%
9) FÄHIGKEIT, SICH RICHTIG AUSZUDRÜCKEN 35%
10) Keine Antwort 1%

41. Worauf legen *Deine Eltern* bei Deiner Erziehung in der

KARTE 11:
0) MIT ANDEREN ZUSAMMEN

	Schule vor allem Wert? – KARTE 11! – DREI NENNUNGEN!	ARBEITEN ZU KÖNNEN . . .	29%
		1) ORDNUNG UND DISZIPLIN	49%
		2) KENNTNISSE FÜR DEN BERUF	49%
		3) KENNTNISSE ÜBER KINDERERZIEHUNG UND HAUSHALTSFÜHRUNG	13%
		4) EIGENE INTERESSEN VERTRETEN ZU KÖNNEN	28%
		5) RECHTE UND PFLICHTEN DES STAATSBÜRGERS WAHRNEHMEN ZU KÖNNEN	8%
		6) FLEISS UND LEISTUNGSBEREITSCHAFT	49%
		7) INTERESSE AN POLITIK .	3%
		8) URTEILSFÄHIGKEIT UND SELBSTÄNDIGKEIT	27%
		9) FÄHIGKEIT, SICH RICHTIG AUSZUDRÜCKEN	20%
		10) Keine Antwort	2%
42.	Und was meinst Du – bei welchen dieser Punkte hast *Du selbst* durch die Schule *bisher* am meisten dazugelernt? – KARTE 11! – DREI NENNUNGEN!	*KARTE 11:*	
		0) MIT ANDEREN ZUSAMMEN ARBEITEN ZU KÖNNEN . . .	55%
		1) ORDNUNG UND DISZIPLIN	24%
		2) KENNTNISSE FÜR DEN BERUF	25%
		3) KENNTNISSE ÜBER KINDERERZIEHUNG UND HAUSHALTSFÜHRUNG	5%
		4) EIGENE INTERESSEN VERTRETEN ZU KÖNNEN	37%
		5) RECHTE UND PFLICHTEN DES STAATSBÜRGERS WAHRNEHMEN ZU KÖNNEN	6%
		6) FLEISS UND LEISTUNGSBEREITSCHAFT	26%
		7) INTERESSE AN POLITIK	7%
		8) URTEILSFÄHIGKEIT UND SELBSTÄNDIGKEIT	23%
		9) FÄHIGKEIT, SICH RICHTIG AUSZUDRÜCKEN	35%
		10) Keine Antwort	3%
43.	Ist es für Dein späteres Leben eigentlich *sehr wichtig, ziemlich wichtig* oder *weniger wichtig,* daß Du in der Schule gute Zensuren bekommst?	0) Sehr wichtig	42%
		1) Ziemlich wichtig	51%
		2) Weniger wichtig	6%
		3) Weiß nicht/Keine Antwort	1%
44.	Manchmal wird gesagt: Vieles von dem, was man in der Schule lernt, ist später im Leben nicht zu gebrauchen. Findest Du diese Ansicht richtig oder nicht richtig?	0) Richtig	31%
		1) Nicht richtig	44%
		2) Teilweise richtig	25%
		3) Weiß nicht/Keine Antwort	1%

45.	Wer sollte vor allem etwas dafür tun, daß man durch die Schule besser auf das spätere Leben vorbereitet wird? – KARTE 12 ÜBERREICHEN! – ZWEI NENNUNGEN!	*KARTE 12:* 0) DIE REGIERUNG .... 24% 1) DIE KIRCHE .... 1% 2) DIE LEHRER........... 76% 3) DIE PARTEIEN .... 5% 4) DIE SCHÜLER .... 23% 5) DIE ELTERN........... 58% 10) Keine Antwort 0%
46.	Was können die Schüler selber eigentlich dafür machen?	0) Anpassung an schulische Leistungsanforderungen .... 49% 1) Selbständige Lernbemühungen 13% 2) Disziplin – Gehorsam ..... 4% 3) Verbesserung des Sozialklimas, freundlicher sein .... 6% 4) Gesprächsinitiative mit Erziehern .... 13% 5) Widerstand gegen schulische Anforderungen .... 3% 6) Sich in der Schule organisieren, formell oder informell .... 4% 7) Sich für Verbesserung des Schulsystens einsetzen .... 2% 8) Nichts .... 2% 9) Sonstiges .... 0% 10) Keine Antwort 20%
47.	Wenn man als Schüler meint, daß die Schule einem nur wenig Vernünftiges beibringt – was sollte man dann am besten machen? – KARTE 13 ÜBERREICHEN! – EINE NENNUNG!	*KARTE 13:* 0) TROTZDEM DIE VORSCHRIFTEN UND AUFGABEN GENAU ERFÜLLEN, DENN DIE LEHRER WISSEN SCHON, WAS GUT FÜR UNS IST .... 42% 1) SO TUN, ALS OB MAN AUFPASST, UM NICHT AUFZUFALLEN .... 6% 2) VOR ALLEM VERSUCHEN, GUTE ZENSUREN ZU BEKOMMEN – WENN ES NICHT ANDERS GEHT, AUCH DURCH ABSCHREIBEN ODER MOGELN 14% 3) OFFEN GEGEN SCHULE UND LEHRER KÄMPFEN .... 36% 4) Keine Antwort 2%
48.	Wovon hängt es eigentlich ab, ob jemand in der Schule gute Zensuren bekommt? Nenne bitte die *zwei* wichtigsten Punkte! – KARTE 14 ÜBERREICHEN! – ZWEI NENNUNGEN!	*KARTE 14:* 0) BEGABUNG UND INTELLIGENZ .... 56% 1) PERSÖNLICHER FLEISS 78% 2) ELTERNHAUS .... 22% 3) GLÜCK UND ZUFALL ... 3% 4) WOHLWOLLEN DER LEHRER .... 16% 5) EINORDNUNG UND GUTES BENEHMEN .... 21% 10) Keine Antwort 0%

49.	Sprecht Ihr im Unterricht *häufig, selten* oder *niemals* über politische Fragen?	0) Häufig	20%
		1) Selten	65%
		2) Niemals	14%
		3) Weiß nicht/Keine Antwort	1%
49.1	Kannst Du mir sagen, über welche politischen Themen Ihr zuletzt gesprochen habt? Filtergruppe: Frage 49, Kategorie „Häufig" oder „Selten"	0) Aktuelle politische Ereignisse	16%
		1) Politische Institutionen, Prozesse und Prinzipien	36%
		2) Wirtschaftliche Institutionen, Prozesse und Probleme	5%
		3) Sozialisationsinstanzen, -prozesse, -probleme, Familie, Schule etc.	3%
		4) Minoritäten, Vorurteile, Rassenprobleme etc.	5%
		5) Sonstige gesellschaftspolitische Institutionen, Prozesse und Probleme	4%
		6) Prinzipien, Formen und Probleme des Zusammenlebens	1%
		7) Massenmedien und Meinungsbildung	1%
		8) Historische Themen	3%
		9) Sonstiges	1%
		10) Keine Antwort	38%
49.2	In welchem Fach war das? Filtergruppe: Frage 49, Kategorie „Häufig" oder „Selten"	0) Deutsch	18%
		1) Fremdsprachen	3%
		2) Mathematik/Naturwissenschaften (Chemie/Physik/Bio)	0%
		3) Erdkunde/Geographie	7%
		4) Geschichte	15%
		5) Sozial-, Gemeinschaftskunde	43%
		6) Arbeitslehre	7%
		7) Religion	2%
		8) Kunst	0%
		9) Hauswirtschaft/Handarbeit/Sport	0%
		10) Keine Antwort	15%
50.	Wenn Du einmal an die Sendungen denkst, die Du in der letzten Zeit *im Fernsehen* gesehen hast: Worüber hast Du davon – AUF KARTE 15 ZEIGEN! – in der letzten Zeit am meisten gesehen? DREI NENNUNGEN!	*KARTE 15:*	
		0) NATURWISSENSCHAFT UND TECHNIK	34%
		1) SPORT	45%
		2) WIRTSCHAFT	13%
		3) GESCHICHTE	7%
		4) BERUFSWAHL UND BERUFSAUSBILDUNG	17%
		5) SEXUALKUNDE	3%
		6) POLITIK	37%
		7) FREMDSPRACHEN (Z.B) ENGLISCH	3%
		8) KINDERERZIEHUNG UND HAUSHALTSFÜHRUNG	10%
		9) ERZÄHLUNGEN UND FILME	66%
		10) Keine Antwort	2%

50.1	Welche politischen Sendungen waren das im einzelnen? Filtergruppe: Frage 50, Kategorie „Politik“	0) Nachrichten, Tagesschau ...	62%
		1) Politische Magazinsendungen	43%
		2) Sonstige Sendungen	18%
		3) Sonstiges	1%
50.2	Worum ging es da vor allem? (Ohne Vercodung)		
51.	Habt Ihr Unterricht im Fach Gemeinschaftskunde/Sozialkunde/politisch-soziale Weltkunde?	0) Ja	59%
		1) Nein	39%
		2) Weiß nicht/Keine Antwort	3%
51.1	Wie viele Stunden in der Woche? Filtergruppe: Frage 51, Kategorie „Ja“	0) Weniger als eine Stunde pro Woche	1%
		1) Eine Stunde	67%
		2) Zwei Stunden	25%
		3) Mehr als zwei Stunden	7%
		4) Weiß nicht/Keine Antwort	0%
51.2	Kannst Du mir sagen, was Ihr in der letzten Stunde im ... Unterricht durchgenommen habt? Filtergruppe: Frage 51, Kategorie „Ja“	0) Aktuelle politische Ereignisse	9%
		1) Politische Institutionen, Prozesse und Prinzipien	32%
		2) Wirtschaftliche Institutionen, Prozesse und Probleme	9%
		3) Sozialisationsinstanzen, -prozesse, -probleme, Familie, Schule etc.	11%
		4) Minoritäten, Vorurteile, Rassenprobleme etc.	6%
		5) Sonstige gesellschaftspolitische Institutionen, Prozesse und Probleme	10%
		6) Prinzipien, Formen und Probleme des Zusammenlebens ...	9%
		7) Massenmedien und Meinungsbildung	3%
		8) Historische Themen	2%
		9) Sonstiges	1%
		10) Keine Antwort	21%
51.3	Habt Ihr in letzter Zeit im ... – Unterricht Themen behandelt, die Dich besonders interessiert haben? Filtergruppe: Frage 51, Kategorie „Ja“	0) Ja	41%
		1) Nein	52%
		2) Weiß nicht/Keine Antwort	6%
51.4	Welche waren das? Filtergruppe: Frage 51, Kategorie „Ja“	0) Aktuelle politische Ereignisse	9%
		1) Politische Institutionen, Prozesse und Prinzipien	26%
		2) Wirtschaftliche Institutionen, Prozesse und Probleme	13%
		3) Sozialisationsinstanzen, -prozesse, -probleme, Familie, Schule	15%
		4) Minoritäten, Vorurteile, Rassenprobleme etc.	13%
		5) Sonstige gesellschaftspolitische	

		Institutionen, Prozesse und Probleme	15%
		6) Prinzipien, Formen und Probleme des Zusammenlebens ...	11%
		7) Massenmedien und Meinungsbildung	5%
		8) Historische Themen	6%
		9) Sonstiges	3%
		10) Keine Antwort	9%
51.5	Hat das, was Du im . . .-Unterricht gelernt hast, schon einmal zu Meinungsverschiedenheiten zwischen Deinen Eltern und Dir geführt? Filtergruppe: Frage 51, Kategorie „Ja"	0) Ja	10%
		1) Nein	81%
		2) Weiß nicht/Keine Antwort	9%
51.6	Worum ging es dabei? (Ohne Vercodung)		
51.7	Ist das, was Ihr im . . . .-Unterricht lernt, eigentlich *für Dein späteres Leben sehr wichtig, ziemlich wichtig* oder *weniger wichtig*? Filtergruppe: Frage 51, Kategorie „Ja"	0) Sehr wichtig	13%
		1) Ziemlich wichtig	44%
		2) Weniger wichtig	30%
		3) Weiß nicht/Keine Antwort	13%
52.	Sollte ein Lehrer bei der Besprechung politischer Streitfragen auch persönlich Stellung nehmen, oder sollte er sich im Unterricht eigener politischer Stellungnahmen enthalten?	0) Sollte Stellung nehmen.....	61%
		1) Sollte nicht Stellung nehmen	30%
		2) Weiß nicht/Keine Antwort	10%
52.1	Und warum sollte ein Lehrer bei der Behandlung politischer Streitfragen persönlich Stellung nehmen? Filtergruppe: Frage 52, Kategorie „Sollte Stellung nehmen"	0) Jeder hat das Recht auf freie Meinungsäußerung	9%
		1) Lehrer soll genauso wie Schüler seine Meinung (frei) äußern	15%
		2) Meinungsäußerung ist Voraussetzung für (freie) Diskussion zwischen Lehrer und Schüler . . .	16%
		3) Lehrer soll Meinung zur Information der Schüler äußern (Interesse der Schüler)	27%
		4) Wegen Kenntnis- und Erfahrungsvorsprung des Lehrers („didaktische" Funktion)	16%
		5) Meinungsäußerung beeinflußt Schüler nicht (nicht notwendigerweise).	1%
		6) Lehrer soll Meinung äußern, aber nicht Schüler beeinflussen	4%
		8) Wiederholung ohne Begründung	4%
		9) Sonstiges	3%
		10) Keine Antwort	15%

52.2	Und warum sollte ein Lehrer bei der Behandlung politischer Streitfragen nicht persönlich Stellung nehmen? Filtergruppe: Frage 52, Kategorie „Sollte nicht Stellung nehmen"	0) Eigenes Urteil und eigene Meinungsbildung der Schüler ist wichtiger . . . . 13% 1) Beeinflussung der Schüler wird abgelehnt . . . . 45% 3) Kein Interesse der Schüler an der Meinung des Lehrers, an Politik. Schüler wollen alleine diskutieren . . . . 6% 4) Meinung des Lehrers kann falsch oder tendenziös sein . . . 4% 5) Meinungsäußerung des Lehrers kann zum Konflikt führen zwischen Lehrer/Schüler, Eltern/Schüler, Lehrer/Eltern . . . . 11% 8) Wiederholung der Aussage ohne Begründung . . . . 3% 9) Sonstiges . . . . 5% 10) Keine Antwort 21%
53.	Was meinst Du: Worauf sollte es im . . . . . . -Unterricht vor allem ankommen? Welchen von diesen Punkten findest Du am wichtigsten? – KARTE 16 ÜBERREICHEN! – EINE NENNUNG!	*KARTE 16:* 0) SCHÜLER SOLLEN KENNTNISSE ÜBER DEN AUFBAU DES STAATES, ÜBER REGIERUNG UND PARLAMENT ERWERBEN 25% 1) SCHÜLER SOLLEN ZUR VERTRETUNG UND DURCHSETZUNG IHRER INTERESSEN BEFÄHIGT WERDEN . . . . 23% 2) SCHÜLER SOLLEN LERNEN, MIT ANDEREN MENSCHEN IN FAMILIE, BETRIEB UND STAAT FRIEDLICH ZUSAMMENZULEBEN . . . . 46% 3) Keine Antwort 7%
54.	Gibt es bei Euch an der Schule eine Schülermitverwaltung (SMV), einen Schülerrat oder ähnliches?	0) Ja . . . . 69% 1) Nein . . . . 21% 2) Weiß nicht/Keine Antwort 10%
55.	Welche Aufgaben sollte die SMV – der Schülerrat – in der Schule vor allem wahrnehmen? – KARTE 17 ÜBERREICHEN! – ZWEI NENNUNGEN!	*KARTE 17:* 0) DIE LEHRER BEI IHRER ARBEIT PARTNERSCHAFTLICH UNTERSTÜTZEN . . . . 17% 1) DIE INTERESSEN VON SCHÜLERN GEGENÜBER DEN LEHRERN VERTRETEN . . . . 76% 2) FÜR SAUBERKEIT UND ORDNUNG IN DER SCHULE SORGEN . . . . 13% 3) SCHÜLER SOLLEN LERNEN, DEMOKRATISCH MITZUBESTIMMEN . . . . 38% 4) SCHULFESTE UND KLASSENFESTE ORGANISIEREN . . . . . 28% 10) Keine Antwort 4%

55.1	Und *welche Interessen* von Schülern sollte die SMV – der Schülerrat – gegenüber den Lehrern vor allem vertreten? Filtergruppe: Frage 55, Kategorie „Die Interessen von Schülern gegenüber den Lehrern vertreten“	0) Unterrichtsinhalte, Unterrichtsgestaltung und Leistungsanforderungen	16%
		1) Zensuren und Beurteilungen	4%
		2) Lehrerverhalten, Lehrerpersönlichkeit (autoritär, ungerecht etc.)	9%
		3) Lehrer/Schüler-Beziehung verbessern – konfliktvermeidend, harmonisierend (auch persönliche Probleme, einig sein mit den Lehrern, Lehrer unterstützen, Zusammenarbeit, gegenseitige Verständigung)	12%
		4) Konflikte zwischen Lehrer und Schüler (austragen)	4%
		5) Mitbestimmung der Schüler, Schülerzeitung	8%
		6) Ausstattung und Organisation (auch Sitzordnung, u.ä., Schulordnung, Stundenplan)	12%
		7) Unspezifische Hinweise auf Schülerinteressen und -probleme	12%
		8) Klassenfahrten, Schulfeste u.ä.	13%
		9) Sonstiges	3%
		10) Keine Antwort	29%
56.	Würdest Du gern in der SMV – im Schülerrat – mitarbeiten?	0) Bin in der SMV/im Schülerrat tätig	3%
		1) Ja	37%
		2) Vielleicht	10%
		3) Nein	45%
		4) Weiß nicht/Keine Antwort	5%
57.	Sollten Schüler in Deinem Alter in schulischen Angelegenheiten gleichberechtigt mitentscheiden?	0) Ja	84%
		1) Kommt darauf an	9%
		2) Nein	5%
		3) Weiß nicht/Keine Antwort	2%
57.1	Und bei welchen der folgenden schulischen Angelegenheiten sollten sie gleichberechtigt mitentscheiden? – KARTE 18 ÜBERREICHEN! *ALLE* NENNUNGEN! Filtergruppe: Frage 57, Kategorie „Ja“ oder „Kommt darauf an“	*KARTE18:*	
		0) UNTERRICHTSTHEMEN . . .	61%
		1) UNTERRICHTSMETHODEN UND ARBEITSFORM	59%
		2) ERZIEHUNGSMASSNAHMEN	19%
		3) WAHL DES KLASSENLEHRERS	47%
		4) WAHL DES SCHULLEITERS	27%
		5) VERSETZUNGEN UND ZENSURENGEBUNG	45%
		6) HAUSAUFGABEN	49%
		7) AUSWAHL VON UNTERRICHTSFÄCHERN	42%
		10) Keine Antwort	0%
58.	Sollten Schüler in Deinem Alter auch für ihre Interessen streiken?	0) Ja	38%
		1) Kommt darauf an	17%
		2) Nein	42%
		3) Weiß nicht/Keine Antwort	3%

59.	Ein Schüler hat uns in einem Gespräch gesagt: „Offene Kritik am Lehrer sollte man als Schüler lieber bleibenlassen. Dabei kann man sich leicht Nachteile einhandeln." Findest Du diese Auffassung richtig oder nicht richtig?	0) Richtig	46%
		1) Teilweise richtig	19%
		2) Nicht richtig	31%
		3) Weiß nicht/Keine Antwort	3%
60.	Was würdest Du sagen: Bist Du im allgemeinen ein sehr guter, ein ziemlich guter oder ein weniger guter Schüler?	0) Sehr guter Schüler	3%
		1) Ziemlich guter Schüler	69%
		2) Weniger guter Schüler	23%
		3) Weiß nicht/Keine Antwort	5%
61.	Wird es für Dich später einmal *sehr wichtig, ziemlich wichtig* oder *weniger wichtig* sein, daß Du Dich mit *Politik* beschäftigst?	0) Sehr wichtig	5%
		1) Ziemlich wichtig	30%
		2) Weniger wichtig	60%
		3) Weiß nicht/Keine Antwort	5%
61.1	Und warum wird es für Dich – sehr wichtig – ziemlich wichtig – weniger wichtig – sein, daß Du Dich mit Politik beschäftigst? Filtergruppe: Frage 61, Kategorie „Sehr wichtig" oder „Ziemlich wichtig"	0) Allgemeinbildung, Auskennen, Bescheid wissen, Information	37%
		1) Mitreden können, eigene Meinung	25%
		2) Interesse an Politik	3%
		3) Bedeutung der Politik für den einzelnen	7%
		4) Beteiligung an Wahlen	18%
		5) Aktive politische Beteiligung Mitbestimmung/Interessenvertretung	16%
		6) Affektives Engagement	0%
		7) Bedeutung der Politik für den Beruf	13%
		8) Haushalt/Familie	1%
		9) Sonstiges	0%
		10) Keine Antwort	7%
	Filtergruppe: Frage 61, Kategorie „weniger wichtig"	0) Verstehe nichts davon	3%
		1) Nicht mitreden wollen	0%
		2) Kein Interesse für/an Politik, langweilig	33%
		3) Politik hat keine Bedeutung	5%
		4) Beteiligung an Wahlen	2%
		5) Distanz zur Politik (werde später nichts mit Politik zu tun haben; man kann doch nicht mitbestimmen.)	8%
		6) Affektive Distanz (Ich habe etwas gegen das „Wichtigmachen"; Politik liegt mir nicht; ich mag das nicht; mag ich nicht tun.)	3%
		7) Keine Bedeutung für den Beruf	32%
		8) Haushalt/Familie	4%

		9) Sonstiges 1%
		10) Keine Antwort 19%
62.	Hier sind ein paar Fragen und Probleme, von denen immer wieder die Rede ist. Welche davon kann man als *politische* Fragen bezeichnen? – KARTE 19 ÜBERREICHEN! –	*KARTE 19:* 0) DROGENMISSBRAUCH UND JUGENDKRIMINALITÄT ... 32% 1) STREIKMASSNAHMEN VON ARBEITNEHMERN......... 58% 2) WAHL DES BUNDESKANZLERS .... 78% 3) PREISSTEIGERUNGEN ... 62% 4) FORDERUNGEN NACH MEHR DISZIPLIN IN DEN SCHULEN 10% 5) MUSIK-UND UNTERHALTUNGSSENDUNGEN IM FERNSEHEN 3% 6) UNTERBEZAHLUNG BERUFSTÄTIGER FRAUEN .... 42% 7) UMWELTVERSCHMUTZUNG 68% 8) ABRÜSTUNGSVERTRÄGE 32% 9) VERBESSERUNG DER LEHRLINGSAUSBILDUNG .... 42% 10) Keine Antwort 1%
63.	Hier sind verschiedene Auffassungen über den Aufbau unserer Gesellschaft. Welcher Meinung würdest Du am ehesten zustimmen? – KARTE 20 ÜBERREICHEN! – EINE NENNUNG!	*KARTE 20:* 0) ES GIBT EINE GROSSE „BREITE MASSE“ UND EINIGE WENIGE, DIE OBEN SIND .... 15% 1) ES GIBT VIELE VERSCHIEDENE GRUPPEN, DIE SICH GUT ERGÄNZEN .... 28% 2) ES GIBT DREI VERSCHIEDENE: EINIGE GANZ UNTEN, DIE BREITE MITTE UND EINIGE WENIGE GANZ OBEN 34% 3) ES GIBT ZWEI KLASSEN, DIE IM SCHARFEN GEGENSATZ ZUEINANDER STEHEN 16% 4) Keine Antwort 7%
64.	Es gibt trotz aller Verbesserungen bei uns noch große Einkommensunterschiede. Hältst Du die Unterschiede für gerechtfertigt?	0) Ja, gerechtfertigt......... 38% 1) Nein, nicht gerechtfertigt ... 52% 2) Weiß nicht/Keine Antwort 10%

Zum Schluß habe ich jetzt noch ein paar sozialstatistische Fragen. Zunächst:

65.	Wie alt bist Du?	0) 12 Jahre und darunter..... 27% 1) 13 Jahre .... 35% 2) 14 Jahre .... 26% 3) 15 Jahre .... 10% 4) 16 Jahre .... 2% 5) Keine Angabe........... 0%

66.	Lebst Du. . . .		
	bei Deinen Eltern	0) Eltern	94%
	bei Deiner Mutter	1) Mutter	4%
	bei Deinem Vater	2) Vater	0%
	bei Verwandten	3) Verwandte	2%
	im Heim	4) Heim	0%
		5) Keine Angabe	0%
67.	Ist Dein Vater . . .		
	berufstätig	0) berufstätig	92%
	arbeitslos	1) arbeitslos	0%
	Rentner/pensioniert	2) Rentner/pensioniert	3%
	verstorben	3) verstorben	4%
		4) Keine Angabe	1%
68.	Welchen Beruf übt Dein Vater aus? (bzw. hat er zuletzt ausgeübt)	0) Gehobene Berufe	6%
		1) Mittlere Angestellte und Beamte	30%
		2) Kleine und mittlere Selbständige	9%
		3) Landwirte	6%
		4) Einfache Angestellte und Beamte	16%
		5) Facharbeiter	10%
		6) Arbeiter	17%
		7) Nicht einstufbar	7%
69.	Ist Dein Vater . . .		
	Arbeiter	0) Arbeiter	25%
	Angestellter	1) Angestellter	37%
	Selbständiger	2) Selbständiger	16%
	Beamter	3) Beamter	14%
	Sonstiges?	4) Sonstiges	1%
		5) Keine Angabe	7%
70.	Welche Ausbildung hat (hatte) Dein Vater? – KARTE 1 VORLEGEN! – EINE NENNUNG!	*KARTE 21:*	
		0) VOLKSSCHULE OHNE LEHRE	12%
		1) VOLKSSCHULE MIT ABGESCHLOSSENER LEHRE	45%
		2) MITTELSCHULE ODER GYMNASIUM OHNE ABITUR	11%
		3) FACHSCHULE	4%
		4) ABITUR/STUDIUM	6%
		5) Keine Antwort	1%
71.	Ist Deine Mutter zur Zeit. . .	0) Hausfrau	60%
	Hausfrau	1) halbtags berufstätig	28%
	halbtags berufstätig	2) ganztags berufstätig	10%
	ganztags berufstätig	3) verstorben	1%
	oder ist sie verstorben?	4) Keine Antwort	1%
71.1	War Deine Mutter früher	0) Ja	39%
	berufstätig ?	1) Nein	20%
		2) Weiß nicht/Keine Antwort	41%
71.2	In welchem Beruf? (Ohne Vercodung)		

71.3	Welchen Beruf übt Deine Mutter aus? (Ohne Vercodung)		
72.	Hast Du zu Hause . . . . ein Zimmer für Dich allein ein Zimmer zusammen mit Geschwistern kein eigenes Zimmer	0) Ein eigenes Zimmer	58%
		1) Ein Zimmer zusammen mit Geschwistern	38%
		2) Kein eigenes Zimmer	4%
		3) Keine Antwort	0%
73.	Bist Du. . . . . evangelisch katholisch sonstiges.	0) Evangelisch	64%
		1) Katholisch	33%
		2) Sonstiges	2%
		3) Keine Antwort	1%
74.	Bist Du Fahrschüler?	0) Ja	32%
		1) Nein	67%
		3) Keine Antwort	1%
75.	Bist Du Mitglied in einer Jugendgruppe, in einem Verein oder Verband?	0) Ja	45%
		1) Nein	54%
		2) Keine Antwort	1%
75.1	In welchem Verein? Filtergruppe: Frage 75, Kategorie „Ja"	0) Kirchliche Jugendgruppe . . .	19%
		1) Sportverein.	77%
		2) Politische Jugendgruppe (Falken o.ä.)	0%
		3) Pfadfinder	2%
		4) Sonstiges	10%
		5) Keine Antwort	4%
76.	Geschlecht des(r) Befragten	0) Männlich	50%
		1) Weiblich	50%
77.	Klassenstufe	7) 7. Klasse	49%
		9) 9. Klasse	49%
		10) Keine Angabe	2%
78.	Nur für Interviewer: Befragte(r) folgte dem Interview	0) mit großem Interesse	13%
		1) mit Interesse	43%
		2) weder interessiert noch gleichgültig	10%
		3) gleichgültig	10%
		4) ungeduldig, wollte abbrechen	2%
		5) Keine Angabe	1%
79.	Dauer des Interviews	3) unter 40 Minuten	31%
		4) 40 - 49 Minuten	52%
		5) 50 - 59 Minuten	13%
		6) 60 - 69 Minuten	3%
		7) 70 - 79 Minuten	1%
		8) 80 - 89 Minuten	0%
		9) 90 Minuten und länger	0%
		10) Keine Angabe	0%

80.	Schulart	0) Gymnasium	25%
		1) Realschule	25%
		2) Hauptschule	50%
		3) Keine Angabe	0%

Literaturverzeichnis

ACKERMANN, Paul, Hrsg., Politische Sozialisation, Opladen 1974

ADORNO, T. W./FRENKEL-BRUNSWIK, E./LEVINSON, D.J./SANFORD, R. N., The Authoritarian Personality, New York 1950

AEBLI, Hans, Die geistige Entwicklung als Funktion von Anlage, Reifung, Umwelt- und Erziehungsbedingungen, in: Begabung und Lernen, H. ROTH, Hrsg., Deutscher Bildungsrat, Gutachten und Studien der Bildungskommission, Bd. 4, Stuttgart 1971[7]

ANDRAIN, Charles F., Children and Civic Awareness, Columbus (Ohio) 1971

ARGYLE, Michael, Soziale Interaktion, Köln 1972

BAACKE, Dieter, Kommunikation und Kompetenz, München 1975[2]

BATH, Herbert, Emanzipation als Erziehungsziel? Bad Heilbrunn 1974

BAETHGE, Martin, Ausbildung und Herrschaft, Frankfurt am Main 1970[2]

BALES, Robert F., Die Interaktionsanalyse: Ein Beobachtungsverfahren zur Untersuchung kleiner Gruppen, in: KÖNIG, René Hrsg., Beobachtung und Experiment in der Sozialforschung, Köln/Berlin 1962[2]

BECHERT, Günter, Hrsg., Gesamtschulen in Nordrhein-Westfalen, Weinheim 1971

BECKER, Egon/HERKOMMER, Sebastian/BERGMANN, Joachim, Erziehung zur Anpassung? Schwalbach bei Frankfurt am Main 1970[3]

BEHRMANN, Günther C., Soziales System und politische Sozialisation, Stuttgart 1975[2]

BEHRMANN, Günther C., Bedingungen politischer Partizipation und die Grenzen politischer Bildung, in: ACKERMANN, Hrsg., 1974

BERMBACH, Udo/NUSCHELER, Franz, Hrsg., Sozialistischer Pluralismus, Hamburg 1973

BETZEN, Klaus/NIPKOW, Ernst, Hrsg., Der Lehrer in Schule und Gesellschaft, München 1972[2]

BLANKERTZ, Herwig, Theorien und Modelle der Didaktik, München 1973[7]

BLUMER, Herbert, Der methodologische Standort des symbolischen Interaktionismus. Aus dem Englischen übersetzt, in: Arbeitsgruppe Bielefelder Soziologen, Hrsg., Alltagswissen, Interaktion und gesellschaftliche Wirklichkeit, Bd. 1, Reinbek bei Hamburg 1973

BÖNNER, Karl H., Deutschlands Jugend und das Erbe ihrer Väter, Bergisch Gladbach 1967

BRAUN, Siegfried, Das Gesellschaftsbild der Angestellten, in: atomzeitalter, 9. Sept. 1967

BUTSCHKAU, Udo/TILLMANN, Klaus-Jürgen, Politische Sozialisation in der Gesamtschule, Ziele, Fakten, Strategien, München 1972

CAESAR, Beatrice, Autorität in der Familie, Reinbek bei Hamburg 1972

CLAUSS, Günter/EBNER, Heinz, Grundlagen der Statistik für Psychologen, Pädagogen und Soziologen, Frankfurt am Main 1971

CLAESSENS, Dieter, Rolle und Macht, München 1970[2]

DAHRENDORF, Ralf, Gesellschaft und Freiheit, München 1965

DEPPE, Frank, Das Bewußtsein der Arbeiter, Köln 1971

Deutscher Bildungsrat, Gutachten und Studien der Bildungskommission, 4, Begabung und Lernen, ROTH, Heinrich, Hrsg., Stuttgart 1971[7]

DRAPER, N. R/SMITH, H., Applied Regression Analysis, New York 1966
DREITZEL, Hans Peter, Die gesellschaftlichen Leiden und das Leiden an der Gesellschaft, Stuttgart 1972
EASTON, David/DENNIS, Jack, The child's image of government, in: The Annals of the American Academy of Political and Social Sciences, vol. 361, Sept. 1965
EASTON, David/DENNIS, Jack, Children in the political system, Nex York 1969
FELDHOFF, Jürgen, Abriß des Gutachtens „Soziologische Forschungen zur politischen Sozialisation", unveröffentlichtes Manuskript, 1974
FEND, Helmut, Konformität und Selbstbestimmung, Weinheim 1971
FEND, Helmut, Gesellschaftliche Bedingungen schulischer Sozialisation, Weinheim 1974
FISCHER, Kurt Gerhard, Emanzipation als Lernziel der Schule von morgen, in: Informationen zum Religionsunterricht. Pädagogisch-theologisches Institut Kassel und Religionspädagogische Arbeitsstelle Bremen, Hrsg., Heft 3 und 4, 1970
VON FREYHOLD, Michaela, Autoritarismus und politische Apathie, Frankfurt am Main 1971
VON FRIEDEBURG, Ludwig/HÜBNER, Peter, Das Geschichtsbild der Jugend, München 1964
VON FRIEDEBURG, L./HÖRLEMANN, J./HÜBNER, P./KADRITZKE, U./RITSERT, J./SCHUMM, W., Freie Universität und politisches Potential der Studenten, Neuwied/Berlin 1968
FRIEDRICHS, Jürgen, Methoden empirischer Sozialforschung, Reinbek bei Hamburg 1973
FÜRSTENAU, Peter, Neue Entwicklung der Bürokratieforschung und das Schulwesen. Ein organisationssoziologischer Beitrag, in: Zur Theorie der Schule, Weinheim 1972[2]
VON DER GABLENTZ, Otto, Einführung in die politische Wissenschaft, Köln/Opladen 1965
GIESECKE, Hermann, Didaktik der politischen Bildung, München 1974[9]
GLASSER, William, Realitätstherapie, Weinheim 1972
GOODLAD, John J., Konzeptuelle Systeme der Curriculumforschung, in: ACHTENHAGEN, Frank, und MEYER, Hilbert L., Hrsg., Curriculumrevision, München 1972[3]
GREENSTEIN, Fred J., Children and politics, New Haven/London 1965
GRELL, Jochen, Techniken des Lehrerverhaltens, Weinheim 1974
HABERMAS, Jürgen, Strukturwandel der Öffentlichkeit, Neuwied/Berlin 1969[4]
HABERMAS, Jürgen, Vorbereitende Bemerkungen zu einer Theorie der kommunikativen Kompetenz, in: HOLZER, Horst/STEINBACHER, Karl, Hrsg., Sprache und Gesellschaft, Hamburg 1972
HABERMAS, Jürgen, Legitimationsprobleme im Spätkapitalismus, Frankfurt am Main 1973
HABERMAS, J./VON FRIEDEBURG, L./OEHLER, Ch./WELTZ, F., Student und Politik, Berlin/Neuwied 1969[3]
HAINKE, Axel, Politische Einstellungen und Lernprozesse bei Kindern und Jugendlichen. Neue amerikanische Beiträge zu einer Theorie der politischen Sozialisation, Tübingen 1971
HARDER, Horst/URBAN, Klaus, Innovatives Lehrerverhalten, in: Unterrichtswissenschaft, 3, 1974

HARNISCHFEGER, Annegret, Die Veränderung politischer Einstellungen durch Unterricht, Berlin 1972
HARTMANN, Heinz, Hrsg., Moderne amerikanische Soziologie, Stuttgart 1973[2]
HEBERLE, Rudolf, Die Wahlökologie und Wahlgeographie, in: Handbuch der empirischen Sozialforschung Teil II, René KÖNIG, Hrsg., Stuttgart 1969
HEINRICH, G., Politische Sozialisation, Politische Kultur und Systemtheorie, wiederabgedruckt in: ACKERMANN, P., Hrsg., 1974
HELMERS, Helga, Das Subsystem Wirtschaft im Bewußtsein von Schülern, unveröffentlichte Diplomarbeit, Oldenburg 1974
HEMPEL, Carl G., Grundzüge der Begriffsbildung in der empirischen Wissenschaft, Düsseldorf 1974
HENNIS, W., Das Modell des Bürgers, wiederabgedruckt in: ACKERMANN, Hrsg., 1974
HESS, Robert D., The socialization of attitudes toward political authority: some crossnational comparisons, in: International Social Science Journal, 15, 1963
HESS, Robert D./TORNEY, Judith V., The development of political attitudes in children, Chicago 1967
HILLIGEN, Wolfgang, Forschung im Bereich Social Studies, in: Handbuch der Unterrichtsforschung, Teil III, INGENKAMP, Karlheinz, Hrsg., Weinheim 1971
HILLIGEN, Wolfgang, Plan und Wirklichkeit im sozialkundlichen Unterricht, Frankfurt am Main 1955
HOPF, Arnulf, Lehrerbewußtsein im Wandel, Düsseldorf 1974
HUMMELL, Hans J., Psychologische Ansätze zu einer Theorie sozialen Verhaltens, in: Handbuch der empirischen Sozialforschung, Bd. II, R.KÖNIG, Hrsg., Stuttgart 1969
ifas report, Frau und Öffentlichkeit, Bad Godesberg 1965
JAHN, W./VAHLE, H., Die Faktorenanalyse und ihre Anwendung, Berlin 1970
JAIDE, Walter, Die jungen Staatsbürger, München 1965
JAIDE, Walter, Jugend und Demokratie, München 1971[2]
JOHNSON, Harry M., Sociology: a systematic introduction, London 1963[3]
KERN, Horst/SCHUMANN, Michael, Industriearbeit und Arbeiterbewußtsein, Teil I, Frankfurt am Main 1973[2]
KOCH, Jens-Jörg, Lehrer-Studium und Beruf, Ulm 1972
KRAUTH, J./LIENERT, G.A., Die Konfigurationsfrequenzanalyse und ihre Anwendung in Psychologie und Medizin, Freiburg/München 1973
KÜHNL, Reinhard, Hrsg., Der bürgerliche Staat der Gegenwart, Reinbek bei Hamburg 1972
KÜPPERS, Waltraud, Zur Psychologie des Geschichtsunterrichts, Stuttgart 1961
LANGE, Max G., Politische Soziologie, Berlin/Frankfurt am Main 1961
LAUTMANN, Rüdiger, Wert und Norm, Köln/Opladen 1969
LEMPERT, Wolfgang/THOMSSEN, Wilke, Berufliche Erfahrung und gesellschaftliches Bewußtsein, Stuttgart 1974
LENNE, Helge, Jugend zwischen Tradition und Demokratie, Soziologische Schriften, Bd. 5, Berlin 1967
LIEBEL, Manfred/WELLENDORF, Franz, Schülerselbstbefreiung, Frankfurt am Main 1969[2]
LIENERT, Gustav A., Testaufbau und Testanalyse, Weinheim 1969[3]

LOHMAR, Ulrich, Politik in der Hauptschule, Ergebnisse einer Befragung von 4 000 Hauptschülern in Duisburg, Düsseldorf 1970
MACIEJEWSKI, Franz, Hrsg., Theorie der Gesellschaft oder Sozialtechnologie. Theorie-Diskussion, Supplement I, Frankfurt am Main 1973
MAYNTZ, Renate/HOLM, Kurt/HÜBNER, Peter, Einführung in die Methoden der empirischen Soziologie, Köln/Opladen 1969
MAYNTZ, Renate, Soziologen im Studium, Stuttgart 1970
MERTON, Robert K., Social theory and social structure, New York 1958
MERTON, Robert K., Anomie, anomia, and social interaction: contexts of deviant behavior, in: CLINARD, M.B., ed., Anomie and deviant behavior, London 1964
MILHOFFER, Petra, Familie und Klasse, Frankfurt am Main 1973
MIZRUCHI, Ephraim H., Success and Opportunity, New York 1964
MOLLENHAUER, Klaus, Erziehung und Emanzipation, München 1971[5]
MOLLENHAUER, Klaus, Theorien zum Erziehungsprozeß, München 1974[2]
MORIN, Edgar, Der revolutionäre und der revolutionierte Mensch, aus dem Französischen übersetzt in: Marxismus-Psychoanalyse-Sexpol; Bd. 2, H.P. GENTE, Hrsg., Frankfurt am Main 1972
MOSER, Tilmann, Jugendkriminalität und Gesellschaftsstruktur, Frankfurt am Main 1972
NARR, Wolf-Dieter, Logik der Politikwissenschaft – eine propädeutische Skizze, in:KRESS, Gisela/SENGHAAS, Dieter, Hrsg., Politikwissenschaft, Frankfurt am Main 1973
NASCHOLD, Frieder, Organisation und Demokratie, Stuttgart 1972[3]
NIE, Norman H./BENT, Dale H./HULL, Hadlai C., Statistical package for the social sciences, New York 1970
NYSSEN, Friedhelm, Schule im Kapitalismus. Der Einfluß wirtschaftlicher Interessenverbände im Felde der Schule, Köln 1970
NYSSEN, Friedhelm, Kinder und Politik, in: betrifft:erziehung, 1/1970, S. 20 ff.
OERTER, Rolf, Moderne Entwicklungspsychologie, Donauwörth 1971[10]
OESTERREICH, Detlef, Autoritarismus und Autonomie, Stuttgart 1974
OFFE, Claus, Leistungsprinzip und industrielle Arbeit, Frankfurt am Main 1970
PARSONS, Talcott, The social system, New York 1964
PREUSS-LAUSITZ, Ulf, Vom Schwinden der „Fähigkeit“, sich mit dem politischen System zu identifizieren, in: betrifft:erziehung, 2/1973,S. 19 ff.
POPITZ, H./BAHRDT, H.P./JURES, E.A./KESTING, H., Technik und Industriearbeit, Tübingen 1957
ROIG, C./BILLON-GRAND, F., La Socialisation Politique des Enfants, Paris 1968
ROLFF, Hans G., Sozialisation und Auslese durch die Schule, Heidelberg 1971[4]
SCHEUCH, Erwin, Das Interview in der Sozialforschung, in: KÖNIG, René, Hrsg., Handbuch der empirischen Sozialforschung, Bd. I, Stuttgart 1967
SCHMIEDERER, Rolf, Zur Kritik der politischen Bildung, Frankfurt am Main 1971[2]

SCHMIEDERER, Rolf, Zwischen Affirmation und Reformismus, Frankfurt am Main 1972
SCHOLZ, Wolf Dieter/URBAN, Klaus, Ein integriertes Beobachtungssystem zur Analyse von Interaktions- und Kommunikationsprozessen im Unterricht (ISIK), unveröffentlichtes Manuskript, Oldenburg 1974
SCHULENBERG, Wolfgang, Ansatz und Wirksamkeit der Erwachsenenbildung, Stuttgart 1957
SCHULENBERG, Wolfgang, Schule als Institution der Gesellschaft, in: Handbuch Pädagogischer Grundbegriffe, J.SPECK und G. WEHLE, Hrsg., Bd. II, München 1970
SILBERMANN, Alphons/LUTHE, Heinz Otto, Massenkommunikation, in: Handbuch der empirischen Sozialforschung, Bd. II, KÖNIG, René, Hrsg., Stuttgart 1969
STRZELEWICZ, Willy/RAAPKE, Hans-Dietrich/SCHULENBERG, Wolfgang, Bildung und gesellschaftliches Bewußtsein, Stuttgart 1973
SUTOR, Bernhard, Didaktik des politischen Unterrichts, Paderborn 1973[2]
TAUSCH, Reinhard/TAUSCH, Anne-Marie, Erziehungspsychologie, Göttingen 1971[6]
TESCHNER, Manfred, Politik und Gesellschaft im Unterricht, Frankfurt am Main 1968
ÜBERLA, Karl, Faktorenanalyse, Berlin 1971[2]
VILMAR, Fritz, Strategien der Demokratisierung, Bd. I, Darmstadt/Neuwied 1973
VONDERACH, Gerd, Industriearbeit und Lehrerausbildung, Stuttgart 1972
WACKER, Ali, Wahrnehmung, Bewertung und Interpretation sozialer Ungleichheit. Zum Gesellschaftsverständnis elf- bis vierzehnjähriger Volksschüler, in: Soziale Welt, 2/1972/Jg. 23
WILSON, Thomas P., Theorien der Interaktion und Modelle soziologischer Erklärung in: Arbeitsgruppe Bielefelder Soziologen, Hrsg., Alltagswissen, Interaktion und gesellschaftliche Wirklichkeit, Bd. 1, Reinbek bei Hamburg 1973
Zur Wirksamkeit politischer Bildung, Teil I und Teil II; Teil I: Eine soziologische Analyse des Sozialkundeunterrichts an Volks- Mittel- und Berufsschulen, Max TRAEGER -Stiftung, Forschungsberichte 3, (BECKER u. a), Frankfurt am Main 1966; Teil II, NITZSCHKE, Volker, Schulbuch-Analyse, Max TRAEGER-Stiftung, Frankfurt am Main 1966
WULF, Christoph, Das politisch-sozialwissenschaftliche Curriculum, München 1973
WULF, Christoph, Politische Sozialisation durch sozialwissenschaftliche Curriculumentwicklung, in: ACKERMANN, Hrsg., 1974
WURZBACHER, Gerhard, Hrsg., Die Familie als Sozialisationsfaktor, Stuttgart 1968
WURZBACHER, Gerhard, Sozialisation – Enkulturation – Personalisation, in: WURZBACHER, Hrsg., Sozialisation und Personalisation, 3. ergänzte Auflage, Stuttgart 1974
ZIMPEL, Gisela, Der beschäftigte Mensch, München 1970
ZWISCHENBERICHT der Forschungsgruppe Oldenburg über den Stand des Forschungsprojektes „Curriculumplanung Sozialwissenschaft“, unveröffentlichtes Manuskript, Oldenburg 1973